兰州大学马克思主义学院"马克思主义理论学术著作丛书"
丛书总主编◎张新平

科学发展观的伦理蕴涵研究

唐秀华 ◎ 著

中国社会科学出版社

图书在版编目(CIP)数据

科学发展观的伦理蕴涵研究 / 唐秀华著. —北京：中国社会科学出版社，2018.8

ISBN 978-7-5203-3283-5

Ⅰ.①科… Ⅱ.①唐… Ⅲ.①"科学发展观"-伦理学-研究 Ⅳ.①D610.3-05

中国版本图书馆 CIP 数据核字（2018）第 233062 号

出 版 人	赵剑英
责任编辑	任　明
责任校对	石春梅
责任印制	李寡寡

出　　版	中国社会科学出版社
社　　址	北京鼓楼西大街甲 158 号
邮　　编	100720
网　　址	http://www.csspw.cn
发 行 部	010-84083685
门 市 部	010-84029450
经　　销	新华书店及其他书店
印刷装订	北京君升印刷有限公司
版　　次	2018 年 8 月第 1 版
印　　次	2018 年 8 月第 1 次印刷
开　　本	710×1000　1/16
印　　张	15.25
插　　页	2
字　　数	256 千字
定　　价	75.00 元

凡购买中国社会科学出版社图书，如有质量问题请与本社联系调换
电话：010-84083683
版权所有　侵权必究

《马克思主义理论学术著作丛书》编审委员会

主　任：张新平
副主任：蔡文成　杨宏伟
编　委：（按姓氏笔画）
　　　　马云志　王学俭　王维平
　　　　刘先春　汪金国　张新平
　　　　倪国良　蔡文成　蒙　慧

序　言

　　一个多世纪以前，马克思提出科学论断：问题是时代的声音、实践的起点。马克思主义最可贵的理论品格是与时俱进，作为科学的理论和开放的理论体系，马克思主义是随着时代的发展、在回答时代提出的问题中不断的丰富和发展的。马克思主义之所以具有强大的生命力、感召力和影响力，就在于它能在不断发展的实践的基础上深刻地洞察时代本质，科学地回答时代问题，及时地拓展时代视野，正确地把握时代方向。马克思主义的每一次创新发展都带来了世界社会主义运动的发展和进步，都推动了世界历史的发展进程。

　　中国化的马克思主义，是马克思主义的科学理论同中国革命、建设和改革的时代特征和历史实践相结合的产物，是中国共产党人把马克思主义基本原理应用于中国所处的时代和中国的实际，在解决中国革命、建设和改革的历史进程中所面临的重大时代问题和现实问题中所形成的科学的理论体系。因此，它正确地回答了中国所面临的问题、科学地把握了中国发展的方向，推动了中国社会的发展与进步。

　　仅就中国改革开放的历史来看，今年，中国的改革开放已经走过了40年的历程，40年来中国人民在中国共产党的领导下，以一往无前的进取精神和波澜壮阔的创新实践，谱写了中华民族自强不息、顽强奋进的壮丽史诗。中国的面貌发生了历史性的变化。这是一个中华民族发展的时代，创新的时代。早在1982年党的十二大上，邓小平就坚定地宣告："把马克思主义的普遍真理同我国的具体实际结合起来，走自己的路，建设有中国特色的社会主义。"此后，我们党的理论创新和实践探索，都是紧紧围绕中国特色社会主义这个主题展开的。可以说，中国特色社会主义是改革开放以来我们党的全部理论和实践的主题。党的十三大提出"沿着有中国特色的社会主义道路前进"，十四大将"加快改革开放和现代化建设步伐，夺取有中国特色社会主义事业的更大胜利"作为主题，十五大的主题是"高举邓小平理论伟大旗帜，把建设有中国特色事业全面推向二十一世纪"，十六大的主题是"全面建设小康社会，开创中国特色社会主义事业的新局面"，十七大的主题是"高举中国特色社会主义伟大旗帜，为夺取全面建设小康社会新胜利而奋斗"，十八大的主题是"坚定不移沿着中国特色社会主义道路前进，为全面建成小康社会而奋斗"，去年召开的十九大则明确提出"决胜全面建成小康社会，夺取新时代中国特色社会主义伟大胜利"。从十三大到十九大，中国特色社会主义这一主题一以贯之！

　　回顾40年来中国共产党的理论创新和实践探索，可以清晰地看到，40年来，中国共产党坚持把马克思主义基本原理应用于中国实际，团结带领全国各族人民不懈奋斗，推动我国经济实力、科技实力、国防实力、综合国力进入世界前列，推动我国国际地位实现前所未有的提升，党的面貌、国家的面貌、人民的面貌、军队的面貌、中华民族的面貌发生了前所未有的变化。经过长期努力，中国特色社会主义进入了新时代。40年来，中国共产党和中国人民始终坚持与时俱进的精神状态，围绕着"什么是社会主义、如何建设社会主义？""建设一个什么样的党、怎样建设党？""实现什么样的发展、如何发展？""坚持和发展什么样的中国特色社会主义、怎样坚持和发展中国特色社会主义？"等重大理论和现实问题，不断推进马克思主义中国化，使马克思主义理论在与中国现代化建设丰富实践相结合的进程中不断创新发展，先后形成了邓小平理论、"三个代表"重要思想、科学发展观、习近平新时代中国特色社会主义思想等重大理论成果，中国特色社会主义理论体系得以不断丰富发展。特别是党的十八大以来，以习近平同志为核心的党中央创立的习近平新时代中国特色社会主义思想，作为马克思主义中国化的最新成果、作为中国特色社会主义理论体系的重要组成部分，为新时代中国的进一步发展奠定了坚实的理论基础，指明了前进的方向。40年改革开放的历史事实也进一步证明，中国特色社会主义的深化过程，是改革开放和社会主义现代化建设不断发展的实践探索过程，也是马克思主义理论与中国实际不断结合的理论创新过程，每一次的思想突破和理论创新，都带来了中国经济的腾飞和社会的进步。

　　显然，中国改革开放40年波澜壮阔的历史进程是中国社会不断进步的历史进程，也是马克思主义在中国不断丰富发展、马克思主义中国化取得重大成果的进程。面向未来，中国共产党要带领全国各族人民继续奋斗，实现"两个一百年"的奋斗目标和中华民族伟大复兴"中国梦"，这一进程还任重而道远。为此，习近平指出："我国哲学社会科学的一项重要任务就是继续推进马克思主义中国化、时代化、大众化，继续发展21世纪马克思主义、当代中国马克思主义。"从这一历史任务和时代要求出发，用马克思主义和中国化的马克思主义统领我国的哲学社会科学工作，坚持把马克思主义基本原理与当今时代和中国发展的实际结合起来，开展创新性研究就成为中国哲学社会科学工作者义不容辞的责任。

以高度的文化自觉和坚定的文化自信，建设具有中国特色、中国风格、中国气派的哲学社会科学、引领中国经济社会发展和文明进步，是兰州大学哲学社会科学工作者始终不渝的追求和义不容辞的责任。110年来，一代代兰大人秉承"自强不息、独树一帜"的兰大精神，直面清贫、乐于奉献、淡泊名利、严谨治学，书写出百年兰大辉煌的历史篇章，奠定了兰州大学百年厚重的人文底蕴。作为西部地区马克思主义研究和教学的重镇，兰州大学马克思主义学院经过改革开放以来40年的建设和发展，学院目前已经发展为拥有马克思主义理论一级学科博士后科研流动站、博士点、硕士点和两个本科专业的教学和科研实体，形成了层次完整、学科完备的人才培养体系。在长期的教学科研实践中，学院汇集了一支结构合理、教学科研能力突出的马克思主义理论专业人才队伍，产出了一批充分反映马克思主义中国化最新成果、充分反映中国特色社会主义丰富实践、充分反映马克思主义理论学科发展前沿的研究成果，特别是在马克思主义基本原理、中国特色社会主义理论与实践、党的建设、思想政治教育、马克思主义国际关系理论与中国对外关系研究等方面，形成了一批有特色、有影响的高质量研究成果。

为了深入推进马克思主义中国化、时代化、大众化，坚持和发展中国特色社会主义，构建具有中国特色、中国风格、中国气派的哲学社会科学体系，进一步提升兰州大学哲学社会科学研究能力和水平，促进兰州大学马克思主义理论学科内涵建设，为繁荣国家哲学社会科学事业、为国家马克思主义理论人才培养做出自己的贡献，兰州大学马克思主义学院以学院教师为主体，联合相关高校及研究机构的专家学者，组织研究团队，开展学术攻关，主要围绕马克思主义原理、党的建设、思想政治教育、中国外交等选题，编写"马克思主义理论学术著作丛书"。目前，列入该套丛书主要有：《马克思、恩格斯、列宁、斯大林论共产主义》、《中国共产党论共产主义》、《现当代西方思想家论共产主义》、《中国共产党科学化建设研究》、《中国共产党文化自觉研究》、《改革开放以来中国共产党干部教育研究》、《科学发展观的伦理蕴涵研究》、《彷徨与呐喊——青年信仰危机与信仰教育研究》、《思想政治教育协同论》、《社会主义核心价值观仪式化传播研究》、《当代社会生命道德教育研究》、《儒家教化思想研究》、《时尚文化与青年发展》、《中华人民共和国对外关系重要文献导读》、《当代中国外交理念发展研究》等十余部。

为了促进兰州大学马克思主义理论学科的进一步发展，我们将这套丛书设定为研究性、开放性和学术性的丛书，不断吸纳新的学术研究成果，丰富和拓展研究内容。我们希望这套丛书能充分反映兰州大学马克思主义学院的学术发展历程，展示学院科学研究成果，凸显学院的研究特色，增进与同行的学术交流，推动马克思主义理论研究的发展，为我国马克思主义理论学科的繁荣做出贡献。

当然，我们深知，科学研究是永无止境的事业，学科建设与发展、理论探索与创新绝非一朝一夕之事，它需要我们坚持不懈地努力和一代又一代人的接续奋斗。值得欣慰地是，我们处于一个国家创新发展伟大时代，正如习近平指出的，"当代中国正经历着我国历史上最为广泛而深刻的社会变革，也正在进行着人类历史上最为宏大而独特的实践创新。这种前无古人的伟大实践，必将给理论创造、学术繁荣提供强大动力和广阔空间"。我们坚信，只要坚持马克思主义的基本立场、基本观点和基本方法，坚持以马克思主义和中国化的马克思主义为指导，坚定中国特色社会主义道路自信、理论自信、制度自信、文化自信，积极投身中国特色社会主义伟大实践，潜心研究、勇于探索、自强不息，就一定能够取得更加丰硕的成果，为马克思主义理论研究和哲学社会科学的繁荣贡献我们一份力量。

丛书编审委员会主任　张新平
2018 年 8 月 20 日

前　言

发展是人类永恒的主题，尤其在第二次世界大战以后，无论是发达国家、还是发展中国家，都把发展作为自己国家或民族的首要任务。人类对发展的探索也经历了从自发到自觉的过程，发展观的历史演进就是人类对发展的理性自觉。自20世纪五六十年代以来，发展观经历了经济增长型发展观、综合发展观、可持续发展观、以人为本的发展观、科学发展观等形式，它是人类对发展的自觉探索的结果。总的来说，人类对发展的认识是不断进步的。

发展犹如一辆马车，如果乘车的人根本不管马车往哪里走，只要马儿跑得越快越好，那马车就可能绕弯路、遭曲折、翻车或南辕北辙。如果社会的发展也如同这辆马车，那也将会出现绕弯路、遭遇挫折、付出惨重代价甚至背离发展目标——人类的幸福美好生活和人类自由而全面的发展。

长期以来，由于对发展缺乏伦理价值取向的审视，人们想当然认为只要是发展就是好的，发展就意味着文明和进步，从不质疑发展还有好坏之分，还需理性审视。传统发展模式"所关注的，只是'如何发展得更快'，而对于'什么样的发展才是好的发展'和'为了什么而发展'这个目的论、价值论和伦理的问题却漠不关心"①。结果是我们发展的速度越来越快，但我们却迷失了方向。"价值和伦理的缺失导致的是手段的疯狂（科学也疯狂、技术也疯狂、经济也疯狂），而手段的疯狂又导致了人类乘坐的开往死亡之谷的列车的加速狂奔。"② 正是在这样的发展理念的支配下，凭借科学技术的几次浪潮，人们不择手段地疯狂进行物质财富增长的发展，甚至不惜以破坏环境为代价来追求财富的发展；以牺牲人的长远利益为代价来追求眼前的发展；以损害人的精神追求为代价来实现人的物

---

① 刘福森：《存在"发展伦理"吗?》，《哈尔滨师专学报》1999年第2期。
② 刘福森：《论发展伦理学——可持续发展的伦理支点》，《江海学刊》2002年第6期。

质发展……传统的发展观导致的异化和发展悖论令人们痛心。

发展是人类实现美好生活的必由之路，发展的异化却是与人类发展的美好愿望背道而驰的。人类在感受到工业革命和科学技术的迅速发展带来的战胜自然的喜悦和优越感的同时，自然与人类社会自身均出现了前所未有的发展问题和发展障碍。科技和经济的发展在带给人类福音的同时，也凸显了发展的异化，其异化突出地反映为生态家园、社会家园、精神家园等方面的恶化。现实的发展实践常常因为缺乏来自伦理视域的"守门人"，而陷入发展的异化不能自拔。当人们为自己的发展一路高唱凯歌的时候，人类生存环境也就从局部恶化发展到今天全球范围的温室效应、臭氧层破坏、水土流失、草原森林退化、生物多样性锐减、资源短缺、水环境污染严重、大气污染肆虐、固体废弃物成灾等为标志的整个生态体系的危机；当科学技术的工具理性发展到极致，就开始物化人的社会存在和精神存在。现代社会的消费主义、拜金主义、物质主义文化盛行，道德堕落、精神空虚、信仰危机和人生意义的迷失就是重要的表现。在个体层面，人际关系疏远、冷漠；情感被消解，意志被弱化，社会本性和精神意识不断退化和丢失。在群体层面，则加速了发达国家和发展中国家、富裕人群和贫困人群之间差距的拉大。社会的高度发展和社会物质财富的迅速增长与贫困地区大范围的存在极不相称，发展产生的是让富的更富、穷的更穷的"马太效应"，那么发展无疑是在助纣为虐。

由于异化，发展不仅没能给人类带来物质财富和精神财富，反而因为"经济与人的亲和纽带被切断，导致了'人'被疏离于原有的本质地位"[①]。由此引发的社会公正缺失、人的畸形发展以及人与自然和谐关系的丧失等诸多自然和社会问题，在事实上使发展的正面效应日益淡化，社会没有因为发展而走向日益安定，反倒凸显了发展与稳定更多的牴牾和社会更多的不安，发展已经严重偏离了它的终极目标和最高价值。可见，缺乏对发展给予伦理的观照，是人类发展陷入危机的重要根源之一。

发展异化问题既是一个世界问题，也是中国现代化建设不容忽视的问题。当今社会，发展的异化已成为不争的事实，它突出表现在自然的异化、劳动的异化、科技的异化、人的异化、社会的异化等多个层面，且呈

---

① 盛邦和：《"发展"的"异化"与"经济"的"文化"》，《档案与史学》2005年第2期。

现出普遍化和深化的趋势。发展的异化是与人类发展的初衷背道而驰的，发展异化已经偏离了发展的轨道。围绕发展问题的深刻反思和寻求有效的解决方式是人类不容回避的重大问题：什么是真正的发展？发展的目的是什么？怎样的发展才是科学发展？科学发展应具备怎样的条件？在中国，改革开放30多年来，我国社会发展取得了举世瞩目的成就，但发展的异化也日益显露。实际上，发展是一把"双刃剑"，就像经济发达国家曾经遇到的和发展中国家正在经历的，发展的异化对我国的影响也不例外。发展异化造成了我国资源能源的紧缺、生态环境的恶化、发展的结构和地区不平衡、贫富差距拉大、就业形势严峻、社会的不稳定因素增加等问题。如果我们任由发展，不对其进行价值和伦理规约，发展将把人类带向万劫不复的深渊。对世界来说，人类的未来在哪里？对中国来说，中华民族的前途命运该何去何从？对发展的深刻反思和伦理规约是我们面临的必须予以解决的重大而紧迫的课题。

人类历史实际上是一部孜孜追求"发展"真谛的历史。然而传统的发展理念，带来了自然环境和人文环境的双重破坏：生态恶化、资源浪费、公正缺失、人情淡薄、世风日下、畸形发展、贫穷饥饿蔓延、拜金主义盛行。使人类在寻求"发展"真谛的道路上付出了惨重代价——人与自然的背离、道德的沦丧以及人类精神家园的丧失等等，其最终的结果注定是发展价值的迷失和发展的不可持续。人类社会正面临着发展异化的巨大危机。人类所面临的危机既是发展观的危机、价值观的危机，更是一场伦理的危机。危机的产生固然有多个层面、多种原因，但是不可否认的是，危机在很大程度上与伦理道德的缺失有着非常密切的关系。纵观人类发展史，生产的社会化使市场不同主体间的利益关系非常密切，任何违背伦理的经济行为都会直接或间接地造成社会发展体系的震荡和市场的混乱，进而影响到整个社会的发展。而全球化背景下发展的日益复杂性更是凸显了伦理道德对社会发展的支撑作用。从发展的伦理视角来看，伦理道德是经济发展更是社会发展的基础和灵魂，没有它的支撑，公正和合理的社会秩序无法建立和运行，社会快速、持续、健康的发展也只能是空想。因此，对发展问题进行伦理反思，对人类发展投注伦理关怀，是对发展问题进行研究的一个重要方向。

当今世界存在的种种发展异化现象应该促使人类从伦理的视阈对发展进行伦理的诉求，发展观的伦理关注是解决发展异化问题的应然之举。传统发展观所导致的异化现象充分说明社会发展需要伦理价值的导向、定位与规约使之趋于科学，并探讨如何有的放矢地运用伦理规范和道德观念规约发展，使发展不至于迷失方向，偏离终极价值目标。通过科学的发展实现普遍的公正、整体的和谐以及全体人民的真正的幸福。

  发展是人类永恒的主题，发展也是实现中华民族伟大复兴梦想的必由之路。中国共产党在十六届三中全会提出的"以人为本，全面、协调、可持续的发展，促进经济社会和人的全面发展"的科学发展观，就是对发展异化实践的深刻反思。科学发展观是一种综合的发展理论，蕴涵着丰富的发展伦理思想。从发展伦理视角研究科学发展观是一种新的研究视角，能够丰富和深化对科学发展观的理解，对于实践科学发展观和实现社会主义现代化、全面建设小康社会和建设社会主义和谐社会具有重大的理论价值和实践意义。

  本书是从发展伦理视域对科学发展观的伦理蕴涵的探索研究，共有六章，外加一个前言和结语。第一章是关于发展观与伦理思想的内涵及关系，主要是对发展观与伦理思想的基本概念及关系的界定，目的在于澄清一些人们对发展的误解和曲解，重视伦理道德对发展的作用。第二章是关于科学发展观伦理审视的现实依据，主要阐述了发展所造成的利弊问题，包括科学技术的进步与异化、自然环境的改善与退化、社会环境的完善与挑战、人文环境的优化与问题。发展导致的异化问题是我们对发展予以伦理审视的现实依据。第三章论述科学发展观伦理审视的理论依据。科学发展观伦理审视的理论依据是对传统发展观的批判和伦理反思。从伦理视域来看，发展危机实质是发展价值观危机，发展困境的根源在于传统发展价值观。传统发展观的最大缺陷是发展的"意义空场"和"价值迷失"，传统发展价值观本质上是一种发展主义价值观、个人本位人类中心主义价值观、消费主义价值观，对传统发展价值观进行批判和反思，是科学发展观的发展伦理思想产生的重要理论依据。第四章阐述科学发展观的发展伦理思想渊源。包括对中国传统社会发展伦理精神的传承弘扬和对西方社会发展伦理精神的批判借鉴以及坚持和发展马克思主义创始人的发展伦理思想。传承中国传统发展伦理精神，有助于为科学发展观寻求中华民族深层的根基和脉络，为科学发展观提供深厚的伦理支撑和精神动力。西方伦理思想内涵丰富，是世界文化的重要组成部分。中国是后发展国家，借鉴西方发展伦理思想，能够使中国的发展既能博采众长，发挥后发优势，同时也能汲取教训少走弯路、少付代价。坚持和发展马克思主义创始人关于发展的伦理思想，体现了科学发展观是与马克思主义一脉相承的科学理论体系。对马克思主义发展伦理思想的研究，能够完整准确地理解马克思主义，对科学发展具有重要的指导作用。第五章是关于科学发展观的伦理思想，主要阐述了科学发展观伦理思想的历史演进过程，总结了科学发展观伦理思想的内涵，分析了科学发展观伦理思想的特点以及对科学发展观伦理思想的评析。第六章论述了科学发展观发展伦理规范的培育。发展实际上是一种涉及经济、政治、社会、文化、科技、价值观等多方面的综合性、整体性的过程，科学发展的伦理规范培育包括主体性伦理规范、制度伦理规范、经济伦理规范、社会伦理规范、文化伦理规范、科技伦理规范等的培育。按照系统论的观点，构筑以科学发展观为核心，以科学发展观内涵的伦理精神为主线，培育科学发展伦理规范体系，目的是为科学发展提供精神动力和伦理支撑，使发展沿着科学的方向发展，更好地体现了科学发展观以人为本、促进社会和谐和人的全面发展、实现可持续发展和社会公正发展的伦理精神，这是贯彻和落实科学发展观的重要举措。结语部分则指出传统发展观的发展异化让我们付出惨重代价的深刻教训：促使我们重视发展过程的伦理考量。而构建对发展目标、发展理念、发展制度、发展模式、发展战略、发展道路、发展手段等进行伦理审视的科学发展观是一项艰巨而复杂的系统工程，现在还处在起步阶段，要完成这项艰巨的任务，任重而道远。

  发展观的伦理反思给予我们的启迪就是培育科学发展的伦理道德规范，发挥道德规范对发展的道德规约和价值评价作用，寻求解决发展异化问题的路径，真正实现科学发展。当经济学、哲学、政治学、社会学、人类学以及自然科学等学科对发展问题解答和解决的路径仍不够全面时，换一个视角，从发展伦理的视域去梳理和思考发展异化的问题势在必然。发展伦理力图通过抛弃不同利益主体的对抗、发展目标的偏差、人类责任意识的欠缺等局限，本着对自然、社会、人类自身负责的真诚态度，以价值审视为基本路径，通过对人类发展进程中那些看似明晰的发展理念、发展前提、发展理论、发展模式、发展实践等进行分析和解剖，对发展进行价值意义上的解蔽和超越，探寻发展的终极价值目标，讨论地球上所有利益主体应该共同承担的社会责任、资源责任、环境责任和绿色经济的发展责任，以使发展得以保持生机勃勃的求真意识、向善意识和创美意识。因此，在对发展观伦理反思的基础上，培育科学发展的伦理道德规范至关重要，它是科学发展的重要任务。

科学的发展伦理价值导向将对我国今后的发展和党的执政能力建设具有重要的理论指导意义。中国共产党执政就是以民为本，执政为民；就是在充分调动最广大人民的一切积极因素的基础上，确保最广大人民的根本利益得以顺利实现，推动社会的进步与人的全面发展。这既体现了党的根本宗旨，也体现了党执政的真正价值追求。而要做到这些，就需要在以以人为本、执政为民为核心伦理价值观的科学发展观的指导下，加强民主与法制建设，坚持以人为本，即以最广大人民的根本利益为本，坚持发展为了人民、发展依靠人民，发展成果为人民共享；不断实现好、维护好、发展好最广大人民的根本利益；正确反映兼顾各地区、各部门、各方面群众的利益，妥善协调各方面的利益关系，促使人与自然和人与社会的和谐发展，建构社会主义和谐社会。科学发展观理论强调以人为本、和谐及全面发展，为中国未来发展道路指明了方向，这将成为今后我国发展的指导原则，也是我们党执政建设的指导原则和理论依据。

目 录

第一章 发展观与伦理思想的内涵及关系 (1)
 第一节 发展观和伦理思想的内涵 (1)
  一 发展及发展观的内涵 (1)
  二 科学发展观的含义 (8)
  三 伦理思想的内涵 (9)
 第二节 发展观的伦理规约 (15)
  一 伦理道德对发展的作用 (16)
  二 发展与伦理的关系 (17)
  三 科学发展观是"新的发展观",也是"新的伦理观" (19)

第二章 科学发展观伦理审视的现实依据 (21)
 第一节 科学技术的进步与异化 (21)
  一 科学技术的进步 (21)
  二 科学技术导致的异化 (25)
  三 科学技术异化的反思 (36)
 第二节 自然环境的改善与退化 (41)
  一 自然环境的特点 (41)
  二 世界及我国自然环境存在的问题 (44)
  三 发展对自然环境的反思 (49)
 第三节 社会环境的完善与挑战 (52)
  一 社会环境的构成分析 (52)
  二 国际环境的机遇和挑战 (53)
  三 国内社会环境的新变化 (55)
  四 社会环境的挑战 (59)
 第四节 人文环境的优化与问题 (60)
  一 人文环境分析 (61)

二　人文环境的挑战与对策 …………………………………（62）

第三章　科学发展观伦理审视的理论依据 ……………………（66）
第一节　基于重建与摆脱贫困的经济增长观及其伦理反思 ………（66）
一　经济增长观的时代背景 …………………………………（66）
二　经济增长观及其伦理反思 ………………………………（67）
第二节　基于全面进步的社会综合发展观及其伦理反思 …………（69）
一　社会综合发展观的背景及内容 …………………………（69）
二　社会综合发展观的伦理反思 ……………………………（71）
第三节　基于保护资源的可持续发展观及其伦理反思 ……………（72）
一　可持续发展观的时代背景 ………………………………（72）
二　可持续发展观的内容及伦理反思 ………………………（75）
第四节　基于以人为本的科学发展观及其伦理反思 ………………（79）
一　科学发展观提出的历史背景 ……………………………（79）
二　科学发展观的内容及其伦理反思 ………………………（79）
第五节　对发展观演进中伦理思想发展的特点分析 ………………（83）
一　新的发展价值观的确立 …………………………………（83）
二　发展伦理的基本原则 ……………………………………（92）

第四章　科学发展观的伦理思想渊源 ………………………（109）
第一节　西方伦理思想的批判与借鉴 ………………………………（109）
一　源远流长的西方伦理思想 ………………………………（109）
二　西方伦理思想的特点归纳及现代反思 …………………（113）
第二节　中国传统伦理思想的反思与弘扬 …………………………（119）
一　中国传统伦理思想的基本内容 …………………………（119）
二　中国优秀伦理思想传统的弘扬 …………………………（125）
第三节　马克思主义创始人发展伦理思想的坚持与发展 …………（128）
一　人是社会发展主体和发展目的的思想 …………………（128）
二　劳动异化和人的异化批判思想 …………………………（131）
三　人与自然和谐发展的思想 ………………………………（138）

第五章　科学发展观的伦理思想 ……………………………（146）
第一节　科学发展观伦理思想的内涵 ………………………………（146）
一　科学发展观的价值目标 …………………………………（146）

二　科学发展观的伦理原则 …………………………………（150）
　　三　科学发展观的道德要求 …………………………………（152）
第二节　科学发展观伦理思想的特点 ………………………………（153）
　　一　科学发展观奠定了以人为本的发展价值观 ……………（153）
　　二　科学发展观蕴含了公正公平的伦理价值观 ……………（154）
　　三　科学发展观包含了和谐共生的伦理发展目标 …………（156）
第三节　科学发展观伦理思想的评析 ………………………………（159）
　　一　科学发展观伦理思想的伦理视域 ………………………（160）
　　二　科学发展观伦理思想蕴含的伦理维度 …………………（164）

第六章　以科学发展观为指导的伦理思想培育 …………………（168）
第一节　主体性伦理规范 ……………………………………………（168）
　　一　传统发展观主体性伦理的危机 …………………………（168）
　　二　发展主体伦理危机的认识论根源 ………………………（169）
　　三　发展主体伦理规范的重要意义 …………………………（170）
　　四　科学发展的主体伦理规范培育 …………………………（171）
第二节　制度性伦理规范 ……………………………………………（178）
　　一　制度伦理规范 ……………………………………………（178）
　　二　经济伦理规范 ……………………………………………（187）
第三节　道德性伦理规范 ……………………………………………（195）
　　一　社会伦理规范 ……………………………………………（195）
　　二　文化伦理规范 ……………………………………………（205）
第四节　科技性伦理规范 ……………………………………………（211）
　　一　科技伦理的争议 …………………………………………（211）
　　二　科技伦理规范的必要性 …………………………………（212）
　　三　科技伦理规范的内容 ……………………………………（213）

结　语 ………………………………………………………………（216）

参考文献 ……………………………………………………………（217）

第一章　发展观与伦理思想的内涵及关系

第一节　发展观和伦理思想的内涵

一　发展及发展观的内涵

发展是当今时代的潮流，是发展中国家的迫切要求，也是人类面临的共同课题与难题。

（一）发展的内涵

1. 发展是发展观的核心概念

发展观的核心范畴是发展，什么是发展是发展观首要的和基本的问题。发展内涵包括发展的本质属性、基本特征、主要因素、内在联系等。具体来说，发展是指由发展目的、发展主体、发展道路、发展机制、发展标准等多种因素构成的有机联系的统一体。

发展目的就是发展为什么的问题，发展目的包括发展是手段还是目的的问题，发展是以物为本还是以人为本的问题，发展是以少数人利益为目的还是以大多数人利益为目的的问题，发展是以一代人利益为目的还是同时以后代人利益为目的的问题等。发展目的是判断不同性质发展观的重要标准。

发展主体是回答谁在发展、谁要发展、靠谁发展、为谁发展等问题。谁在发展是指发展的实体是技术、财富还是人，谁要发展、靠谁发展是指发展的动力和基础是少数人还是大多数人，发展为谁是指发展的受益者和受损者分别是什么人。发展主体表明了发展的主导者和主要力量。

因为发展可以有多种模式、多种道路、多种选择，因此发展道路就是指发展应该采用哪种发展模式、选择什么发展道路的问题。国情不同、时代不同，发展道路就不同；发展道路的分歧，往往导致发展结果的重大差异。发展道路的选择，是多种因素综合的产物。

关于发展机制。发展是一个社会系统的运动，是一个复杂的社会过程，发展观就是要从整体上把握发展的系统结构及其联系，解决怎样发展的问题，从而科学地推进发展。发展机制包括发展的动力机制、信息机制、调控机制等。如果不能正确运用发展机制，即使有善良的发展目的，也未必能达到良好的发展效果。建立社会主义市场经济体制，就是确立了一种促进更好更快发展的经济机制。

关于发展标准。发展是在一定的价值体系下进行的活动，发展观不能不回答和确立怎样评价发展、用什么标准评价发展等问题。发展标准是一个逐步丰富、全面的形成过程，从单一标准到复合标准，从经济标准到人文标准，从物质标准到心理标准等。发展标准通过发展观的各个问题显示出来，又影响和制约着发展观各个问题的回答和解决。发展标准评价着发展效果，同时又牵引着发展效果。

2. 发展是集社会生活整体的现代性概念

"发展"并非指一般意义的社会变迁，而是指源于17世纪以来欧洲的启蒙思想中关于社会"进步"、"进化"的观念。只有现代社会才有"发展"这个概念，古代社会没有现代意义上的"发展"概念，有的是"循环"、"轮回"、"衰亡"等观念，没有"进步"、"发展"、"增长"等观念。因此，从本质上来说，发展概念是一个现代性概念。

古希腊人认为历史是一个循环往复和逐渐衰亡的过程。中世纪基督教历史观虽然摒弃了古希腊历史是循环往复的观点，却仍然认为历史是一个衰亡的过程。只是到了近代，以培根、笛卡儿、牛顿、洛克和斯密等为代表，认为"发展"是关于社会"进步"的观念。这些观点包括：我们积累的物质财富越多，世界就必然越有秩序；进步就是能带来一个井然有序的世界的物质财富的不断积累；科学技术就是履行积累物质财富，推动人类进步这个使命的工具。

作为现代性概念，发展意味着"进步"。对"发展"一词的现代设定性及其对于现代理性和科学的依托性，利奥塔在其著作《后现代性状态》有过分析，他指出："甚至发展这一概念自身也先设了一种不发展的视野，这种视野假定各种能力全部笼罩在传统的统一体内，没有分解为不同的品质，没有得到特殊的革新、讨论和检验。这种发展与不发展的对立并不一定意味着'原始人'与'文明人'在知识状态中性质变化的对立……"[①]

---

① ［法］利奥塔：《后现代状态：关于知识的报告》，生活·读书·新知三联书店1997年版，第42页。

刘森林教授也指出，由于"发展"概念与"现代性"的内在交叉，严格意义上的"发展"是指现代社会才具有的一种向着物质富足、科学进步、社会分化、复杂性和完美性逐渐趋于明显等方向不断切近的过程。① 作为现代性概念，如今，发展的内涵已经超出其初始仅仅是一个单纯的经济概念的范围，最终成为一个完整的现象，即成为集政治、经济、文化、科技、社会，亦即集社会生活一切层面的要素于一体的完整现象。或者说，发展就是以经济增长为基础的广泛涉及经济、政治、文化、社会以及人的态度的变化过程，特别是指从传统社会向现代社会的转化和变迁，即发展就是从传统农业社会向现代化社会的转变。因此，发展概念同现代化概念又具有相同的含义：发展就是现代化。现代化既是发展的目标，也是发展水平的标志。现代化同现代性一样，也成为发展的基本价值。但"发展并不仅仅是现代化，它还有更高的目标。现代化只是发展进程中的一个阶段"。"发展对人类来说是一个永无止境的过程。一切国家都在谋求发展，一切民族都在发展之中。一切民族一切国家都在不断追求和完善着自己的发展目标。"②

3. 发展是具有丰富伦理价值的概念

发展隐藏着的价值性内涵是逐渐显露出来的。20世纪70年代以前，人们意识不到发展的方向界定和所要经历的阶段与自己的价值选择及手段选择密切相关，意识不到发展的价值基础。20世纪五六十年代兴起的发展理论把发展的价值基础当作外衣来剥掉，而把财富、财富的增长甚至财富的增长速度看作是衡量发展的基本尺度。发展被看作是一种经济现象，发展就是经济增长，发展就是通过取得国民生产总值和人均国民生产总值的增长，为人们提供更多的物质消费和劳务消费的过程。

从20世纪70年代开始，人们对发展的价值意识随着经济增长与众多社会问题的不协调性而增强。英国苏塞克斯大学发展研究所主任杜德利·西尔斯指出，我们必须驱散笼罩在"发展"一词周围的迷雾，并更准确地界定它的意义。而出发点就是，"我们不能回避那些实证主义者轻蔑地称作'价值判断'的问题。'发展'必然是个规范性的概念，几乎同改进

---

① 刘森林：《重思发展——马克思发展理论的当代价值》，人民出版社2003年版，第24页。

② 刘森林：《发展哲学引论》，广东人民出版社2000年版，第49页。

是同义词。如果佯装不知,则正好是隐瞒自己的价值判断"①。曾任波士顿大学世界发展研究所所长的斯特里顿指出:"发展应该被重新解释为对今天世界的主要祸害:营养不良、疾病、文盲、贫民窟、失业和不平等的进攻。"② 刘森林教授在论述发展的价值性内涵时也指出,发展就是在除了经济量的增长、平等、失业、贫困,还有自主性、国家安全、民族文化、自发性与理性的融合以及尊严、自由等等方面的改进,并认为发展是一个综合过程,"发展不仅是规模与量的增长,也是结构的优化和制度的合理创新与改进;不只是经济的增长,更是社会在多方面、多领域的改善过程;不仅是在众多方面与国际接轨,而且也是国家自主性与安全的增强、民族文化自主性的弘扬;不仅是理性化的扩张,也是某些自发性的被认可及其与理性的融合;不仅是物和组织建制的'现代化',也是人本身的'现代化'。不仅是经济量的增长,也是公民民主参与、民主管理以及以和平方式解决争端、保证人的基本权利和尊严、维护良性生态环境这些做法的确立、巩固和改进;不仅是生活水平的提高,更是民主、平等、公正、宽容、自由、蔑视暴力而尊重协商和正义等现代价值更多、更真实地被尊崇和获得实现的过程"③。

对发展的价值性我们可以从两个层面上理解:一是发展本身是一个充满价值预设的概念;二是发展又是一个充满价值观的实践活动。"发展"作为现代性概念,它既是一个描述性概念,又是一个规范性概念。说它是规范性概念,就是说,"发展"是一个包含着某种"价值预设"的概念,在这种规范性意义上的"发展"概念,类似于褒义的形容词如"好"的发展。换言之,发展的灵魂中隐藏着的是现代性的价值预设,发展的目的和价值正是现代性的价值。现代社会的发展,在技术上的价值指向是用外部自然力代替人的天然器官的劳动功能,是技术的外化,是科学的发展和应用,是无限增长的劳动生产率;经济发展的价值指向是追求市场的无限扩大和经济的无限度增长;政治上的价值指向是西方的民主和法治。也就是说,发展的价值即现代性的价值,对发展本身的评价是以现代性的本性为尺度的:符合现代性要求的发展就是"好"的发展,现代性实现得越

---

① [英]杜德利·西尔斯:《发展的含义》,罗荣渠主编《现代化:理论与历史经验的再探讨》,上海译文出版社1993年版,第47页。
② 托达罗:《第三世界的经济发展》(上),中国人民大学出版社1998年版,第92页。
③ 刘森林:《发展哲学引论》,广东人民出版社2000年版,第48—49页。

彻底，就意味着发展程度越高，社会就越进步。① 只是随着现代性的反思，逐渐有了对"好"发展的理解上的不同，于是，发展又意味着可选择的价值的不断积累和增加，发展是一个充满价值选择、对抗和冲突的活动。

4. 发展是人类生存方式的改变和完善过程

发展是人类的内在要求和体现。人要生存和发展首先必须进行物质交换，必须进行劳动，而劳动既是人与自然联系的桥梁和纽带，也是人与人交往的一种方式，这就意味着发展就是人与自然、人与人的一种交往方式。同时，发展又是以生活方式和生产方式作为自己的基本内容。人类通过生产方式解决人与自然之间的矛盾与冲突，工具的改变和进步是生产方式变革的主要体现，并表现为数量增长和规模的扩展。而生活方式是指人们分配和享用生产方式成果的方式，并影响生产方式。无论是生活方式还是生产方式都使人与自然、人与人发生关系。其中，在生产方式中人与自然的关系是直接关系，人与人的关系是间接关系；在生活方式中，人与人的关系是直接关系，人与自然的关系是间接关系。在发展过程中，人与自然、人与人、人与自身这三大关系之间的互相作用和矛盾冲突，日益凸显了发展的伦理维度。要解决发展问题，化解人与自然、人与人、人与自身之间的对立与冲突，必须有新的发展模式出场，这种新发展必须是自主性和自觉性的发展，是科学性和合理性的发展，是全面性、协调性和可持续性的发展。这是一种有反思、有评价、有约束、有节制、有规范的发展。这种新发展更加关注"什么样的发展才是'好'的发展"和"为了什么而发展"、"谁在发展、为了谁的发展"这个发展的目的论和价值论问题。

因此，从生存的根基层面看来，发展并非他物，发展是人类的一种生存方式的改变和完善过程，发展是人类一种复杂的生存体验，其中交织地流动着人与人、人与自然、人与自身这三大关系图景。发展是属人的发展，人既是自然存在物，又是社会存在物，还是精神存在物，发展是受人与自然、人与人、人与自身关系制约的发展。将发展放在人与自然、人与人、人与自身的关系加以考量，发展就是由人与自然关系的紧张、人与人关系的对立、人的片面发展逐渐向人与自然的和谐共处、人与人之间的和

---

① 刘福森：《西方文明的危机与发展伦理学——发展的合理性研究》，江西教育出版社2005年版，第12页。

谐共生共荣、人的自由和谐发展的转变过程。也因此，发展伦理学跨学科研究的先驱、美国学者德尼·古莱指出：发展的核心问题，就是"美好生活、公正社会以及人类群体与大自然关系的问题"，"发展就是提升一切个人和一切社会的全面人性"，"发展的真正任务正在于：取消经济的、社会的、政治的和技术的一切异化"①，"发展从属于美好生活"，而美好生活的普遍因素有三："最大限度的生存、尊重与自由"②；阿马蒂亚·森也指出："发展可以看作是扩展人们享有的真实自由的一个过程。"③

(二) 发展观的内涵概述

1. 发展观的三种定义

"发展观"是一个历史范畴。在不同的历史时期，发展观有其不同的含义。随着生产力的发展、人类文明的发展、社会的进步，发展观的内涵也越来越丰富，越来越宽广。在理论界，人们对发展观下了不尽相同的定义，主要有如下三种：

第一种定义，从全部事物及至整个宇宙发展的角度进行考察，认为发展观就是人们对世界和事物发展的根本观点或根本看法。如在《辞海》中认为发展观是："对事物是否发展变化和怎样发展变化的根本观点。世界观的主要组成部分。有两种基本的发展观点：形而上学和辩证法。形而上学用孤立、静止、片面的观点看待世界，否认发展是事物由内部矛盾引起的自己运动，否认质的变化。辩证的发展观认为，事物内部的矛盾性是发展的根本原因，量变必然引起质变，整个世界的总趋势是曲折前进、螺旋上升的运动。"可见，这种理解是哲学意义上的高度抽象概括，其外延最为宽广，它不仅涵盖经济发展、社会发展、人类的发展，而且包括宇宙间一切事物的发展。

第二种定义，从经济社会发展的角度进行考察，认为发展观就是人们关于经济社会发展的根本观点、根本看法。2004年2月，在中央党校举办的省部级主要领导干部"树立和落实科学发展观"专题研究班上，温家宝总理在讲话中提出："发展观是关于发展的本质、目的、内涵和要求

---

① [美] 德尼·古莱：《发展伦理学》，高铦、温平、李继红译，社会科学文献出版社2003年版，第3（导论）、8、33页。

② 同上书，第43—58页。

③ [印] 阿马蒂亚·森：《以自由看待发展》，任赜、于真译，中国人民大学出版社2002年版，第1页。

的总体看法和根本观点。有什么样的发展观,就会有什么样的发展道路、发展模式和发展战略,就会对发展的实践产生根本性、全局性的重大影响。"中央党校副校长王伟光教授认为,"'发展'作为当代世界政治生活中的一个专门术语,被广泛认为是从传统农业社会向现代工业和信息社会转型基础上的进步过程。从这种意义上说来,发展观是对社会发展一般进程的理性认识,是对社会发展问题的根本观点和总的看法。"

第三种定义,认为发展观是从哲学角度对发展的诠释,是人们对经济社会发展总的看法和根本观点,在所有发展研究和发展理论中处于最高层次。发展观集中反映了人们对社会发展方向和目标的追求以及对发展衡量尺度的理解,同时发展观作为人们行动的出发点及其经济活动方式的基础,指导着人们的发展实践活动。持这种观点的有清华大学教授陈迎,他认为,发展观或称"发展哲学",是对发展理论所蕴藏的哲学内涵,经过哲理高度的抽象和概括而总结出的内在和本质的特征。

以上三种定义从不同层面对发展观下了定义,其中共识的一面是,认为发展观是对发展的一种根本观点或总的看法。而不同的一面是:发展观在外延上究竟包括什么内容,是包括一切事物的发展,还是仅包括经济发展,或是包括经济社会等方面的发展;研究的范围是仅仅指从一种社会形态到另一种社会形态的发展,还是同时包括一种社会形态在其性质并未发生根本变化情况下的发展,即一种社会形态下一个国家或地区在经济、政治、文化、环境等方面的发展,以及人们物质生活、精神生活、社会生活上的改善。作为系统化和理论化的发展观,是仅仅从哲学高度对发展的诠释,还是体现在多种学科对发展理论的研究上。

实际上,第一种定义和第三种定义都是把发展观作为哲学范畴看待的,而第二种定义主要属于经济范畴。可见,以上三种定义可以区分为两种意义上的发展观,即哲学意义上的发展观和经济学意义上的发展观。在哲学意义上,发展观是从本来意义或最初意义上理解的,是世界观或宇宙观意义上的发展观,是高度抽象的发展观,是指人们对世界发展的根本观点或根本看法,既包括经济、社会、人类思维发展和自然的发展,还包括社会形态的发展变化。从经济学意义上讲,发展观是人们对于同经济、社会发展以及人本身的发展相关的种种问题——发展的内涵和本质、发展的目的、发展的社会方式,以及发展的衡量和评价等等的理论思维和根本观点。当前"科学发展观"中的"发展观"也主要是从经济学意义上讲的。

2. 发展观的含义

发展观是社会历史、经济、政治、文化传统等多种因素的反映和产物。发展观作为一种观念的存在，是指世界观和方法论层面上的发展理论。世界观是人们对世界的总体看法和根本观点，方法论是人们认识和改造世界所遵循的根本方法。发展观作为世界观和方法论在发展问题上的集中体现，是关于发展的本质、目的、内涵和要求的总体看法和根本观点。世界包括自然界和人类社会，世界观也就包括自然观和历史观，历史观是关于人类社会发展规律的总体看法和根本观点。发展观作为社会发展观，是世界观在历史观领域的体现，是历史观领域的世界观。世界观和方法论包含着价值观，发展观同时也是一种价值观。它表明了在要不要发展、什么是发展、为什么发展、发展为了谁、应该怎样发展、不应该怎样发展等问题上的价值评价和导向，不同的发展观包含着不同的发展价值观。发展观在世界观和方法论、历史观和价值观的基础上被专门提出来，是发展实践和发展理论的时代要求。

发展观依赖于发展的实践，同时又引导着发展的实践，塑造着发展的历史。发展观对于人类社会发展发挥着越来越重要的作用。人类发展所面临的"发展困境"、"发展瓶颈"和"发展极限"等世界性、世纪性课题，既表明了发展本身遇到的矛盾、困难和障碍，也凸显了发展观的分歧、碰撞和冲突，由此促进了发展观的反思、调整和变革。比如，是把发展作为目的本身，还是把人作为发展的目的；是畸形发展，还是全面发展；是无序发展，还是协调发展；是竭泽而渔式的发展，还是可持续发展。随着人类社会发展的自觉性和主体性日益增强，发展观的指导性越来越重要，对发展观的科学性要求越来越高。

二 科学发展观的含义

科学发展观是中国共产党在2003年10月召开的十六届三中全会上提出的，它的基本内涵是"坚持以人为本，树立全面、协调、可持续的发展观，促进经济社会和人的全面发展"，坚持"统筹城乡发展、统筹区域发展、统筹经济社会发展、统筹人与自然和谐发展、统筹国内发展和对外开放的要求"。科学发展观包含丰富的科学内涵：科学发展观的第一要义是发展，核心是以人为本，基本要求是全面协调可持续，根本方法是统筹兼顾。所以科学发展观，就是"用科学的眼光看发展"。坚持以人为本，就是要以实现人的全面发展为目标,从人民群众的根本利益出发谋发展、促发展,不断满足人民群众日益增长的物质文化需要,切实保障人民群众的经济、政治和文化权益,让发展的成果惠及全体人民。全面发展,就是以经济建设为中心,全面推进经济、政治、文化建设,实现经济发展的社会全面进步。协调发展,就是要统筹城乡发展、统筹区域发展、统筹经济社会发展、统筹人与自然和谐发展、统筹国内发展和对外开放,推进生产力和生产关系、经济基础和上层建筑相协调,推进经济、政治、文化建设的各个环节、各个方面相协调。可持续发展,就是要促进人与自然的和谐,实现经济发展和人口、资源、环境相协调;坚持走生产发展、生活富裕、生态良好的文明发展道路,保证一代接一代地永续发展。

三 伦理思想的内涵

1. "伦理"和"道德"的内涵

所谓"伦理"就是指调节人际关系行为、包括由其扩展外化的人与社会或群体和各群体之间的关系行为的价值原则和规范。在西语中的"伦理"一词源于拉丁文"ethos",本意指风俗、习惯等。在西方,"伦理"一词比"道德"一词使用得更广泛,意指某一社会或文化群体的特定的精神气质或精神特性。到了19世纪德国古典哲学家黑格尔那里,开始明确区分"伦理"和"道德"这两个概念。"道德"即"主观意志的法",是人的自由意志在内心的实现,包括"故意与责任"、"意图(动机)与福利(效果)"和"良心与善"三个环节。而伦理则是作为"抽象的法(权利)"(形式的、客观的)与"道德"(实质内容的、主观的)的统一,即所谓客观法与主观法的主客观统一。用黑格尔的话说:"善和主观意志的这一具体统一以及两者的真理就是伦理。"① 或者说:"主观的善和客观的、自在自为地存在着的善的统一就是伦理。"② 在黑格尔看来,伦理包括家庭、市民社会和国家三个环节,其中,国家是普遍伦理理念的最高实现。万俊人教授认为,黑格尔的区分是有一定道理的,两者的含义确有某种内涵上的差异。具体表现在:道德较为突出人之得"道",而伦理则较为突出人之关系的"道"理。在古汉语中,"伦理"

---

① [德]黑格尔:《法哲学原理》,范扬、张企泰译,商务印书馆1961年版,第161页。
② 同上书,第162页。

一词最初是两个分开的概念："伦"与"理"。"伦"字最早通"纶"（经纶）、"和"（和谐）、"类"（类别）、"辈"（辈分）、"比"（亲疏近远）、"序"（秩序）、"轮"（车轮，又引申为"俩"、"对偶"）等字义。但后来基本固定的用法多指人伦，所谓"伦"者，"从人从仑"。"理"字最早指"玉"之雕琢。《战国策》中，有所谓"玉之未理者为璞，剖而治之，乃得其鳃理"之说。后人又引申为"名分"（或身份）、"分"（分理或厘定）、"人之所同然者"（孟子）、"物理"（杨泉）、"是非之宗"（《吕氏春秋》）等。较早将"伦理"两字连用的是《礼记·乐记篇》。其中有云："乐者，通伦理者也。"这里的用法还不完全具备后来的伦理学含义。①

所谓"道德"，通常指人类生活和行为的一种善的价值意义和价值规范。在西语中的"道德"一词源于拉丁文"mores"，本意也为风俗、习惯等。在古汉语中，"道德"最初是两个分开着的概念："道"与"德"。"道"本指"道路"。先秦诸子对"道"有多种解释：或为天地万物之理（"道理"，"规律"等），或为宇宙人生之相（"本相"、"根本"等），或为人生行为之法（"法则"、"途径"等），等等。"德"字最早在《周易》卦辞中被释之为"悳"或"坤"，与"得"字相通，故有所谓"德者，得也"之说（《管子·心术上》）。较早将"道"与"德"两个词连缀起来作为一个完整概念来使用的是春秋时代的荀子。其云："故学至乎礼而止矣，夫是之谓道德之极。"② 意思是说，若人们学到了"礼"并按"礼"来做人处事，就达到了道德的极境。这样，"道德"概念在尔后的使用中一般都是指按照一定的行为规范而行动并达到完善的境界。③ 在中国传统文化中，道德一般有两个解释维度，即外在和内在的维度，即所谓"道者，人之所共由；德者，人之所自得也"④，"人之所共由"指的是作为社会规范要求的道德，是人们在社会中生存所要共同遵守或服从的价值尺度。"人之所自得"则指的是内化为个人品性或情感的道德，体现的是个人在道德操守上的自觉性或自持力。在西方思想史上，对道德的界定有不同的话语表达。苏格拉底提出了"美德即知识"的命题。康德认为理

---

① 万俊人：《寻求普世伦理》，商务印书馆2001年版，第47页注释（2）。
② 《荀子·劝学》。
③ 万俊人：《寻求普世伦理》，商务印书馆2001年版，第47页注释（2）。
④ 焦竑：《老子翼》卷七引。

性才是道德的出发点,因为道德必须是具有普遍有效性的绝对命令。但无论如何界定道德,道德问题的讨论始终是在人与人的关系范围中展开的,是关于人的价值判断或意义规定。"以往我们将道德关系限定在人际关系的范围中,那么道德的判断主要就是根据个人在处理或协调人际关系时的具体表现来做出的。这实际是包含了一个理论前提或预设,即人是生活在社会关系中的,或者说每一个人都是社会关系网络上的一个网结,社会关系或人际关系也就成了道德思考的唯一维度。"①

总之,在西方语言中,"伦理"与"道德"既具有相通的词源含义,又有着不同的哲学解释。在中国传统的道德文化中,"伦理"与"道德"确有意义上的差别,但两者之间又有会通之处,即"道"与"理"的照应。人们普遍认可的是:"道德"和"伦理"均关涉人类生活和行为的善恶意义和价值规范;两者都具有调节人类行为和关系的价值规范功能。

以词源学来考究并界定"伦理"和"道德"的内涵,我们会得出这样的结论,即"伦理学是一门探究和研究人与人之间的道德关系的学科,离开了人与人之间的道德关系,也就超出了伦理学研究的范围"②,"虽然自然界、物质世界、精神世界都会与人发生关系,但道德关系的最基本关系在于人与人的关系,其他关系只有与此相联系的时候,才构成道德关系的意义。"③ 也就是说,"伦理关系"或"道德关系"的最基本关系是人与人之间的伦理关系或道德关系。

2. 伦理关系的拓展

罗国杰教授指出:"在过去很长的一段时期中,伦理学只研究人和人关系,不研究人和自然的关系,甚至认为人和自然的关系不包括在伦理学的研究范围之内,这当然是错误的,是应当改正的","人和自然的关系,也反映着人和人关系的一个重要侧面,它曲折地体现着人和人之间的利益关系和道德关系"④。在这里,罗国杰教授充分肯定了伦理学研究范围之人与自然关系的拓展,实际上,一定程度上也承认了人与自然之间存在"伦理关系",只不过这种"伦理关系"是人与人之间的"伦理关系"的一种映射或折射而已。此"伦理关系"非彼"伦理关系",正如李萍教授

---

① 李培超:《自然的伦理尊严》,江西人民出版社2001年版,第7页。
② 傅华:《生态伦理学探究》(序),华夏出版社2002年版,第2页。
③ 李萍:《现代道德教育论》,广东人民出版社1999年版,第104页。
④ 傅华:《生态伦理学探究》(序),华夏出版社2002年版,第2页。

所指出的,"最基本关系"是人与人之间的道德关系。而其他关系只有与此相联系的时候,才构成道德关系的意义。①把人与自然关系纳入伦理学研究的范围,承认人与自然之间存在伦理关系,应该说既是人类社会发展实践的需要,也是伦理学本身发展的需要。

我们知道,正是人与自然、人与人、人与自身这三大关系决定着人类的生存和发展境遇。只有这些关系协调、和谐与和解,人类才能拥有更好的生存和发展境遇,否则,人类就会陷入生存与发展的困境之中。也因此,为了生存和发展,人类一直在努力调控自己的关系状态。在调控各种关系时,政治、法律、宗教和伦理等成为重要的手段。尤其是伦理,伦理通过诉诸道德义务、良心、意志和信念,促使人们的行为从"实然"向"应然"转化,进而成为体现伦理价值的重要方式,以及协调各种关系的重要规范。但是,人与自然、人与人、人与自身关系的确立,与这些关系成为伦理思维的对象,并不是同时的。自从有了人类,就有了这三大关系,但在相当长的历史时期内,只有人与人、人与自身的关系进入了人类的视野,成为伦理思维的对象,而且这种人与人之间的关系,是一种狭隘的人际关系,尤其是历史还没有成为世界历史之前,特别是人类生存困境和发展危机没有凸显以前,个体与类的关系、代际关系等并没有涵盖在人与人的关系之中。同时,人与自然的关系也没有成为伦理思维的对象。

只有在人类开始了现代化征程,人类文明发生重大转折之后,工业文明的迅猛发展带来了意想不到的发展危机和发展困境之时,人类对自身的关系状态才开始有了新的更深的认识。此时,人与人的关系更加复杂、人与自然的关系日益紧张、人与自身的关系日渐不安。物质文明的进步并没有伴随精神文明的发展,物质财富的积累并没有伴随个体生活质量的提高,人类征服和改造自然的过程变成了宰制自然的过程:"在我们这个时代,每一种事物好像都含有自己的反面。""技术的胜利,似乎是以道德的败坏为代价换来的。随着人类愈益控制自然,个人却似乎愈益成为别人的奴隶或自身的卑劣行为的奴隶。甚至科学的纯洁光辉仿佛也只能在愚昧无知的黑暗背景下闪耀。我们的一切发现和进步,似乎结果是使物质力量具有理智生命,而人的生命则化为愚钝的物质力量。"② 20世纪中叶以后,

---

① 李萍:《现代道德教育论》,广东人民出版社1999年版,第104页。
② 《马克思恩格斯全集》第12卷,人民出版社1962年版,第4页。

随着人类发展实践的不断深入，在反思和总结实践经验的基础上，发展观念在不断发生变化。发展观的嬗变，传统发展观的突破，新的发展观的形成，乃是20世纪下半叶人类对于自然、社会和自我认识的一个重大飞跃。也正是在发展观嬗变过程中，人类有了更多的伦理觉醒，出现了许多新的伦理概念，诸如"生态伦理"、"环境伦理"、"地球伦理"、"全球伦理"等等，人与自然之间的关系逐渐成为伦理思维的对象。

在这种情况下，"伦理"和"伦理关系"的内涵和适用范围应当进行拓展。就"伦理"而言，"伦理"之"伦"不仅仅是"人"之"伦"，更是"生命"之"伦"。伦理关系首先是一种生命关系，而不只是人与人之间的关系。"伦理"之"理"首先是生命价值之"理"，这种"理"是一种自然之"道"，即生命的生生不息；其次是一种规律，即生命之间的平等与和谐。就"伦理关系"而言，有人与人之间的最基本的伦理关系，也有生命与生命之间的必要的伦理关系。其实，把"人"作为伦理关系是否存在的标准，是有很大的历史局限性的。

为了人类的可持续发展，当今世界已经逐渐达成了这样的共识：把人类的道德观念从人与人之间的关系扩展到人与自然的关系是必要的。1992年国际资源和自然保护联合会、联合国环境规划署、世界野生生物基金会组织合编的并在联合国环境与发展会议上广为散发的《保护地球——持续生存战略》认为，基于互相尊重与关心和保护地球的道德准则是持续生存的基础，应把人类的道德观念从人与人之间的关系扩展到人与自然的关系，应把保护环境、尊重自然、维持持续生存作为人类的道德准则。联合国环境规划署决定，从1998年起，每年6月5日"世界环境日"的主题不再年年更换，而定格为"为了地球上的生命"；《世界自然宪章》（1982年10月28日联合国大会第371号决议）明确指出：深信"每种生命形式都是独特的，无论对人类的价值如何，都应当得到尊重，为了给予其他有机体这样的承认，人类必须受行为道德的约束"；"应尊重大自然，不得损害大自然的基本过程"。该宪章确定的有关人与自然关系的一套道德准则，已在一些国际环境公约中得到反映，如我国已经签署的《控制危险废物越境转移及其处置巴塞尔公约》（1991年9月）强调："铭记着联合国大会第三十七届会议所通过的《世界自然宪章》的精神、原则、目标和任务乃是保护人类环境和养护自然资源方面的道德准则。"实际上，不少国家出台了规定自然权利、非人生命体权利以及承认环境利益、自然尊严和环境价值的法律和政策文件。

因此，不论是生态伦理还是发展伦理，都对伦理关系进行了拓展，承认人与自然之间存在伦理关系。实际上，这种伦理关系的拓展并不会给谁带来更多的伤害。姑且不说这种拓展对伦理学的发展，尤其是对生态伦理学的发展、发展伦理学的发展都是有利的，在实践上更是有利于人类利用伦理调节现代人类生存和发展中出现的各种复杂的关系，更好地发挥伦理"改造世界"、构建和谐社会的功能。

就发展中的三大基本伦理关系而言，发展中的人与人之间的伦理关系是最基本的伦理关系，主要包括个体与类的伦理关系、个体与社会的伦理关系、个人与他人的伦理关系、民族与民族伦理关系、国家与国家的伦理关系，还有当代人与未来人的代际伦理关系等。发展中的人与自然之间的伦理关系是不可或缺的伦理关系，主要包括反映人与人之间伦理关系的人与自然的伦理关系，还包括不反映人与人之间的伦理关系，而直接表现为人与自然之间的伦理关系。发展中的人与自身的伦理关系是必要的伦理关系，主要包括人与自身的伦理关系（直接伦理关系）、人—自然—自身（间接伦理关系）、人—社会—自身（间接伦理关系）三种伦理关系。

发展中的人与人之间的伦理关系是最基本的伦理关系。首先，其他伦理关系特别是人与自然的伦理关系，在一定意义上说就是人与人之间的伦理关系，它反映着人与人之间的伦理关系，自然界只是人与人之间伦理关系的中介。对此，马克思曾经指出："自然界的人的本质只有对社会的人来说才是存在的；因为只有在社会中，自然界对人说来才是人与人联系的纽带，才是他为别人的存在和别人为他的存在，只有在社会中，自然界才是人自己的人的存在的基础，才是人的现实的生活要素。只有在社会中，人的自然的存在对他来说才是自己的人的存在，并且自然界对他来说才成为人。因此，社会是人同自然界完成了的本质的统一，是自然界的真正复活，是人的实现了的自然主义和自然界实现了的人道主义。"[①] 马克思在这里说的社会的人，一是社会关系中的人，二是扬弃了私有财产的非异化状态下的人。人属于自然界，但人的本质属于社会。只有在社会状态中，自然界与人的关系才能从必然王国变为自由王国的关系。其次，其他伦理关系如人与自然之间伦理关系的协调，一定意义上只能通过调节人与人之

---

① [德] 马克思：《1844 年经济学哲学手稿》，人民出版社 2000 年版，第 83 页。

间的关系才能实现。马克思曾经指出:"人们在生产中不仅仅同自然界发生关系。他们如果不以一定方式结合起来共同活动和互相交换其活动,便不能进行生产。为了进行生产,人们便发生一定的联系和关系;只有在这些社会联系和社会关系的范围内,才会有他们对自然界的关系,才会有生产。"① 也就是说,人们只有在生产实践中才同时发生着对自然和对社会的双重关系,也只有在人与人的关系视域下才有人与自然的关系。

第二节 发展观的伦理规约

发展是人类永恒的主题,发展观则是关于发展的本质、目的、内涵和要求的总体看法和根本观点。发展观是社会历史、经济、政治、文化传统等多种因素的反映和产物,是对发展实践的思想自觉和理性自觉。但是人类在经历了工业化和科学技术迅猛发展造成社会物质财富丰富的同时,自然与人类社会出现了前所未有的发展问题和发展障碍。科技和经济的发展在带给人类福音的同时,也凸显了发展的异化,其异化突出地反映为生态家园、社会家园、精神家园等方面的恶化。现实的发展实践常常因为缺乏来自于伦理视域的"守门人",而陷入发展的异化不能自拔。当人们为自己的发展一路高唱凯歌的时候,人类生存环境也从局部恶化发展到今天全球范围的温室效应、臭氧层破坏、水土流失、草原森林退化、生物多样性锐减、资源短缺、水环境污染严重、大气污染肆虐、固体废弃物成灾等为标志的整个生态体系的危机;当科学技术的工具理性发展到极致,就开始物化人的社会存在和精神存在。现代社会的消费主义、拜金主义、物质主义文化盛行,道德堕落、精神空虚、信仰危机和人生意义的迷失就是重要的表现。在个体层面,人际关系疏远、冷漠;情感被消解,意志被弱化,社会本性和精神意识不断退化和丢失。② 在群体层面,则加速了发达国家和发展中国家、富裕人群和贫困人群之间差距的拉大。

当代人类面临的各种困境和危机,从理论原因来说,很大程度上是因为我们的传统发展观内涵缺乏对必要而有效的伦理规范和道德约束的重视,在处理人与自然、人与人、人与社会的关系上出了漏洞。近来人们终

---

① 《马克思恩格斯全集》第6卷,人民出版社1961年版,第486页。
② 沈步珍:《技术单向度发展的反思与技术人性化的现实吁求》,《科学理性与科学方法》2005年第5期。

于认识到发展的终极目标不是物质财富的盲目增加，而是特定的价值追求，其价值目标的道德性决定了发展方式的道德性，并最终决定发展效果的道德性。

在发展逐渐显露出其价值性内涵和伦理意蕴的同时，人们越来越重视对发展的价值维度和伦理维度的研究。可以说，发展伦理是发展研究向纵深拓展的结果，是发展理论的新发展，也是一种新的伦理形态。

从经济基础和上层建筑的关系来看，发展观和伦理道德同属于社会的上层建筑，各自对经济基础服务的方面不同，从经济学意义上讲，发展观是人们对于同经济、社会发展以及人本身的发展相关的种种问题——发展的内涵和本质、发展的目的、发展的社会方式，以及发展的衡量和评价等的理论思维和根本观点。当前"科学发展观"中的"发展观"也是从经济学意义上讲的。发展观对社会经济发展具有直接的影响作用。而伦理道德作为社会上层建筑，是社会的价值评判标准，对社会发展具有重要的道义支撑作用。

一　伦理道德对发展的作用

市场经济条件下，人们对正当的利益的追求是无可厚非的，但是非道德性的功利论却具有极大的危害：为了谋求最大的物质利益而牺牲社会道德，损害社会公平，拉大贫富差距，进而影响社会的稳定，成为经济上持续发展的巨大障碍。在影响社会发展的各种力量中，生产力的发展固然是社会发展的决定力量，但是伦理道德对于社会发展所提供的道义支撑也是不可或缺的。伦理道德为社会发展提供的道义支撑体现在如下方面：

第一，作为一定社会的上层建筑，伦理道德可以通过对社会发展做出"善"的肯定性评价，为发展提供伦理依据和道德规范，从而促进社会的良性发展；同时，伦理道德还可以通过谴责阻碍和破坏社会发展等"恶"的现象，扫清社会发展的障碍，保证社会发展的道德方向。通过良好道德风尚的形成，为社会的良性发展提供强有力的道德支撑。

第二，伦理道德具有评价经济、政治、法律、文化等领域的价值判断功能和"构建理想生活世界的行为导向功能"。表面上看，它不能直接创造物质财富，但是，作为社会深层的内在价值，它却能作为一种无形资产，通过"应然"的道德原则、道德理念创造价值的价值，并通过社会绝大多数人对其道德价值的广泛认可实现其价值。伦理道德的价值功能在得到公众广泛赞美的同时，也能建树起神圣的公共权威为公众所推崇，并自觉地身体力行。这是道德为社会发展提供的最广泛、最深层和最自觉的道义支撑。

第三，伦理道德可以通过道德诚信机制、公正平等机制等制度的设置，赋予社会发展以公平、正义等道德内涵，保证发展的公正性。使得人们在追求经济效益的同时，不致损害社会公正；在追求利润最大化时，自觉遵循诚信、公平、公正的道德准则，自觉奉行"君子爱财，取之有道"的经济伦理原则，以保证发展进程中效率与公正兼顾，从根本上遏制诚信缺失、假冒伪劣等混乱经济秩序的出现，促使社会得以健康的发展。①

显然，社会的发展不仅要求实现社会正当合理的价值目的追求，更要求人们承担起与之相应的社会道义责任，只有在价值目的与社会道义的动态平衡的张力之中，才能确保发展的可持续性。

二 发展与伦理的关系

（一）发展伦理是发展理论的新发展

对于发展，有广义和狭义之分，前者是指经济、政治、社会、文化综合发展，后者是指经济增长带来的发展。对于发展理论，也有狭义和广义之分。狭义的发展理论是专门研究发展中国家如何实现现代化的理论；广义的发展理论把现代化作为一个世界性的历史进程，不仅研究发展中国家如何实现现代化，而且研究发达国家是如何从传统农业社会转变为现代工业社会并进而向信息社会变迁的过程。根据广义的理解，发展理论主要包括以下一些学科：发展经济学、发展政治学、发展社会学、发展文化学、未来学、可持续发展理论、发展哲学、社会转型和变迁理论以及西方马克思主义的有关理论等。②

关于发展理论的起源众说不一，有人把发展研究和发展经济学溯源至亚当·斯密的《国富论》；有人则主张是重农主义理论开创了发展理论的先河。另一些研究者断言，早期的西班牙重商主义者是发展经济学的鼻祖。但是，大多数理论家认为，发展问题的崛起乃是近三四十年来的新现象。美国旧金山智力科学研究所所长威利斯·哈曼博士指出，20世纪50

---

① 罗开福：《伦道德建设为构建和谐社会提供道义支撑》，《天府新论》2008年第1期。
② 庞元正、丁冬红：《当代西方社会发展理论新词典》，吉林人民出版社2001年版，前言第7—20页。

年代以前,很少有人或者根本没有人提出发展的意义问题。① 发展伦理则是致力于对发展的价值和发展的意义的追问,认为:"发展可以作为经济的、政治的、技术的或社会的现象来进行有效研究,但其最终目标则是存在本身:为全人类提供充实美好的人类生活的机会","发展就是提升一切个人和一切社会的全面人性"。②

发展伦理学作为发展研究的跨学科领域,与发展理论特别是发展哲学、伦理学特别是生态伦理学、人学等密切关联。如果说伦理学是关于人的自由和秩序的科学,那么,发展伦理学就是关于人的发展自由和发展秩序的科学,是关于人的发展自由及其限度的学说。发展伦理学主要以发展伦理为研究对象,研究发展伦理关系形成和发展的规律性,研究发展中的个体和群体行为特征,研究发展伦理原则的合理性和发展道德规范的正当性,研究发展伦理的功能和使命,并通过对必然性的认识和把握,以实现人类合理发展、社会和谐发展以及个人全面发展。

(二) 发展伦理是一种新的伦理形态

发展伦理是对发展中的人与自然、人与人、人与自身等基本伦理关系的新领悟和新治理。发展伦理的产生主要缘于伦理学者对发展问题的思考和发展理论学者对发展问题在哲学(包括伦理学)层面的思考。在对引致发展危机和发展困境的传统发展观进行批判和反思的基础上,对新的发展观提供价值理念支持和相应的伦理支撑,进而对发展理论和发展实践起导引、规范作用。或者说,对过去的发展进行反思和批判,对当下的发展进行约束和规范,对未来的发展进行规划和引领,是发展伦理的主要使命。发展伦理既有发展理论的特征,又有伦理道德的特征。作为一种新的发展理论,发展伦理是发展的新阶段,发展伦理是发展的伦理化和人性化;发展伦理是人的发展的新阶段。发展伦理是当代主体的自觉和跃升,是人类从自发发展走向自觉发展的标志。作为一种新型的伦理形态,发展伦理是指人们在发展实践中形成的人与自然、人与人、人与自身之间的各种伦理关系以及协调处理这些关系的道德原则规范和行为活动的总和。发展伦理试图运用一套伦理学的基本原则,规范和解决发展中出现的各种问

---

① 陆象淦:《发展——一个受到普遍关注的全球问题》,重庆出版社1988年版,第21—22页。

② [美] 德尼·古莱:《发展伦理学》,高铦、温平、李继红译,社会科学文献出版社2003年版,第8页。

题。发展伦理不仅关注发展中的个别方面的伦理道德问题,更关注发展中存在的总体性伦理道德问题。发展伦理是伦理发展的新阶段。发展伦理是对发展中的伦理关系的新领悟和新治理,发展伦理所要倡扬的是一种和谐发展的伦理精神。

三 科学发展观是"新的发展观",也是"新的伦理观"

中国共产党十六届三中全会上提出的"以人为本,全面、协调、可持续的"科学发展观,是一种"新的发展观",也是一种"新的伦理观"。科学发展观的提出不仅以历史唯物主义为基础,体现了马克思主义与时俱进的理论品质,继承和拓展了马克思主义的发展观和发展理论,同时也是对西方传统发展观的扬弃,并且是总结我国发展实践和应对我国经济社会发展和改革开放新阶段的新情况和新问题而提出来的,它是一种新的、综合的发展理论和伦理形态。

科学发展观作为一种新的伦理形态,与传统发展观有着根本区别,它蕴含的伦理精神和道德原则,体现了先进伦理文化的发展要求。

在认识和处理人与物的关系时,科学发展观体现的是"以人为本"的伦理精神。传统的发展观"以物为本",这种发展观的特点是把经济增长作为发展的根本目的和唯一的价值尺度,忽视了人和人的全面发展。"以人为本"是科学发展观的本质和核心,是贯穿于科学发展观的一条红线,是其基本的价值取向。无论是在宏观的发展战略上,还是具体的发展政策上,"以人为本"的发展观都把最广大人民群众的生存和发展作为发展的最高价值目标,一切为了最广大人民群众,一切服务于最广大人民群众。一切经济活动的内容和形式、手段和目的都是为了实现人的全面发展,这是科学发展观立论的重要的伦理支撑。

在认识和处理人与人的关系时,科学发展观体现的是追求公平的伦理精神。传统的发展观在认识和处理人与人的关系时,注重的是效率,往往把效率作为分配的原则,而忽视地域性、资源性、政策性等原因导致的起点不公平的事实,造成社会分配不公、贫富差距拉大的现象和结果,"拉美现象"就是典型代表。科学发展观重视社会发展过程中的社会公平问题,在认识和处理中国社会发展过程中人与人的关系上,坚持效率和公平有机统一的基本原则,在注重效率的同时,维护社会公平,坚持政府应承当起对收入分配的调节功能。这一调节职能,主要体现在再次分配上,初次分配重效率,再次分配重公平,用政府的各项政策杠杆,来调节收入的差距,尽可能地缩小不同人群间利益分配的差距,力求使大多数人能够分享改革和经济增长的成果。

在认识和处理人与自然的关系时,科学发展观体现的是和谐共处的生态伦理精神。传统的发展观在认识和处理人与自然的关系上,往往奉行的是人类中心主义观点——人类是世界的中心。这是植根于西方工业文明的基本价值观念,它意味着人类可以随意支配主宰自然,因而酿成了严重的生态危机。面对日益恶化的生态环境,一些西方伦理学家从对人与自然关系的再思考中,提出了与"人类中心主义"相对应的"非人类中心主义"观点,提出了生态道德的观念。这是人类道德认识的一次重要升华,它改变了人类对待自然的态度,要求人类从过去一味强调"战胜自然",转变为"与自然和谐相处",从大自然的征服者,转变为自然界的"善良公民";它拓展了人类的道德视域,把道德调节的范围从人与人的关系,扩展到人与自然的关系,肯定了人作为自然道德的监护者的神圣职责。中国传统伦理道德在人与自然的关系上,始终追求"天人合一"、人与自然和谐交融的境界,是值得我们借鉴的。科学发展观在认识和处理人与自然的关系上,遵循的是人与自然和谐共存、可持续发展的准则。和谐共处是指人与自然的关系不是单纯的利用和被利用、征服和被征服的关系,而是要批判继承中西方优秀伦理道德的精髓,将人与自然看作为一个整体,在这个整体中,人与自然和谐相处、互动共存。

第二章　科学发展观伦理审视的现实依据

第一节　科学技术的进步与异化

科学技术是人类认识、改造自然的产物，是人的本质力量的展现，人类依靠科技创造了无数奇迹。现代社会，科学技术的发展十分迅猛，其威力日益强大，影响的深度和广度也空前提高，以至于人类越来越依赖科技并习惯于生活在科技所创造的环境中。然而，科技异化问题也日趋严重，已经影响甚至威胁到人类的生存和发展。

科技异化已经成为现代社会不容回避的问题，伴随着科技的迅猛发展而日益渗透到人们生活的各个领域，从自然界到人类社会，可以说是无孔不入。无论是凭借科技而强盛的发达国家，还是急于依赖科技发奋图强的发展中国家，都不同程度地受到科技异化存在的威胁。我们再不能对科技问题盲目乐观，对科技异化熟视无睹，更不能以掩耳盗铃的方式逃避科技异化。我们应该全面考察科技异化现象、深入分析科技异化的根源，揭示科技异化的实质，警示人们在研究和应用科技的活动，防止科技异化的不良后果，以便尽可能地减少科技异化的出现和降低科技异化的影响程度，将科技尽量纳入有利于人的发展和社会进步的轨道。

一　科学技术的进步

科学技术与人类社会发展息息相关，为人类造福是发展科技永恒的主题。在科学技术的实际应用过程中，正像人们所要求的那样，科技成果确实导致了人类物质产品的极大丰富。作为生产力中的渗透性因素，科学技术进入生产过程，渗透进生产力各要素中并不断推动它们的变革，由此带来了社会生产力的空前大发展。以此为基础，人类得以不断为自己创造出数量日益增长、品质日益精良的物质产品，不断提高着自己的消费水准和更新着自己的消费结构。科技成果在日常生活中的应用,则拓展了人类的活动空间,开辟了新的人类交往方式,丰富了人类的生活内容,增进了人类健康,延长了人类寿命。可见,正是科技成果的应用,使人类对美好生活的追求逐步变成现实。科学技术是推动社会发展的强大动力,这是毫无疑义的。马克思主义经典作家早就看到了科学的这一历史作用。"在马克思看来,科学是一种在历史上起推动作用的、革命的力量"①。

(一) 科技革命六次浪潮的特点②

科技革命是科学革命和技术革命的合称。一般来说,科学革命是指人们认识客观世界的质的飞跃,它表现为新的科学理论体系的诞生;技术革命是指人类改造客观世界的新飞跃,它表现为生产工具和工艺过程方面的重大变革。科学革命是技术革命的基础和出发点,科学革命引起技术的进步;而技术革命是科学革命的结果,先进的技术及其应用成果反过来又为科学研究提供了有力的工具。

过去500年,世界上先后大约发生了五次科技革命,包括两次科学革命和三次技术革命。目前,第六次科技革命正向我们走来。每次科技革命都给人类社会带来了巨大变化,推动了人类文明的进步。

第一次科技革命发生在18世纪60年代,以轻工业为主导,以蒸汽动力为主要标志。其中以瓦特的蒸汽机(1785年)、富尔顿的轮船(美,1807年)、史蒂芬孙的蒸汽机车(英,1814年)为代表。这次科技革命使生产劳动从手工工具向机械化生产飞跃,极大地提高了劳动生产率,并使人类从农业经济社会步入工业经济社会。实现了真正意义上的社会化大生产。

第二次科技革命发生在19世纪70年代,以电力的广泛应用、内燃机和新交通工具的创制、新通信手段的发明为显著特征,如以西门子的发电机、格拉姆的电动机、卡尔·本茨的内燃机驱动的汽车、莱特兄弟的飞机、贝尔的电话、马可尼的无线电报等为代表。用电力作为新能源逐步取代蒸汽动力,使社会生产力获得了更快发展。

经过两次科技革命对社会生产力的推动作用是无比巨大的,正如马克思、恩格斯在《共产党宣言》中所描述的:"资产阶级在它不到一百年的

---

① 《马克思恩格斯选集》第3卷,人民出版社1972年版,第575页。

② http://baike.baidu.com/view/69209.htm#14。

阶级统治中所创造的生产力，比过去一切世代创造的全部生产力还要多、还要大。"①

第三次科技革命发生在20世纪四五十年代，以原子能技术、航天技术、电子计算机的应用为代表，包括人工合成材料、分子生物学和遗传工程等高新技术。具体表现：科学技术推动生产力的发展，转化为直接生产力的速度加快；科学技术密切结合，相互促进；科学技术各个领域相互渗透。

第四次科技革命发生在20世纪后期，以系统科学的兴起到系统生物科学的形成标志，以生物技术为重点，以发展新能源为核心任务。系统科学、计算机科学、纳米科学与生命科学的理论与技术整合，形成系统生物科学与技术体系，包括系统生物学与合成生物学、系统遗传学与系统生物工程、系统医学与系统生物技术等学科体系，将导致的是转化医学、生物工业的产业革命。发展新能源被看成是第四次科技革命的核心任务。从战略的眼光来看，新能源本身就是一个经济发展方向，促进新能源经济的发展，可以推进能源结构乃至经济结构的转变，对国民经济产生深远影响，也是未来世界各国的竞争重点，能源工业未来的方向将是从能源资源型走向能源科技型。美国利用经济低迷的时机，大力发展新能源，如果成功了，未来的能源格局可能将被美国所主导。以生物技术为重点的第四次科技革命，已经实现或者即将实现：塑料将不以石油为原料而完全以玉米替代；建筑材料将由洋麻等纤维类作物替代；石油的枯竭也不再可怕，因为用秸秆完全可以替代；2050年人类的寿命有可能达到120岁；5亿亩的不毛之地、盐碱地将会成为植物的生长乐园。

第五次科技革命就发生在当前，是以电子和信息技术的普及应用开启了第五次科技革命之门，而随着互联网技术的普及和移动互联网的发展，全球正处于半个世纪以来的又一次重大技术周期之中，不久的将来，移动宽带会覆盖到所有人群，而现在正处于从导入期到拓展期的转折点。爱立信总裁兼CEO卫翰思（Hans Vestberg）说道："手机就是当年的电灯泡，未来我们可以想象到的，就是几乎所有设备都会接入网络。"

第六次科技革命是即将发生的科技革命，从科学角度看，可能是一次"新生物学革命"；从技术角度看，可能是一次"创生和再生革命"；从产

---

① 《马克思恩格斯选集》第1卷，人民出版社1995年版，第277页。

业角度看,可能是一次"仿生和再生革命";从文明角度看,可能是一次"再生和永生革命"。

现代科技革命通过对生产力的三要素(劳动者、劳动对象、劳动工具)的品质及组合方式进行改造和综合,使科学技术日益渗透到生产力诸要素之中,从而使生产力系统发生革命变革,并使生产力系统结构空前优化。因此当代社会,科学技术已经成为影响社会经济发展的主导因素,并成为"第一生产力"。

(二)科技革命的贡献

科技革命是现代社会的一个显著特征。从总体上看,现代科技革命正以惊人的速度和神奇的力量改变着整个世界,特别是改变着人类社会。它促使社会形态发生变化,推动社会的生产方式、生活方式、思维方式等发生根本性变革。

1. 科技革命促使社会产业结构发生巨大变革

科技革命必然带动产业革命,进而促使产业结构发生变化。如第一次科技革命使英、美、德、法、日等国家由农业国变为以轻纺工业为优势的工业国。第二次科技革命使欧美国家形成了电力、电器、石油、化工、汽车、飞机等一系列新兴产业,重工业取代轻纺工业成为主要产业。20世纪中叶以来发生的现代科技革命引发的产业结构的变化,无论从广度和深度上,都是前两次科技革命所无法比拟的。现代科技革命的一个显著特征就是高新技术开发的生命力持久旺盛,科技成果转化的周期越来越短,往往一种新技术出现就会产生一种新产品,造成一个新市场,形成一种新产业,并且他们之间相互影响。现代科学技术强大的渗透扩散效应,使得各种高新技术产业层出不穷,形成了信息产业、生物产业、新能源与可再生能源技术产业、新材料产业、空间科技产业、海洋技术产业六大现代化高新技术产业群。特别是信息产业的迅猛发展,形成了一个以现代信息产业发展为主要内容的新的产业革命。①

2. 科技革命对社会生活方式的影响

现代科技把人们带入了信息时代。伴随科技迅速发展而来的是"知识爆炸",要求人们不断更新和充实知识,以适应时代发展的需要。学习已日益成为生活中的一项重要内容,而且需要终身学习。现代信息技术为

---

① 徐顺梨:《现代科技革命与社会经济变革》,《求实》2000年第6期。

人们提供了处理、存储和传递信息的手段,给学习、工作带来极大便利。现代化的交通、通信等手段,为人们的交往提供了方便。劳动生产率的提高,使人们自由支配的闲暇时间增多,为人们自由全面的发展创造了更多的机会,使人们能更多地从事科学、艺术、文化、教育等事业的创造性活动。

3. 科技革命对人的思维方式的变革

实践对认识具有决定作用,能够引起变化的最切近的基础是实践。科技革命首先通过改变社会环境来促使思维方式的发展,如扩大人们的交往,开阔人们的视野。现代科技革命对人的思维方式产生了重要影响,主要表现在新的科学理论和技术手段通过影响思维主体、思维客体和思维工具,引起思维方式的变革。在现代科技革命条件下,人们具有了新的知识理论结构和社会组织结构,能够运用新的理论工具和现代化技术手段,去研究一系列新现象、新领域、新课题。

4. 科技革命对社会制度的影响

科技革命与社会制度密切相关。马克思、恩格斯曾就科技革命对社会制度的影响作过形象的描述:"手推磨产生的是封建主的社会,蒸汽磨产生的是工业资本家的社会。"[1] 纵观资本主义的发展历程,资本主义的每次重大历史进步都是在科技革命的推动下取得的。以蒸汽机为标志的第一次科技革命促使资本主义摆脱了封建主义的羁绊,在世界上确立了资本主义制度;以电气化为标志的第二次科技革命促使资本主义发展到垄断资本主义阶段;以电子技术为标志的第三次科技革命,促使资本主义发展到国家垄断资本主义阶段;以信息革命为标志的目前仍在蓬勃发展的第四次科技革命,促使资本主义呈现出向国际垄断过渡的趋势。

科技革命促进了资本主义的迅猛发展,这是有目共睹的事实。同样科技革命与社会主义的发展也息息相关。第一次科技革命诞生了科学社会主义,第二次科技革命发展壮大了科学社会主义,第三次科技革命即现代科技革命,世界社会主义体系发生了重大变化,社会主义走向低潮,直至苏东剧变和解体,而作为社会主义的中国却重新崛起。

二 科学技术导致的异化

在科学技术高速发展的今天,人们在生产和生活中享受着科技带来的

---

[1] 《马克思恩格斯选集》第 1 卷,人民出版社 1995 年版,第 142 页。

各种好处的同时也经常受到技术的操纵或奴役,即科学和技术在某种意义上使人不再是科技的主体,反而使人被科技牵着鼻子走,或者遭受着科技的损害而浑然不觉。

19世纪是"科学的世纪",科学理论获得巨大进步,科学的技术化和社会化成为这一世纪科学的重要特征,科技与工业生产的关系日益紧密,科技逐步引导生产;随着科学团体和组织的发展和规范化,科学日益成为一种社会建制,其社会化和大众化程度得到了极大提高。与此同时,科技广泛地应用到工业生产,导致了科技成果——机器与工人的对立,农业机械化引发的土壤贫瘠和环境破坏也开始出现,科技成果在工业特别是化学工业上的应用意味着科学技术军事化的隐患已经存在。20世纪科技迎来了革命的时代,科技的社会化程度空前提高,科技的社会功能空前强大,科技异化的特征也日益突出,一方面,科技异化日益广泛,涉及物质生产、环境、战争、网络和人的精神世界等众多领域;另一方面,科技异化的程度不断深化,直接威胁到人的生存。

其实,科学技术就是一把"双刃剑",正如马克思所说:"在我们这个时代,每一种事物好像都包含有自己的反面。……技术的胜利,似乎是以道德的败坏为代价换来的。随着人类愈益控制自然,个人却似乎愈益成为别人的奴隶或自身的卑劣行为的奴隶。甚至科学的纯洁光辉仿佛也只能在愚昧无知的黑暗背景上闪耀。我们的一切发现和进步,似乎结果是使物质力量具有理智生命,而人的生命则化为愚钝的物质力量。现代工业、科学与现代贫困、颓废之间的这种对抗,我们时代的生产力与社会关系之间的这种对抗,是显而易见的、不可避免的和毋庸争辩的事实。"[①] 所以,科学技术也是一把悬在人类头顶上的达摩克利斯之剑。

(一) 科技异化的内涵及特征

1. 科技异化的内涵

异化概念由来已久,科技异化概念是对异化概念的延伸和扩展。国外学者对科技异化现象研究的较多,研究的角度各不相同。马尔库塞、哈贝马斯等人认为科技是一种统治力量,变成了意识形态,从而成为控制社会的新形式。海德格尔则从抽象的"座架"上来分析科技异化,认为在现代社会中,科技不再是单纯的工具,而是强求人、限定人的不可抗拒的力

[①] 《马克思恩格斯选集》第2卷,人民出版社1972年版,第78—79页。

量，它主导人、主宰人和控制人，人失去了一切的独立性、自主性、价值和尊严，而成为由技术意志来塑造的可加工的物质。霍克海默的观点是：科技已日益成为超出人类控制的，甚至是支配、统治人类与社会的外在力量；科技已不再是给人类带来自由和解放的伟大工具，它导致了人的物化和自由的丧失，造成了精神的空虚和人格的分裂；人不再是掌握、控制科技的主人，而被迫成为适应科技社会要求的工具。"人类已经被一种虚幻地、自满自足地考虑实践构造的科学遗弃了；这种科学所从属并为之服务的实践，就好像某种在科学界限之外的东西一样；这种科学满足于思想与行动的分离。"① 埃吕尔认为，技术由于系统化而具有了自主性，成了社会衡量一切的标准，决定着社会的特点，因而也决定了技术化社会中的人，人的自由、自主性和主动性就越来越少，人被降低为技术动物。总之，科技已成为一种与人相敌对的甚至控制人与社会的异己力量，如马克思所说的"作为一种异己的东西不依赖于他而在他之外存在，并成为同他对立的独立力量——意味着他给予对象的生命作为敌对的和异己的东西同他相对立"②。国内学术界多将科技异化理解为"科技的负面效应"、"科技的双重价值"、"双刃剑"等，并从这些方面规定科技异化，甚至将科技异化与这些词语相等同。所谓科技异化，是说科技发展所导致的异化，就是指人们利用科学技术改变过、塑造过和实践过的对象物，或者人们利用科学技术创造出来的对象物，不但不是对实践主体和科技主体的本质力量及其过程的积极肯定，而是反过来成了压抑、束缚、报复和否定主体的本质力量，不利于人类的生存和发展的一种异己性力量，它不但不是"为我"的，而是"反我"的。③ 这说明科技异化在我国引起了人们的广泛关注，成了学术讨论的一个热点，同时也表明，科技异化问题的研究有待于深入，有关科技异化这一概念的理解和应用不是十分准确。因此，对科技异化的概念及其基本内涵作准确规定和说明十分必要。

我国的哲学大辞典解释的马克思主义的异化概念是：异化作为一种社会现象，同阶级一起产生，是人的物质生产、精神生产及其产品变成异己力量又反过来统治人的一种社会现象。私有制是异化的主要根源，社会分工固定化是异化的最终根源。异化反映的是人的生产活动及其产品转而反

---

① 霍克海默：《批判理论》，李小兵等译，重庆出版社1989年版，第229页。
② [德] 马克思：《1844年经济学哲学手稿》，人民出版社1985年版，第48页。
③ 李桂花：《"科技异化"释义》，《吉林师范大学学报》（人文社会科学版）2007年第2期。

对人们自己的特殊性质和特殊关系。在资本主义社会,异化达到最严重程度。阶级、私有制和僵死的分工的消灭是异化消灭的根本前提。① 科技异化指在一定的社会条件下,主体的科技活动及科技活动所取得的科技成果,背离主体人的需要和目的,成为人难以驾驭的力量,并反过来控制人、统治人、危害人的特殊现象。②

对科技异化基本内涵的理解,必须把握以下几方面:不仅要大量揭示存在于现实社会领域的诸多科技异化现象,同时要深刻认识科技异化的实质和根源,积极探索克服异化的途径;积极借鉴马克思的劳动异化论的基本立场、科学方法来研究科技异化问题;正确对待科技异化问题:科技异化是科技发展和应用中的特殊现象,而不是科技发展的主流,不能因此否定科技对人类发展和社会进步的重大价值和功能,更不能无限夸大科技异化问题而走向反科学;科技异化是特定条件的产物,并非科技的本性。科技异化是科技发展中不合理、不正常的现象,应该消除它存在的不合理条件,使之回归本真——造福人类。

2. 当代资本主义社会科技异化的新表现和新特征

一是随着全球化的深入,科技异化跨越了国界和社会制度壁垒,成为世界各国共同面对的难题。二是科技异化领域由生产领域扩展到消费领域、由经济领域扩展到文化领域,人借助于科技提供的诱人广告、便捷信用卡等手段成为消费品的奴隶,在形形色色消费品的包围中失却了自由、独立和价值;借用科技所创造的有利条件,文化成了产业,艺术品降低为文化用品,文化被物化和商品化,文化的创造性沦为批量生产、快餐式消费和对感官刺激的追求。三是科技异化程度极大增强,科技的政治化、意识形态化成了较普遍的现象,也是科技异化的最高形式,体现了科技异化的程度。

(二) 科学技术异化对自然环境的破坏③

自工业革命以来,随着科学技术的迅猛发展,人类征服自然的能力越来越强。人类俨然是大自然的主人,而自然在一定程度上变成了人类任意蹂躏的奴隶。人类滥用科技对自然环境的破坏主要表现为:环境的污染、

---

① 冯契主编:《哲学大辞典》,上海辞书出版社1992年版,第702页。
② 陈翠芳:《科技异化问题研究》,博士学位论文,武汉大学,2007年。
③ 孙博、李晔:《科学技术对人的"异化"》,《成都大学学报》(教育科学版) 2007年第3期。

生态的污染和气候的恶化。环境的污染主要是指大气污染、水污染和固体污染。主要是由工厂排出的废水、废气及废渣，汽车的尾气，日常的生活垃圾，农药等造成的。随着人类活动范围的扩大，环境污染大有蔓延的趋势，不仅从陆地扩展到海洋，从平原扩展到高山，而且从赤道扩展到两极，从地球扩展到太空。其实，环境污染还远不止这些。随着信息社会的来临，电脑和手机的普及率越来越高，辐射污染已初露端倪；转基因食品的盛行，已在悄悄地孕育着基因污染；而人们夜生活的日益丰富多彩，使光污染也尽显风流。纳米技术给我们带来何种污染，目前尚有还手之力；对于未知的污染，人类只有招架之功。环境污染使很多物种濒临灭绝，这使本来丰富多彩、生机勃勃的生物圈正在走向单一。更可怕的是，这种恶性发展往往是不可逆的。如果人类赖以生存的生物圈逐渐单调，生态日益失衡，那么人类今后的命运也可想而知。因为水圈和大气圈的污染，生物圈的失衡，以及各种开采活动对岩石圈的破坏，气候恶化也在所难免。气候的恶化主要表现在由温室气体而导致的变暖，这已是不争的事实。不断出现的全球性的疾病传播是大自然在关键时刻向人类敲响的一次次警钟。

如果人们继续无视科技对自然的破坏，那么"寂静的春天"将不再是人们对明天的寓言，而将是人类面临的残酷现实。美国著名海洋生物学家雷切尔·卡逊在1962年出版的《寂静的春天》一书，让世人意识到DDT以及其他化学农药的危害。卡逊告诫人们，继续滥用这些"死神灵药"将会使鸟语花香的春天变成未来"寂静的春天"。二战以来，化学工业得到突飞猛进的发展，随着被誉为现代科学奇迹的滴滴涕等化工产品的问世，杀虫剂等农药被广泛应用于农业。农药的使用虽然可以提高农作物产量，但它却给大自然带来了许多负面效应。由于化学药品带来的严重污染，原本喧闹的春天却变成死寂的季节，死神的幽灵笼罩着人和动物，树上歌唱的鸟儿消失了，小溪由于鱼儿的死亡也失去了生命；果树也不开花结果了，成人和小孩都患上了奇怪的疾病，给人们带来利益的科学技术却给人类及美丽的大自然带来如此多的灾难。正是在人们的忽视中，一个狰狞的幽灵已向我们袭来，这个想象的悲剧可能会很快变成我们大家都将亲历的活生生的现实。

从世界范围来看，环境污染与生态环境破坏问题在不断恶化，并且已经打破了区域和国家的界限，演变成全球性的问题，引起了世界各国的普遍焦虑。当前人类面临全球性的十大环境问题是：全球气候变暖、臭氧层破坏、酸雨污染、土地荒漠化、资源短缺、森林植被破坏、生物多样性锐减、水环境污染严重、大气污染肆虐、有机污染物的持久性。以资源短缺和环境污染为例，在整个 20 世纪，人类消耗了 142 亿吨石油、2650 亿吨煤、380 亿吨铁、7.6 亿吨铝、4.8 亿吨铜。占世界人口 15% 的工业发达国家，消费了世界 56% 的石油、60% 以上的天然气和 50% 以上的重要矿石资源，各国间出现了严重的不平衡。①

目前全球石油剩余可采储量为 150 亿立方米，静态保障年限也只有 40 年。当今世界环境问题日益严重，除自然生态被破坏之外，社会环境问题加速了自然环境的恶性循环。例如持久性有机污染物的污染。全世界已有约 1100 万种已知化学物，同时，每年还有约 1000 种新的化学物进入市场。化学物是当今许多大规模生产所必需的原料，但这些化学物在制造、储存、运输、使用和废弃过程中常常危害环境和生态。现在，全世界每年产生的有毒有害化学废物达 3 亿到 4 亿吨，其中对生态危害很大、并在地球上扩散最广的是持久性有机污染物（POP），最具代表性的是多氯联苯和滴滴涕。这类化学污染物从人类的工业和农业活动中释放，已广泛进入了空气、土地、河流和海洋。由于这类污染物能被海洋中微小的浮游生物吸收并积累，从而将其浓缩上百万倍。海中的鱼吃下这些浮游生物，又能将其浓缩，于是浓度增大到上千万倍。当大型海洋动物吞食了这些鱼之后，会使污染毒素的浓缩系数增加到上亿倍。这是因为污染毒素聚集在动物的脂肪里而很难通过躯体排出体外。通过食物链，这些毒素对海洋生态系统产生了强烈的干扰，比如：多氯联苯的作用之一就是损害生殖系统。有人认为，多氯联苯是导致波罗的海海豹出生率下降 60%—80% 的罪魁祸首。这些毒素也引起人健康方面的严重问题。几年前科学家们发现，生活在北极地区的因纽特人的母乳里含有高浓度的多氯联苯，而鲸、海豹等海生动物正是因纽特人主要的蛋白质来源。当这些动物现在携带了很高的污染毒素时，因纽特人的生活不再安全。按同样的原理，持久性有机污染物对陆地生态系统也有很大的干扰和危害，因而成为目前全世界关注的重大环境问题之一。② 在中国，环境恶化的现状也不容乐观。21 世纪初困

---

① 潘岳：《人类文明转型及经济的可持续发展》，http：//news.sina.com.cn/c/2004-01-12/12332610090.shtml。

② 中国科学院计算机网络信息中心：《中国科普博览·地球故事·环境馆》，http：//www.kepu.net.cn/gb/earth/environment/globe/index.html。

扰中国环境的十大问题是：大气污染问题、水环境污染问题、垃圾处理问题、土地荒漠化和沙灾问题、水土流失问题、旱灾和水灾问题、生物多样性破坏问题、WTO与环境问题、三峡库区的环境问题、持久性有机物污染问题。以水污染环境为例，中国七大水系的污染程度依次是：辽河、海河、淮河、黄河、松花江、珠江、长江，其中42%的水质超过3类标准（不能做饮用水源），全国有36%的城市河段为劣5类水质，丧失使用功能。大型淡水湖泊（水库）和城市湖泊水质普遍较差，75%以上的湖泊富营养化加剧，主要由氮、磷污染引起。《2010年中国环境年鉴》我国七大水系水质比较数据表以及我国近岸海域海水污染超标数据，说明了我国水环境污染的状况（见表2-1、2-2、2-3）。

表2-1　　　　　　　　2009年七大水系水质类别比较

水系名称	Ⅰ～Ⅲ类（%）	Ⅳ～Ⅴ类（%）	劣Ⅴ类（%）	水质状况
长江	87.4	8.7	3.9	良好
黄河	68.2	6.8	25.0	中度污染
珠江	84.9	12.1	3.0	良好
松花江	40.5	50.0	9.5	轻度污染
淮河	37.3	45.3	17.4	轻度污染
海河	34.4	23.4	42.2	重度污染
辽河	41.7	22.2	36.1	中度污染
总体	57.3	24.3	18.4	轻度污染

资料来源：《中国环境年鉴（2010卷）》，中国环境年鉴社2010年版，第677页。

表2-2　　　　　　　　2009年重点湖库水质类别统计

湖库类型	个数	Ⅰ类	Ⅱ类	Ⅲ类	Ⅳ类	Ⅴ类	劣Ⅴ类	主要污染指标
三湖	3					1	2	总氮、总磷
大型淡水湖	9			3	2	0	3	
城市内湖	5				2	1	2	
大型水库	9		1	2	2	2	2	
总计	26		1	5	6	5	9	
比例（%）		0	3.9	19.2	23.1	19.2	34.6	

资料来源：《中国环境年鉴（2010卷）》，中国环境年鉴社2010年版，第677页。

表 2-3　　2009 年全国近岸海域海水主要污染物及超标倍数

范围	主要污染指标
全国	活性磷酸盐（8.5）；无机氮（7.4）；PH；石油类（1.8）；铅（1.3）；铜（0.4）；化学需氧量（1.4）
渤海	无机氮（2.4）；铅（0.4）；铜（0.4）；石油类（1.5）；PH；活性磷酸盐（8.1）
东海	活性磷酸盐（4）；无机氮（6.1）；PH；化学需氧量（1.4）
黄海	无机氮（1.4）；活性磷酸盐（2.3）；石油类（1.8）
南海	PH；活性磷酸盐（8.5）；无机氮（7.4）；石油类（1.7）

资料来源：《中国环境年鉴（2010卷）》，中国环境年鉴社2010年版，第680页。

关于中国的生物多样性破坏问题。中国是生物多样性破坏较严重的国家，高等植物中濒危或接近濒危的物种达 4000—5000 种，约占中国拥有的物种总数的 15%—20%，高于世界 10%—15% 的平均水平。在联合国《国际濒危物种贸易公约》列出的 640 种世界濒危物种中，中国有 156 种，约占总数的 1/4。中国滥捕乱杀野生动物和大量捕食野生动物的现象仍然十分严重，屡禁不止。[①]

正如卡逊在《寂静的春天》一书中所说："当人类向着他所宣告的征服大自然的目标前进时，他已写下了一部令人痛心的破坏大自然的记录，这种破坏不仅仅直接危害了人们所居住的大地，而且也危害了与人类共享大自然的其他生命。"

（三）科学技术异化造成了人的异化

一种技术体系一旦被人类创造出来，它反过来可以把人技术化。人创造出工具本来是为了自身的解放，但后来人却成了工具的奴隶，被自己创造出来的技术体系重新塑造。在科学技术创造的现代社会中，人"没有感到自己作为类存在物而自由自主地生存和发展，而是日益感到人的创造物以一种外在、异己和敌对的力量反作用于人自身。人日益被自己有机身体延伸的工具体系——科学技术所确立和建构的物质社会和物质力量所支配、所统治。科学技术愈来愈成为统治人的物质力量，它不断强化发达工业社会对人的统治。科学技术异化已不再是一个偶然或孤立的社会现象，而是西方发达工业社会中普遍存在的人的生存与发展

---

① 中国科学院计算机网络信息中心：《中国科普博览·地球故事·环境馆》，http：//www.kepu.net.cn/gb/earth/environment/china/200205290041.html。

的一般异化状态,它使人在生产实践、社会生活、思想文化和生命意义等方面全面走向失落"①。

首先,科技异化使人在生产实践中丧失主体性、创造性和发展的全面性。科学技术运行机制自身具有机械性、自动性、程序性等特征,它要求人们必须按照其固有的系统和规律去组织社会生产,从事实践活动。人尽管发明和创造了科学技术,但科学技术一旦运作起来,人就会被纳入一个技术共同体、成为技术系统的一个要素或零件而受制于它。科学技术硬性化地要求人们按照技术系统所要求的时间、地点和方式去发挥人的作用。在机器大生产中,人失去了主体性而成为机器的附属品;人也失去了自主活动的自由而成为机器的奴隶。正如马尔库塞在《单向度的人》中所揭示的:"发达工业文明的奴隶是受到抬举的奴隶,但他们毕竟还是奴隶。因为是否是奴隶,'既不由服从,也不是由工作难度,而是由人作为一种单纯的工具,人沦为物的状况'来决定的。作为一种工具,一种物而存在,是奴役状况的纯粹形式。"② 同时技术革命推动形成的机器化大工业生产,又使人的活动和能力呈片面化、畸形化发展趋势。每一个人都被牢牢固定于某一特定的分工角色上,成为机器化大工业生产体系中的一个"部件"。在工厂中,工人不能生产一件完整的产品,不能接触到生产的全过程,而是终生束缚于特定的生产位置上,从事一种机器操作,重复同样的动作,单纯地运用身体的某一局部的功能,这不仅扼杀了人的创造性才能,而且使人丧失了自己发展的全面性,成为从事机械、单调活动的无以展现自身各种创造才能的局部的、片面的、畸形的人。

其次,科技异化使人趋向同质化,变成单向度的人。高科技不仅控制了社会物质生产的一切过程,而且使人们社会生活方式趋于同质化。恰如马尔库塞在《单向度的人》中所描述的,现在的工人和他的老板可以享受同样的电视节目,漫游同样的游乐胜地,打扮得一样漂亮,也拥有高级轿车,还阅读同样的报纸。科学进步使人们的生活方式同质化,在一定程度上模糊了阶级界限,促进了人们与现存制度的统一与融合。但技术进步带来的物质丰富,使"人们用钱买来的物品设施控制了人的需求,并造

---

① 胡红生:《技术异化与"人"的失落》,《江汉论坛》2004 年第 2 期。
② [德] 马尔库塞:《单向度的人》,上海译文出版社 1989 年版,第 32 页。

成了人的功能的僵化"①。人们把追求外在的物质欲望的满足作为生活的全部内容,"人们似乎是为商品而生活,小轿车、高清晰度的传真装置、错落式家庭住宅,以及厨房设备成了人们生活的灵魂"②。在这样的社会控制体系里,对外在物的欲求成为人的唯一需求,在片面的物质贪欲中"人成了物",人的存在"仅仅是一种材料、物质的存在,它自身没有自己支配自己运动的规则"。③ 随着这些生活现象的广泛接受,人们就自然"出现了一种单向度的思想和行为模式。在这种模式里,想法、热望、奋斗目标,凡其内容超越现制度下的思想行为领域的都不是被驱除,就是被缩减到使其就范于现制度下的思想行为领域"④。人们的意识形态已严重地受到商品交换逻辑的影响,个体已变成了受技术理性支配的单向度的人,变成了被剥夺了劳动目的性的、片面追求物质的、"标准化"的人,而不再去思考自身和改善自身,情感、灵性、自由被压抑,这样,人最可贵的第二向度即否定的和批判的观念和意识必然逐步被剥夺和趋于消失。总之,技术通过为大众提供越来越丰富的物质产品来满足大众的需求,既使人们个人的生活方式被纳入社会同一范式之中,又使人们耽于声色、膨胀物欲,迷恋世俗生活,从而削弱了人们的批判意识和反抗意志,使人们成为被物欲主宰的、缺乏批判意识的单向度的人。

最后,科技异化使人的生命物化。所谓人的生命物化,是指人的生命所包含的自然(物欲)与精神之间原有平衡的被打破,人的精神受制于人的物欲以及人的精神的被排斥、被压抑直至丧失的一种存在状态。在技术时代,机器化大工业生产带来了空前丰富的物质财富,利润成为生产的唯一目的。对物的至上追求和崇尚,促使人把天地万物都纳入技术生产系统,成为技术生产得以运行的动力因素,人只不过是技术生产的一种人力物质,是生产产品的消费者。工业技术发明降低了人的手工艺术的重要性,人越来越只被当作劳动力来使用,从而逐渐形成把人作为社会精神存在物和作为生产者分裂开来的观点。人之所以为人的至关重要的精神存

---

① [德] 马尔库塞:《控制的新形式》,转引自江天骥主编《法兰克福学派:批判的理论》,上海人民出版社1981年版,第116页。

② [德] 马尔库塞:《单向度的人》,上海译文出版社1989年版,第10页。

③ [德] 马尔库塞:《控制的新形式》,转引自江天骥主编《法兰克福学派:批判的理论》,上海人民出版社1981年版,第116页。

④ 同上。

在，则被技术的效益和功利等物性原则完全掩盖和湮没。物不仅成为人生命活动的唯一目的，而且成为人至高无上的主宰。人与物的关系完全被颠倒，不是物为了满足人的需要而存在，而是人为了生产出更多的物而存在。人们对物的追求如此狂热，以致作为目的本身的人则被逐出人的活动之外。人不过是物的表征，而不再是他自身。人生命目的的物化直接导致人的物质欲望对人的精神存在的僭越，精神让位于物欲，物成了精神的主宰。这种主宰甚至渗入到精神内部，致使精神本身物化、功利化。人的精神中凡能直接创造物质财富的部分，如"工具理性"、"技术理性"等因其有用而受到关注，获得充分发展。反之，不能直接创造物质财富的部分，如形而上学的沉思、信仰以及艺术情感等则被视为无用而遭拒斥，终至枯萎退化。

对物质的崇尚，以及对物欲的追求使科学技术的应用必然涉及人、人与人之间的存在方式和生活方式。科技发展日新月异，但人们的幸福感日益变成不是自身精神的满足和富足，而是以掌握和控制的物质资源为衡量尺度，人的欲望在科技的推动下无限地膨胀。以科技知识为主体的知识经济具有很强的竞争性，要想在竞争中获胜，就要不断创新，稍有不慎就处于劣势，这种危机感无疑将加快人们的生活节奏和工作节奏，如不少人在双休日仍加班加点。长期以来，人们的精神必将处于一种紧张状态，生活得特别压抑。人们在不知不觉中坐上了急速奔驰但不知驶向何方的科技之车，想下也下不来。人类创造出科技，本想生活得更舒服，却受到了科技的奴役，这似乎是一个悖论。

信息科学技术的发展，一方面使人们获取的信息量增多、视野更开阔，但也有人沉迷于网络而不可自拔。以电脑网络为代表的高新科技诱使人满足于虚拟世界，传统的社会交往活动将日趋减少，这将改变人类的社会属性。甚至有人沉迷于那个虚拟的世界，不愿步入现实世界。尤其是一些缺乏辨别力的孩子整天泡网吧，以致耽误学业，甚至有因为没有钱泡吧而走上犯罪道路的。诸如此类的科技应用，很可能使人们原有的丰富多彩的生产方式、生活方式、行动方式以及思维方式陷入另一个歧途。

（四）**科学技术异化使人的内在价值变异和道德缺失**

首先，作为人的内在本质的需要蜕变成单纯的物欲。需要作为人的内在本质，具有自身的丰富性和全面性。在技术时代，高生产的物质社会需要人们进行高的物质消费。于是商业利益集团利用各种方式去诱发人们的物质需求，并通过社会各种传媒铺天盖地的广告冲击和刺激，把大量的物质需求强加给人。人们被迫变成了为商品而生活，追求小轿车、高清晰度的传真装置、错落式家庭住宅，以及厨房设备等现代技术的享受，成了人们生活的"灵魂"。消费已不再是满足人的需要的手段，人们是以自己手里的钱而不是根据自己的真正需要来获取消费品，他们获取消费品不是出于使用的愿望，只是为了占有它们。人们在消费中已丧失了人的感觉、感情、判断力、意义和创造力，逐渐失去了真实的自我，而变成了物质欲求的奴隶。这使得人失去了通向自由全面发展的未来向度，而仅仅强化了物质社会整体对个体的内在价值存在的压迫和强制，使一切个体失去完整真实的自我，成为片面的与物质社会直接同一的、为物欲主宰的单面人。这也就是西方马克思主义者所批判的人们的日常生活的异化。其次，体现人的独存价值的人的个性日益受到技术的吞噬。技术时代，机器化大生产使得人的个性所赖以确立的个体理性正在逐渐被社会技术理性所蒙蔽，一切个人的知识、能力、观察力和创造力等都必须在技术共同体之内去框定，必须根据技术理性的标准去培育、确立。技术理性完全剥夺了个体理性内在价值的质的丰富性，使个体的人不计自己的意志、人格、情感而完全服从、恪守同一的技术规则和操作标准。其后果就是导致人的"平均化、机械化、大众化"，使人的个性丧失，个体的人消失在技术类型之中。

科技的发展，在给人类社会带来空前的进步的同时，给人类全球的文化、伦理等方面也提出了"挑战"。人类文化和人类的伦理道德观念是在历史当中形成的，有其地域性、民族性、种族性、伦理性的要求。但是随着科学技术这把"利刃"的"袭击"，人类的伦理、道德观念也在发生着变化，地域性的文化习俗正在被全球化的文化所侵蚀（尤其是指发达国家的生活方式和文化习俗），发达国家自身的文化侵蚀伴随着先进的科学技术对别的国家也在进行着渗透。难道全球的人类有着共同的生活习俗和方式才是科技应该带给我们的吗？难道不应该在这科技发展过程中对文化习俗进行捍卫吗？科学和理性的发展，杀死了上帝这一令人振聋发聩的声音，同时宣告了人类在道德上可以自立标准的道德虚无主义或道德相对主义时代的来临。

三 科学技术异化的反思

关于科技异化的实质，西方学者主要认为是技术本身的异化，我国大多数学者将其理解为社会异化、人的异化。对这一问题的分歧与人们对科技异化根源的认识不同有关。有的学者从认识论的角度出发：认为科技异化源于人的认识能力的局限性，异化问题内在于科技本身；有的学者认为科技异化的根源是特定的社会经济制度、社会关系，以及受社会关系影响的人对科技成果的滥用；有的学者从近代以来的技术理性、工具理性上寻找根源，认为过度强调工具理性造成了科学至上主义的霸权，从而使科技失去了人文价值关怀导致了异化；有的学者从社会价值观上分析，认为科技异化的主要根源在于价值观上的个人主义、生活上的享乐主义、发展观上的经济主义等。

科学技术异化的根源不在于科学技术本身，而在于人类自身，其实质是人类自我异化的一种形式。只有通过发展而不是摒弃科学技术，加之于对人的心灵的关怀和人类文化的弘扬，才能最终扬弃技术异化，促进人的本质的全面而自由的发展。

（一）科学至上主义是科技异化的认识论根源

科学，对很多人来说，似乎是一个全方位的、永恒的真理。不管是什么，只要是"科学"的，就是绝对正确的，使科学无形中变成了人们终极的价值观。事实上，科学若被当成文化冲突的最高仲裁者，科学也就被异化了。当各种社会观念都要在科学的祭坛上被决定生死存亡时，科学不是被抬高了，而是被扭曲了。因为科学的本质是"求真"，这就决定了它不可能充当价值冲突的最终裁判者。

近代西方科学产生之前，人类文化中"真"与"善"两种价值标准是统一的。这样，人类的伦理道德才具有意义，社会的稳定和健康发展才得以维系。过分夸大科学，使伦理失去了应有之义。近代西方科学发展的一个最严重的后果，就是它破坏了人类文化中"真"与"善"的统一，使"求真"为核心价值的科学，与"求善"为核心价值的宗教和市俗伦理分道扬镳。把"求真"与"求善"重新统一起来，结束人类社会道德虚无主义和道德相对主义状态，是人类今后需要解决的一大课题。正如爱因斯坦曾真诚地告诫人们："我们这一时代的一大特征就是科学研究硕果累累，科研成果在技术应用中也取得了巨大成功。大家都为此感到欢欣鼓舞。但我们切莫忘记，仅凭知识和技巧并不能给人类的生活带来幸福和尊严。人类完全有理由把高尚的道德标准和价值观的宣道士置于客观真理的发现者之上。"[①]

---

① 转引自［美］海伦·杜卡斯等《爱因斯坦谈人生》，世界知识出版社1984年版，第61页。

科学万能论和科学至上主义认为科学技术的发展能够解决人类面临的和将要遇到的所有难题。这种结论是站不住脚的，首先因为科学本身是无目的的，就是探索未知，而技术是有目的的，和人的利益相关。关键是人类的选择问题，把科学研究成果用于造福人类，就是善的，把科学研究成果转化为杀人技术，就是灾难。所以不能简单地判断和评价科学的作用，更不能相信科学至上主义。其次还因为社会的文明进步不仅需要科学进步对技术进步的驱动，同时不能缺少道德的关怀、价值的定位、法制的规范、民主的信念与合作的努力等因素。

（二）科技异化罪不在科学技术

科学技术本身是科技异化的根源，是西方哲人反思科技异化根源的一般结论。其典型的代表有：斯宾格勒在《西方的没落》和《人和技术》等书中指出，科学技术以全新的方式为人类营造了一个全新的技术社会，但在技术社会中"世界的主人正在变成机器的奴隶"。雅斯贝尔斯则认为，在现代，技术连同官僚统治和西方世界的精神危机导致了现代人的异化，导致了人的"平均化、机械化、大众化"，"个别的人已消失于类型之中"，"个人不成其为个人"。海德格尔认为，在现代技术时代中，"人变成被用于高级目的的材料"，技术中的艺术性消逝了，思维的能力衰退了，人的本质没落了。因此，他告诫人们：正是技术使人成为自己的敌对和异己的非自然存在物。法兰克福学派创始人霍克海默指出，作为西方现代化重要资源的科学技术虽然曾把人从野蛮中拯救出来，但又使人再一次沉沦到新的野蛮中去。马尔库塞更直接指出："技术进步＝社会财富的增长（国民生产总值的增长）＝奴役的扩展。"① 哈贝马斯则赋予科学技术以一种"原罪"的性质，明确指出当今理论界的主要任务是批判科学技术，用对科学技术的批判代替对资本主义制度的批判。

这些西方学者尖锐揭露资本主义社会中科学技术对整个社会所造成的普遍异化现象，对我们认识资本主义的社会弊病、认识技术文明的负效应，具有借鉴意义。但他们由于唯心史观的认识论根源，认为科学技术异化的根源在于科学技术本身，主张以对科学技术本身的批判来代替对资本主义制度的批判，这就掩盖了资本主义社会固有的矛盾和本质，掩盖了资本主义社会各种痼疾产生的深刻根源，这也决定了他们难以找到解决社会

---

① ［德］马尔库塞：《反革命与造反》，波士顿，1972年，第4页。

问题的正确答案。

科学技术是"人为"的，人是科技的主体，没有人就没有科学技术。德国物理学家卡尔·弗雷德里希·冯·魏扎克有一句名言："自然比人类更早，而人类比自然科学更早。"科学技术是人的创造物，是人类认识世界、改造世界的手段和工具。就本质而言，科学技术是人类的一种有目的的活动，它从来不可能完全独立于人类，成为自主自律的力量。科学技术的主体只能是人，而科学技术只是人的制造物，是客体。科学技术既可以造福人类，也可能危害人类。科学技术是为善还是为恶都取决于人，正如爱因斯坦所说："科学是一种强有力的手段，怎样用它，究竟是给人类带来幸福还是带来灾难，全取决于人自己而不是取决于工具。"①

（三）科技异化是劳动异化的表现

按照唯物史观的观点，科学技术是人类改造自然的工具，尤其自近代以来，科学技术成为人类改造自然的非常重要的生产劳动工具系统，正如邓小平所说的"科学技术是第一生产力"。科学技术是通过人类劳动发挥工具系统的作用的，这就决定了对科技异化根源的探究应该从人类劳动本身。"科学技术异化的最本质根源就在于人的对象化劳动的异化，就在于人自身的异化。技术异化是人类自我异化的产物，是人类自我异化的一种形式。"②人的自由自觉的劳动是人作为类存在的本质，劳动是人的本质力量对象化的过程。人通过劳动将自己的本质力量对象化于外部世界，并不断扬弃对象化，从而实现人的本质复归。正是人的劳动的内在本质，是科学技术异化的最深刻的根源。因为人在自己的对象化活动中，一方面将自己的本质力量对象化，通过对象化产物的占有、使用和支配，来肯定和确认自身的内在价值，创造、丰富和发展自己的内在本质力量；另一方面，人所创造的属人世界一旦形成，便成为一种独立于人之外的力量。人类创造的文明物成为一种压抑人、统治人的异己力量。人的对象化存在也就成了一种异己存在。这种异己存在不是来自自然，也不是来自神，而是人类社会自我异化的结果。这正如马克思所指出的，对象化劳动的异

---

① ［美］爱因斯坦：《爱因斯坦文集》第 3 卷，许良英等译，商务印书馆 1979 年版，第 56 页。
② 胡生红：《技术异化与"人"的失落》，《江汉论坛》2004 年第 2 期。

化,"不仅意味着他的劳动成为对象,成为外部的存在,而且意味着他的劳动作为一种异己的东西不依赖于他而在他之外存在,并成为与他相对立的独立力量;意味着他给予对象的生命作为敌对的和异己的东西同他相对抗"[①]。

(四)科技异化的根源是社会制度

科学技术异化的直接原因在于劳动异化,而劳动异化的根源则在于资本主义制度。在人类历史上,科学技术从来都不是孤立存在的。它是人的工具,它的产生和应用、特征和功能、影响和后果,同发明和使用它的人的动机、利益,同这些利益所依附的社会制度是分不开的。在资本主义制度下,人的劳动活动本身蜕变成外在的、强制的、自我折磨和自我牺牲的谋生活动,它造成了人与人之间关系的全面异化,即人与人的冲突与背离,在此基础上形成的社会则是异化的社会。在这个社会中看不到人的存在,而只有物的统治。也正是由于这个社会基础和历史条件,科学技术从人类认识和改造自然、丰富和发展自身本质力量的工具体系,异化、蜕变为统治人、奴役人的技术锁链。因此,只有从人的对象化活动出发,才能揭示科学技术异化的深刻根源。西方学者以对科学技术本身的批判来代替对制度的批判显然是片面的。

面对科学技术异化的现实,我们要持唯物辩证的态度来看待科技异化。既不能持技术悲观主义态度,因科学技术的异化而摒弃科学技术,否认科学技术对人和社会发展的巨大作用;也不能持技术乐观主义态度,看不到科学技术的负面影响,放弃对技术异化的人文批判。在我们看来,科学技术作为人类认识和改造自然、丰富和发展自身本质力量的工具体系,在人类发展的一定历史阶段上出现异化是一个客观趋势,必然会通过人的本质力量的自我异化来克服,因为科学技术的异化与扬弃科学技术异化走的是同一条道路,而且人的自我异化是人类通向未来更高社会的不可或缺的基础。只有通过技术异化所产生的社会,通过这一普遍异化的"炼狱",充裕的社会财富和全面发展的个人才可能形成。"全面发展的个人——他们的社会关系作为他们自己的共同的关系,也是服从于他们自己的共同的控制的——不是自然的产物,而是历史的产物。要使这种个性成为可能,能力的发展就要达到一定的程度和全面性,这正是以建立在交换

---

① 《马克思恩格斯全集》第42卷,人民出版社1979年版,第91—92页。

价值基础上的生产力为前提的,这种生产才在产生出个人同自己和同别人的普遍异化的同时,也产生出个人关系和个人能力的普遍性和全面性。"①随着现代科学技术的迅猛发展及广泛应用,科技正日新月异地改变着人类的生产与生活。然而,科技在给人类带来福音的同时,其异化现象也随之伴生,并且给人类的生存和发展带来极大的威胁,诸多问题造成了人类生存的危机,尤其是环境污染、生态危机、资源浪费等问题威胁着社会的可持续发展。人类应对科技异化进行哲学的反思,正确认识和对待科技异化问题,探寻消除科技异化的途径,采取积极的措施,最终实现科技与社会的良性互动。

第二节 自然环境的改善与退化

一 自然环境的特点

生态平衡(ecological balance)又称为"自然平衡",是指在一定时间内生态系统中的生物和环境之间、生物各个种群之间,通过能量流动、物质循环和信息传递,使它们相互之间达到高度适应、协调和统一的状态。也就是说当生态系统处于平衡状态时,系统内各组成成分之间保持一定的比例关系,能量、物质的输入与输出在较长时间内趋于相等,结构和功能处于相对稳定状态,在受到外来干扰时,能通过自我调节恢复到初始的稳定状态。在生态系统内部,生产者、消费者、分解者和非生物环境之间,在一定时间内保持能量与物质输入、输出动态的相对稳定状态。

生态系统的平衡往往是大自然经过了很长时间才建立起来的动态平衡。一旦受到破坏,有些平衡是无法重建的,带来的恶果可能是人的努力无法弥补的。因此人类要尊重生态平衡,绝不要轻易去干预大自然,以免引起这个平衡的破坏。生态系统中的能量流和物质循环在通常情况下(没有受到外力的剧烈干扰)总是平稳地进行着,与此同时生态系统的结构也保持相对的稳定状态,这叫作生态平衡。生态平衡的最明显表现就是系统中的物种数量和种群规模相对平稳。当然,生态平衡是一种动态平

---

① 《马克思恩格斯全集》第46卷(上),人民出版社1979年版,第108—109页。

衡，即它的各项指标，如生产量、生物的种类和数量，都不是固定在某一水平，而是在某个范围内来回变化。这同时也表明生态系统具有自我调节和维持平衡状态的能力。当生态系统的某个要素出现功能异常时，其产生的影响就会被系统做出的调节所抵消。生态系统的能量流和物质循环以多种渠道进行着，如果某一渠道受阻，其他渠道就会发挥补偿作用。对污染物的入侵，生态系统表现出一定的自净能力，也是系统调节的结果。生态系统的结构越复杂，能量流和物质循环的途径越多，其调节能力，或者抵抗外力影响的能力，就越强。反之，结构越简单，生态系统维持平衡的能力就越弱。

一个生态系统的调节能力是有限度的。外力的影响超出这个限度，生态平衡就会遭到破坏，生态系统就会在短时间内发生结构上的变化，比如一些物种的种群规模发生剧烈变化，另一些物种的生态平衡则可能消失，也可能产生新的物种。但变化总的结果往往是不利的，它削弱了生态系统的调节能力。这种超限度的影响对生态系统造成的破坏是长远性的，生态系统重新回到和原来相当的状态往往需要很长的时间，甚至造成不可逆转的改变，这就是生态平衡的破坏。

生态平衡遭到破坏往往是自然因素、人为因素共同作用的结果，而且通常是人为因素强化了自然因素，引起生态平衡的失调。作为生物圈一分子的人类，对生态环境的影响力目前已经超过自然力量，而且主要是负面影响，成为破坏生态平衡的主要因素。人类对生物圈的破坏性影响主要表现在三个方面：一是大规模地把自然生态系统转变为人工生态系统，严重干扰和损害了生物圈的正常运转，农业开发和城市化是这种影响的典型代表；二是大量取用生物圈中的各种资源，包括生物的和非生物的，严重破坏了生态平衡，森林砍伐、水资源过度利用是其典型，例如：由于人为破坏植被而造成的山洪暴发、水土流失、干旱、风沙灾害等，已经成为当前自然界生态平衡遭到破坏的重要表现；三是向生物圈中超量输入人类活动所产生的产品和废物，严重污染和毒害了生物圈的物理环境和生物组分，包括人类自己，化肥、杀虫剂、除草剂、工业三废和城市三废是其代表。

由于人类的盲目自大，破坏了生态平衡，屡屡招来毁灭人类自己的生态灾难。人类对自然的不合理利用主要表现为：乱砍滥伐、乱捕滥杀、过度放牧等导致植被破坏，食物链破坏；工农业发展带来的环境污染，主要包括工业上"三废"的排放，农业上大量使用化肥和农药等，所以生态平衡的破坏人为因素是主要的。

破坏生态平衡的诱因归结为三类：一是破坏环境。由于环境是生态系统的成分之一，它的改变会影响生态系统的稳定。由于破坏环境打破生态环境平衡的例子很多，诸如：湖沼富营养化的形成；日本汞中毒事件；氟化物破坏了臭氧层；阿斯旺水坝生态环境恶化；"六六六"、"DDT"施用后的恶果；地球的"温室效应"等。二是破坏植被。以森林为主体的植被是陆地生态平衡的杠杆，地球上由于破坏植被导致的生态灾难最多，如1934年发生在美国西部的黑风暴，毁掉耕地4500余万亩；1963年发生在苏联农垦区的大风暴，毁田3亿多亩；印度与巴基斯坦之间的塔尔平原，因森林破坏沦为沙漠，沙漠面积达65万平方公里；中国黄河流域生态条件的变坏，源于其中上游森林植被的破坏；东北林区生态条件变坏，主要原因是对西南林区和东北林区森林的不合理采伐和过度采伐。三是破坏食物链。破坏食物链打破生态平衡的例子如：因过量捕杀害虫的天敌引发林木病虫害；印度曾大量捕杀水獭使病鱼增多，鱼产量下降；牧业发达的澳大利亚，因牛粪覆盖草地成灾引发蜣螂解救的例子更为新鲜。当然在生物圈内往往是几种诱因并存的。

千百年来，人类不断向大自然索取，人类的生产活动日益强烈地干扰着自然界生态系统的平衡，尽管人类常常获得征服自然的胜利，但是自然界已经开始对我们人类进行报复。一个人的身体机能失去平衡，就要得病甚至死亡；一个地方的生态失去平衡，别的地方也会品尝苦果；整个生态失去平衡，人类整体的生存环境就会恶化……中国是一个生态灾难多发的国家，中国感受最早最深的生态灾难是水土流失、土地沙化、气候变坏、洪水泛滥、库坝被淤等。科学家们预言："生态危机将成为21世纪人类共同面临的最大危机。"这就告诉人们，随着工业化的发展和人口压力的加大，保持生态平衡具有重要意义：一方面，只有这样才能从生态系统中获得持续稳定的产量，才能使人与自然和谐地发展；另一方面，人类可以在遵循生态平衡规律的前提下，建立新的生态平衡，使生态系统朝着更有益于人类的方向发展。

二　世界及我国自然环境存在的问题

（一）21世纪初世界面临的主要环境问题①

1. 全球气候变化

在过去的一个世纪里（1900—2000年），全球表面平均温度上升了0.3—0.6摄氏度，海平面上升了10—25厘米。目前地球大气中的二氧化碳浓度已由工业革命（1750年）之前的280ppm增加到了近360ppm。1996年政府间气候变化小组发表的评估报告表明：如果世界能源消费的格局不发生根本性变化，到21世纪中叶，大气中的二氧化碳浓度将达到560ppm，全球平均温度可能上升1.5—4摄氏度。

2. 臭氧层破坏和损耗

自1985年南极上空出现臭氧层空洞以来，地球上空臭氧层被损耗的现象一直有增无减。到1994年，南极上空的臭氧层破坏面积已达2400万平方公里。现在美国、加拿大、西欧、俄罗斯、中国、日本等国的上空，臭氧层都开始变薄。在对消耗臭氧层物质（ODS）实行控制之前（1996年以前），全世界向大气排放的ODS已达到了2000万吨。由于ODS相当稳定，可以存在50—100年，所以被排放的大部分ODS目前仍留在大气层中。在它们陆续升向平流层时，就会与那里的臭氧层发生反应，分解臭氧分子。因此，即使全世界完全停止排放ODS，也要再过20年，人类才能看到臭氧层恢复的迹象。

3. 酸雨污染

现在"酸雨"一词已用来泛指酸性物质以湿沉降（雨、雪）或干沉降（酸性颗粒物）的形式从大气转移到地面上。酸雨中绝大部分是硫酸和硝酸，主要来源于人类广泛使用煤炭和石油作为能源，它们燃烧后向大气排放了大量的二氧化硫和氮氧化物。欧洲是世界上一大酸雨区，美国和加拿大东部也是一大酸雨区。亚洲的酸雨主要集中在东亚，其中中国南方是酸雨最严重的地区，成为世界上又一大酸雨区。由于欧洲地区土壤缓冲酸性物质的能力弱，酸雨使欧洲30%的林区因酸雨的影响而退化。在北欧，由于土壤自然酸度高，水体和土壤酸化都特别严重，有些湖泊的酸化

---

①　中国科学院计算机网络信息中心：《中国科普博览·地球故事·环境馆》，http://www.kepu.net.cn/gb/earth/environment/globe/index.html。

导致鱼类灭绝。美国国家地表水调查数据显示，酸雨造成了75%的湖泊和大约一半的河流酸化。加拿大政府估计，加拿大43%的土地（主要在东部）对酸雨高度敏感，有14000个湖泊是酸性的。水体酸化会改变水生生态，而土壤酸化会使土壤贫瘠化，导致陆地生态系统的退化。

4. 土地荒漠化

荒漠化是当今世界最严重的环境与社会经济问题。1991年联合国环境规划署对全球荒漠化状况的评估是：全球荒漠化面积已近36亿公顷，约占全球陆地面积的1/4，已影响到全世界1/6的人口（约9亿人），100多个国家和地区。而且，荒漠化扩展的速度是，全球每年有600万公顷的土地变为荒漠，其中320万公顷是牧场，250万公顷是旱地，12.5万公顷是水浇地，另外还有2100万公顷土地因退化而不能生长谷物。亚洲是世界上受荒漠化影响的人口分布最集中的地区，其中，遭受荒漠化影响最严重的国家依次是中国、阿富汗、蒙古、巴基斯坦和印度。

5. 水资源危机

世界上许多地区面临着严重的水资源危机。根据国际经验，每人每年1000立方米可重复使用的淡水资源是一个基本指标，低于这个指标的国家可能会遭受阻碍发展和损害健康的长期性水荒。然而，目前世界上约有20个国家已低于这一指标，它们主要位于西亚和非洲，总人口数已过亿。另一方面，由生活废水、工业废水、农业污水、固体废物渗漏、大气污染物等引起的水体污染，使全球可供淡水的资源量大大减少了。世界银行的报告估计，由于水污染和缺少供水设施，全世界有10亿多人口无法得到安全的饮用水。

6. 森林植被破坏

由于推测的难度，全世界的森林面积尚无准确数值。但据推算，地球上的森林面积约为30—60亿公顷，约占陆地面积的20%—40%，其中约一半是热带林（包括热带雨林和热带季雨林），另一半以亚寒带针叶林为主。从森林植物的干重测定值来看，热带林是亚寒带针叶林的两倍，所以，热带林占陆地总生物量的很大部分。但在工业化过程中，欧洲、北美等地的温带森林有1/3被砍伐掉了，所以近30年来，发达国家对全球的热带林进行了大规模地开发。欧洲国家进入非洲，美国进入中南美洲，日本进入东南亚，大量砍伐热带林，他们进口的热带木材增长了十几倍。森林大面积被毁引起了多种环境后果，主要有：降雨分布变化，二氧化碳排放量增加，气候异常，水土流失，洪涝频发，生物多样性减少等。

7. 生物多样性锐减

科学家估计地球上约有1400万种物种，但当前地球上的生物多样性损失的速度比历史上任何时候都快，比如鸟类和哺乳动物现在的灭绝速度可能是它们在未受干扰的自然界中的100—1000倍。主要原因是7种人类活动造成的：（1）大面积对森林、草地、湿地等生境的破坏；（2）过度捕猎和利用野生物种资源；（3）城市地域和工业区的大量发展；（4）外来物种的引入或侵入毁掉了原有的生态系统；（5）无控制旅游；（6）土壤、水和大气受到污染；（7）全球气候变化。这些活动在累加的情况下，会对生物物种的灭绝产生成倍加快的作用。20世纪90年代初，联合国环境规划署首次评估生物多样性的结论是：在可以预见的未来，5%—20%的动植物种群可能受到灭绝的威胁。

8. 海洋资源破坏和污染

据估计，全世界有9.5亿人把鱼作为蛋白质的主要来源。但近几十年来，人类对海洋生物资源的过度利用和对海洋日趋严重的污染，有可能使全球范围内的海洋生产力和海洋环境质量出现明显退化。1993年，在全世界捕捞的1.01亿吨鱼中，有77.7%来自海洋。当年，联合国粮农组织估计，2/3以上的海洋鱼类已被最大限度或过度捕捞，特别是有数据资料的25%的鱼类，由于过度捕捞，已经灭绝或濒临灭绝，另有44%的鱼类的捕捞已达到生物极限。而另一方面，人类活动产生的大部分废物和污染物最终都进入了海洋。全球每年有数十亿吨的淤泥、污水、工业垃圾和化工废物等被直接排入了海洋，河流每年也将近百亿吨的淤泥和废水、废物带入沿海水域，引起沿海生境改变，使动物的栖息和繁殖地遭到破坏。海洋污染的主要来源和比例约是：城市污水和农业径流排放占44%，空气污染占33%，船舶占12%，倾倒垃圾占10%，海上油、气生产占1%。

9. 持久性有机污染物的污染

全世界已有约1100万已知化学物，同时，每年还有约1000种新的化学物进入市场。化学物是当今许多大规模生产所必需的原料，但这些化学物在制造、储存、运输、使用和废弃过程中常常危害环境和生态。现在，全世界每年产生的有毒有害化学废物达3亿—4亿吨，其中对生态危害很大、并在地球上扩散最广的是持久性有机污染物（POP），最具代表性的是多氯联苯和滴滴涕。这类化学污染物从人类的工业和农业活动中释放，已广泛进入了空气、土地、河流和海洋。由于这类污染物能被海洋中微小的浮游生物吸收并积累,从而将其浓缩上百万倍。海中的鱼吃下这些浮游生物,又能将其浓缩,于是浓度增大到上千万倍。当大型海洋动物吞食了这些鱼之后,会使污染毒素的浓缩系数增加到上亿倍。这是因为污染毒素聚集在动物的脂肪里而很难通过躯体排出体外。通过食物链,这些毒素对海洋生态系统产生了强烈的干扰,比如:多氯联苯的作用之一就是损害生殖系统。

(二) 21 世纪初困扰中国环境的十大问题[①]

1. 大气污染问题

2000 年我国二氧化硫排放量为 1995 万吨,居世界第一位。据专家测算,要满足全国天气的环境容量要求,二氧化硫排放量要在现有基础上至少削减 40%。此外,2000 年中国烟尘排放量为 1165 万吨,工业粉尘的排放量为 1092 万吨。大气污染是中国面临的第一大环境问题。

2. 水环境污染问题

中国七大水系的污染程度依次是:辽河、海河、淮河、黄河、松花江、珠江、长江,其中 42% 的水质超过 3 类标准(不能做饮用水源),全国有 36% 的城市河段为劣 5 类水质,丧失使用功能。大型淡水湖泊(水库)和城市湖泊水质普遍较差,75% 以上的湖泊富营养化加剧,主要由氮、磷污染引起。

3. 垃圾处理问题

中国全国工业固体废物年产生量达 8.2 亿吨,综合利用率约 46%。全国城市生活垃圾年产生量为 1.4 亿吨,达到无害化处理要求的不到 10%。塑料包装物和农膜导致的白色污染已蔓延全国各地。

4. 土地荒漠化和沙灾问题

中国国土上的荒漠化土地已占国土陆地总面积的 27.3%,而且,荒漠化面积还以每年 2460 平方公里的速度增长。中国每年遭受的强沙尘暴天气由 20 世纪 50 年代的 5 次增加到了 90 年代的 23 次。土地沙化造成了内蒙古一些地区的居民被迫迁移他乡。

5. 水土流失问题

中国全国每年流失的土壤总量达 50 多亿吨,每年流失的土壤养分为

---

① 中国科学院计算机网络信息中心:《中国科普博览·地球故事·环境馆》,http://www.kepu.net.cn/gb/earth/environment/china/200205290041.html。

4000万吨标准化肥（相当于全国一年的化肥使用量）。自1949年以来，中国水土流失毁掉的耕地总量达4000万亩，这对中国的农业是极大损失。

6. 旱灾和水灾问题

20世纪50年代中国年均受旱灾的农田为1.2亿亩，90年代上升为3.8亿亩。1972年黄河发生第一次断流，1985年后年年断流，1997年断流天数达227天。有关专家经调查推测：未来15年内中国将持续干旱。而长江流域的水灾发生频率却明显增加，500多年来，长江流域共发生的大洪水为53次，但近50年来，每三年就出现一次大涝，1998年的大洪水造成了巨大的经济损失。

7. 生物多样性破坏问题

中国是生物多样性破坏较严重的国家，高等植物中濒危或接近濒危的物种达4000—5000种，约占中国拥有的物种总数的15%—20%，高于世界10%—15%的平均水平。在联合国《国际濒危物种贸易公约》列出的640种世界濒危物种中，中国有156种，约占总数的1/4。中国滥捕乱杀野生动物和大量捕食野生动物的现象仍然十分严重，屡禁不止。

8. WTO与环境问题

中国加入WTO面临两方面环境问题。一方面是国际上的"绿色贸易壁垒"。由于中国目前的环境标准普遍低于发达国家的标准，中国的食品、机电、纺织、皮革、陶瓷、烟草、玩具、鞋业等行业的产品将在出口贸易中受到限制。另一方面，由于国际市场对中国的矿产、石材、药用植物、农产品、畜牧产品的大量需求，可能会加重中国的生态、环境和自然资源的破坏。同时，中国可能成为国外污染密集型企业转移的地点和大量的国外工业废物"来料加工"的地点，这会极大地加重中国的环境问题。

9. 三峡库区的环境问题

三峡工程是中国目前正在实施的巨大的水利工程。该工程于2003年开始发电。三峡建成后对地质环境、水资源环境、生态环境（涉及库区两岸和整个上游地区）的影响，以及如何有效防治库区污染是摆在三峡建设者面前的大课题。三峡工程已成为世界瞩目的环境问题。

10. 持久性有机物污染问题

随着中国经济的发展，难降解的持久性有机物污染开始显现。国际上签署了《关于持久性有机污染物的斯德哥尔摩公约》，其中确定的首批禁止使用的12种持久性有机污染物在中国的环境介质中多有检出，而中国是公约的签字国。这类有机污染物具有转移到生物体下一代体内，并在多年后显现其危害的特点，也被称为"环境激素"或"环境荷尔蒙"，危害严重。目前这类有机污染物广泛存在于工农业和城市建设等使用的化学品之中。

三 发展对自然环境的反思

中共十七大报告将"建设生态文明"作为我国"全面建设社会主义小康社会"的"新目标"与"新要求"，包含极为丰富的内容。初步概括为五层意思：第一是对传统的发展模式的反思。总结我国当代建设与发展的"困难和问题"的第一条教训就是"经济增长的资源环境代价过大"。正是在这种深刻反思的前提下才有极为重要的理论认识与建设模式的超越，这就是"建设生态文明"提出的现实背景与缘由。从这个意义上说，我国有关"建设生态文明"的理论也带有积极的建设性的"后现代"性质。第二是两个立足点。报告指出生态文明建设"关系人民群众根本利益和中华民族生存发展"。当代生态文明建设是以人民群众与民族的生存发展为其宗旨，以人民、民族与人类的福祉为其旨归，是科学发展观的"以人为本"原则的体现，是社会主义人文精神的当代发展。第三是三个关系。报告中涉及当代生态文明建设的三个极为重要的关系。一是生态文明与经济发展的关系。报告一方面将发展作为"执政兴国的第一要务"，另一方面将"保护环境"作为经济发展的"基础"，明确提出要"又好又快发展"。这就使生态文明建设与现代化过程中的经济发展统一起来，使之成为社会主义现代化的有机组成部分。二是生态文明与科学技术的关系，报告一方面将发展从依靠资源环境消耗转到依靠科技进步，另一方面指出生态文明建设也要很好地利用科技的手段，"开发和推广节约、替代、循环利用和治理污染的先进实用技术"，这就将生态文明建设与科技很好地统一起来。三是生态文明建设中中国与世界的关系。提出"加强应对气候变化能力建设，为保护全球气候做出新贡献"，一方面说明当代生态环境问题的全球性，另一方面说明中国作为负责任的大国所应具有的国际生态责任。第四是生态文明建设的三个重要措施。生态文明建设要从法律政策、体制机制与工作责任制三个方面着手。第五是当代生态文明建设涉及的五个重要转变。在经济层面的产业结构上，要"由主要依靠资源消耗向主要依靠科技进步、劳动者素质提高、管理创新转变"。在增长方式上，要由盲目追求经济效益向"可持续"与"又好又快"转变。在消费方式上，要由盲目追求物质需求、铺张浪费、互相攀比向节约、适度转变。在理论观念上，要使"生态文明观念在全社会牢固树立"。这里的"生态文明观念"应该包含当代生态哲学、生态伦理学、生态美学与生态文学等。在发展目标上，要使我国成为"生态环境良好的国家"。

人类是大自然的子孙而不是大自然的主人，人类若想保持生态的平衡和可持续发展，就必须使自己的行为符合自然规律。人类无度地征服自然，只会破坏人类赖以生存的生态环境。一旦生态环境受到破坏，人类的文明也就随之衰落。

1. 遵循生态规律促进人与自然和谐共生

恩格斯曾经指出："我们不要过分陶醉于我们人类对自然界的胜利。对于每一次这样的胜利，自然界都对我们进行报复。每一次胜利，起初确实取得了我们预期的结果，但是往后和再往后却发生完全不同的、出乎预料的影响，常常把最初的结果又消除了。"① 这句经典论断清楚地告诉我们：自然界有其自身的客观规律，人类能够认识和遵循自然规律，合理利用自然资源达到自己的目的，但人类不能不顾自然规律，为所欲为。否则，最后受伤害的还是人类自身。因此，我们在建设生态文明的时候，必须以科学发展观为指导，遵循自然界的运行规律，以人类与生态环境的共存为价值取向，进行自然资源的开发和利用，有效地解决人类各项实践活动需求同自然生态环境系统之间的矛盾，建立生态运行机制良好、人与自然和谐相处的新的人类文明形态，最终确保人与自然和谐相处。

2. 创新发展模式加快发展循环经济和低碳经济

构建生态文明社会，应改变传统的经济发展模式和发展道路。大力发展循环经济，走新型工业化道路，是构建生态文明社会的必然选择。循环经济是按照生态规律，利用自然资源和环境容量，实现经济活动的生态化转向。它是实现可持续发展战略的必然选择和重要保证。它倡导的是建立一种在物质不断循环利用基础上的经济发展模式，要求按照自然生态系统的模式，把经济活动组织成一个"资源→产品→再生资源"的物质反复循环流动的过程，使整个经济系统以及生产和消费的过程基本上不产生或只产生很少的废弃物，其特征是自然资源的低投入、高利用和废弃物的低

---

① 《马克思恩格斯选集》第4卷，人民出版社1995年版，第383页。

排放，从根本上消解长期以来环境与发展之间的尖锐冲突。可见，大力发展循环经济，既是缓解能源资源约束矛盾的根本出路，也是从源头上减少污染、减轻环境压力、改善生态环境的治本之策。循环经济必将成为未来人类社会一种新的经济形态。

大力发展循环经济，绝不能再走过去那种以高投入、高消耗为特征的传统工业化的路子，而只能走一条科技含量高、经济效益好、资源消耗低、环境污染少、人力资源优势得到充分发挥的新型工业化道路。大力发展循环经济，就是要努力形成有利于节约资源、减少污染的生产模式、产业结构和消费方式。大力发展循环经济，就是要努力做到节能降耗，提高资源利用效率，减少废弃物和污染物的排放，要求产业结构和地区布局进行有效、合理的调整，实现企业之间、产业之间、地区之间、城乡之间资源的循环往复利用，走出一条科技含量高、经济效益好、资源消耗低、环境污染少、人力资源优势得到充分发挥的新型工业化道路。

发展循环经济的思路包括以下几点：（1）充分发挥科学技术作为第一生产力的作用。发展循环经济，走新型工业化道路，科技创新是关键。目前，我国科技创新和技术进步对经济增长的贡献率与发达国家相比仍有不小的差距，科技创新和技术进步对我国经济增长的贡献空间还很大。把经济发展建立在科技进步的基础上，这是转变经济增长方式、提高经济素质和发展能力的关键。因此，必须继续实施科教兴国战略，加快推进高新技术产业化，通过科技创新实现生产力的跨越式发展。（2）坚持经济发展与人口、资源、环境相协调。人口、资源、环境问题是关系发展全局的重大问题。实现可持续发展，核心的问题是实现经济社会和人口、资源、环境的协调发展。讲发展不仅要看经济增长指标，还要看人文指标、资源指标、环境指标。我们绝不能再走人口增长失控、过度消耗资源、破坏生态环境的发展道路。我国正处在社会主义初级阶段，人口、资源、环境工作仍然面临一些亟待解决的突出问题。如果在发展中不注意保护环境，等到生态环境破坏了以后再来治理，那就要付出更沉重的代价，甚至会造成不可挽回的损失。（3）加强法律法规的制定、执行和监督工作。法制是发展循环经济、建设和谐生态的根本保障，法律的缺位会导致管理和监督无法可依。循环经济作为新型的经济运行模式和经济增长方式，在建设节约型社会、实现可持续发展的进程中必定会发挥重要的作用。近几年来，无论是循环经济的理论和实践，还是循环经济的立法和法治建设工作，在我国都有了新的实践和突破。2008年8月29日，十一届全国人大常委会第四次会议最终表决通过了《中华人民共和国循环经济促进法》，该法于2009年1月1日起已开始施行。该法确立了循环经济发展的基本制度和政策框架，既把握住了我国资源和环境问题的实质，又创设了与经济、社会和环境保护规律相一致的体制和机制。但该法还需要国家以及有关部门制定配套的行政法规、规章和标准才能发挥最大效力，从而有力地促进我国循环经济的发展，提高资源利用效率，保护和改善环境，实现经济社会的可持续发展。

低碳经济的特征是低能耗、低污染、低排放，这种经济发展模式对中国经济带来巨大的挑战。中国以煤为主的能源结构、工业化进程滞后、低碳技术创新不足、对外引资的战略等决定了高碳经济的现状短期内难以改变，为了保持中国经济可持续发展，需要采取多种措施：如实施低碳发展战略，调整产业与能源结构，加强低碳技术创新与制度创新，建立碳交易市场，促使企业承担发展低碳经济的社会责任等。

3. 加强生态道德教育，营造建设生态文明的良好社会环境

为构建生态文明社会，应大力加强生态道德教育，为生态文明建设提供思想道德保障。生态道德是建设生态文明的精神依托和道德基础，是生态文明建设的先导。很难想象，一个生态文明观念淡薄的社会，会是一个人与社会、人与自然和谐发展的理想社会。因此，要大力加强生态教育，必须把道德关怀引入到人与自然的关系中，不断增强人对自然的道德责任感，养成良好的"生态德性"。在生态道德建设中，必须首先破除人们长期固守的"人类中心主义"观念，强调人对自然也有一个道德责任问题。为此，我们应通过各种宣传手段来传播绿色理念，加强生态伦理教育，帮助人们树立崇尚自然、热爱生态的道德情操，唤起人们关爱生物、热爱生命的道德良知，真正做到人与自然的和谐统一

第三节　社会环境的完善与挑战

一　社会环境的构成分析

唯物史观认为，世界是一个相互联系的统一整体，正如恩格斯所描述："当我们深思熟虑地考察自然界或人类历史或我们自己的精神活动的时候，首先呈现在我们眼前的，是一幅由种种联系和相互作用无穷无尽地

交织起来的画面。"① 在这个普遍联系的统一体之中，任何事物都不可能孤立存在，每一事物的产生、存在和发展都会受到一定条件的制约。唯物史观认为，社会环境是指人们所处的各种社会条件的总和，也就是社会发展过程中所形成的各种社会关系的总和。人类社会的主要社会关系包括经济关系、政治关系和思想文化关系，所以，无论是国际还是国内，构成社会环境的主要因素是指社会的经济环境、政治环境和思想文化环境。

在经济全球化的时代背景下，国际形势发生了很大变化，我国也经历了 30 多年的改革开放，中国的发展会受到国际国内各种社会环境的影响和制约。因此，当代中国的发展应积极应对国际国内的新变化提供的机遇和挑战。

二 国际环境的机遇和挑战

当前，国际环境发生了许多深刻的变化，出现了一系列重要的趋势。这些变化深刻地影响着我国人民的经济生活、社会生活以及人们的思想观念，给我国社会各个方面带来了机遇和挑战。这些变化概括起来有以下几方面。

1. 科技革命带来信息传播方式的变化

科学技术进步是世界经济发展的主要动力，历史表明，科技进步不仅为人类认识自然和改造自然提供了有力的手段，而且还改变了各国实力的对比，推动了国际关系乃至人类历史的演化。当代世界科技发展的显著特征就是新技术革命的蓬勃发展，主要以信息技术为主导技术，涉及生物工程技术、新材料技术、空间开发技术、海洋开发技术和新能源技术等新技术。

信息技术是新科技革命的火车头，新科技革命把人们带进了信息化时代。信息技术被广泛应用于经济、政治、文化、意识形态等多个领域，已经深刻改变了人类的生活，最重要的是它改变了人类信息的传播方式。人类信息技术的发展从无线电广播到电视电话，再到 Internet 国际互联网的广泛运用，由于互联网具有信息容量大、传播速度快、时效性强，以及高度开放、全球交互，融声音、图像、文字于一体的特点，是一种极具吸引力和影响力的高科技媒体，截至 2011 年底全球网络用户总数已达到 21

---

① 《马克思恩格斯选集》第 3 卷，人民出版社 1995 年版，第 359 页。

亿,亚洲网络用户总数为9.222亿,欧洲网络用户总数为4.762亿,北美网络用户总数为2.711亿,中国互联网用户达4.85亿居全球第一。全球互联网还将继续发展。① 信息化虽然给人们的生活和交往带来了便捷,但信息安全的隐患、信息的真假难辨以及不健康信息的传播对青少年的危害等成为严重的社会问题。

2. 经济全球化进程不断加快

经济全球化是科学技术进步的结果,当前,它已成为国际经济发展不可阻挡的趋势,成为各国政府进行决策的重要参考系数。所谓经济全球化,是指在国际分工深入、科技进步加快、国际竞争加剧的格局下,生产要素跨国自由流动数量增加、速度加快、范围扩大,致使世界各国、各地区在经济上的联系愈来愈紧密、相互依存性愈来愈强的一种趋势,是世界经济的一种运动过程。在这个过程中,生产资源的配置已经超出国界在全球范围内进行优化配置。当代,世界经济的全球化显现如下主要特点:(1)市场经济规模不断扩大。在全球化的进程中,市场经济大潮席卷全球,市场经济体制几乎成为一个全球性的经济体制模式,世界各国都不同程度被卷进来。相对于发达国家,发展中国家的市场经济是不成熟、不发达的,正在加快市场经济改革的步伐。(2)经济发展不平衡加剧。经济全球化加快了南北交流、南南合作的进程,但现行国际经济秩序的不公正、不合理,使得少数发达国家占据国际经济"游戏规则"的主导权,而广大发展中国家则处于不平等的地位,不能与发达国家公平享有经济全球化的成果。发达国家凭借自己雄厚的经济实力,在经济领域实行霸权主义和不公正手段,使得发达国家与发展中国家的差距进一步拉大。(3)"全球化"的实质是"西方化"。西方国家利用资本、技术、信息和组织的优势,借助全球化力图把资本主义的经济模式、政治制度、价值观念和西方文化推向全球,构建以西方发达国家为主导的世界秩序,以实现其霸权野心。因此全球化的发展进程就是资本主义制度的扩张过程,西方资产阶级所到之处不仅要将其纳入自己的势力范围,而且也千方百计地要把资本主义制度传播到所征服的国家。特别是冷战结束后,以美国为首的西方国家把对社会主义国家的和平演变以实现全球资本主义化,作为对外战略的一项主要任务。

---

① http://bbs.360.cn/4261899/252628130.html.

3. 国际格局的新变化

和平与发展是当今时代的主题，但局部战争和冲突不断。世界格局朝着多极化发展，各国在国际社会中发挥的作用越来越多，各国间的交流与合作日益紧密，但美国仍然是当今世界唯一的超级大国，极力维护旧的国际政治经济秩序，推行西方的政治制度和价值观念，损害发展中国家的利益。广大发展中国家在经济全球化进程中整体实力得到增强，中国的发展尤为迅猛，但当前国际力量对比明显向美、日、欧等发达国家倾斜。

三 国内社会环境的新变化

改革开放 30 多年来，我国经济社会发展取得了举世瞩目的成就，我国的综合国力得到了增强，人民的物质生活水平得到了提高，同时，改革开放也给我国社会各个方面带来了深刻变化。多元化是其主要特征，具体来说，主要包括经济关系的多元化、社会组织形式的多元化、社会生活方式的多元化等方面。

（一）经济格局的新变化

改革开放 30 多年来，我国社会利益关系格局发生了深刻变化，这成为我国新时期的重大国情。社会利益关系发生的深刻变化包括：利益观念日益深入人心，利益主体多元化，利益来源多样化，利益差距扩大化，利益关系复杂化，利益矛盾成为新时期人民内部矛盾的主要问题，协调利益关系成为构建社会主义和谐社会的关键。

改革开放 30 多年来，随着计划经济体制向社会主义市场经济体制的转变，人们的利益观念发生了巨大变化，由传统的"重义轻利"转向对利益的关注，利益观念日益深入人心。

1. 利益主体多元化

改革开放 30 多年来，我国基本经济制度、经济体制和产业结构发生了深刻的变化，社会的阶级阶层也出现了许多新的变化，利益主体多元化是一个重大变化。

随着改革开放的不断深入，不仅原有的社会阶层（工人、农民、知识分子等）出现了利益分化，还产生了诸多新的利益主体。主要有三种情况：

（1）原有的利益主体的分化。由于经济、政治体制的改革，原有的社会阶层（工人、农民、知识分子等）各自都有了新的面貌和状况。农民、工人和知识分子内部，由于所处的经济、政治条件的变化，进一步分化，利益群体更加多样化。例如，根据不同群体获得利益的不同，可以把劳动者再分为：知识分子群体、机关干部群体、企业经营者群体、普通职工群体、农业劳动者群体以及外来劳动者群体，等等。

（2）新的利益主体产生。改革开放以来，经济、社会结构的变化，诞生了一批新的社会阶层，如：民营科技企业者、受聘于外资企业的管理技术人员、个体工商户、私营企业主、中介组织的从业者、自由职业者，等等，构成一些新的利益群体。

（3）特殊利益群体。在组织资源、经济资源占有方面拥有优势的少数成员谋取大量利益，构成了一个特殊的利益群体。

2. 利益来源多样化

利益来源取决于所有制结构、经济增长、产业结构、制度变迁等多种因素。随着这些因素的变化，利益来源也随之变化。我国收入分配制度的不断发展和创新是利益来源多样化的制度基础。中国共产党十五大报告提出了"按劳分配为主体、多种分配方式并存的分配制度"①。

改革开放以前，我国利益来源比较单一，主要是劳动收入。随着我国改革开放的不断深化，利益来源日益多样化。不仅有劳动收入，还有财产收入、经营收入、身份收入等。财产性收入是指社会成员通过资产增值所获得的收入，主要有通过储蓄存款、股票、债券、私人借款获得的利息和红利，私营企业主经营私人资产所获得的利润，出租不动产的租金等；身份收入是指部分国家干部、知识分子、国家职工等凭借其优势身份所获得的部分货币和实物收入。值得一提的是，在经济体制改革推进的过程中，由于体制的不完善而滋生的一些人利用手中掌握的权力而"设租"所获得"寻租"收入也构成了利益的来源之一。

3. 利益差距扩大化

传统体制下，由于强调整体利益，各行为主体的个人正当利益要求被压抑和抹杀了，并在平均主义收入分配机制的作用下，其利益差异程度很小。

改革开放以来，各利益主体的自我意识日益觉醒，并通过各种方式表

---

① 江泽民：《高举邓小平理论伟大旗帜，把建设有中国特色社会主义事业全面推向二十一世纪》，人民出版社1997年版，第26页。

明和实现自身的利益要求,使各利益主体之间的利益出现差别,并且这一差别呈现日益扩大的趋势。

从城乡居民收入差距来看,改革开放以来,城乡居民的收入差距呈现不断扩大的趋势。以甘肃省为例,1985 年城镇居民人均可支配收入 640.77 元,为农村居民的 2.49 倍。1995 年城镇居民的人均可支配收入增加到 2151.52 元,为农村居民人均纯收入的 3.58 倍。2002 年,城镇居民的人均可支配收入相当于农村居民人均纯收入的 3.87 倍。① 从全国来看,2007 年,城镇居民人均可支配收入与农村居民人均收入分别为 13785.8 元和 4958.4 元,前者为后者的 2.78 倍。

从地区之间居民收入差距来看,改革开放以来,无论是城市还是农村,地区之间的收入差距都呈长期扩大之势。2006 年,东部地区城镇居民家庭人均可支配收入是中部地区的 1.51 倍,是西部地区的 1.54 倍,是东北地区的 1.52 倍;2006 年,职工平均工资最高的上海是最低的江西的将近 3 倍;2006 年,东部地区农村居民家庭人均纯收入是中部地区的 1.58 倍,是西部地区的 2 倍,是东北地区的 1.39 倍。②

从不同行业之间收入差距来看,自我国经济体制改革以来,行业之间利益差距逐步拉开,并呈现明显的扩大趋势。截至目前,行业间的最高收入与最低收入相差 13 倍之多。

4. 利益关系的复杂化

改革开放之前,在计划经济体制下,由于缺乏独立的利益主体,利益差别不大,所以利益关系比较简单。从 20 世纪 50 年代到 70 年代末,我国利益关系的调整主要是在中央与地方利益的收与放上做文章,但其主线是以国家利益为主,适当兼顾地方利益,因此,利益关系带有强烈的纵向权威性特点。

改革开放 30 多年来,随着利益主体增多,利益来源多样化以及利益差别扩大化,我国社会利益关系变得越来越复杂。

(1) 利益主体的多层次组合使得利益关系复杂化。利益主体多元化使利益关系形成一个多维的系统。就全社会的个人利益来看,会分别形成各阶层的群体利益,这些群体的个人利益的随机组合,就形成整个社会的

---

① 夏森、唐秀华:《甘肃省城乡居民消费结构差异性分析》,《西北人口》2005 年第 2 期。
② 数据来源:根据《中国统计年鉴 2007》整理和计算而来。

利益关系体系；就全社会的企业利益来看，会形成一个由许多企业组成的企业利益关系体系；就全社会的部门利益来看，会形成一个由工业、农业、金融、外贸等部门组成的部门利益关系体系；就全社会的地区利益来看，会形成一个由东部地区、中部地区、西部地区以及各省市自治区等地区组成的地区利益关系体系。而个人利益关系体系、企业利益关系体系、部门利益关系体系、地区利益关系体系的多层次交叉组合又形成了整个社会的利益关系体系。

（2）利益关系调节方式的多维度使利益关系复杂化。利益关系调节方式主要包括市场调节与计划调节。在推进社会主义市场经济体制改革的进程中，市场调节与计划调节的脱节或重置是利益关系问题出现的主要原因。有些领域，利益的计划调节已经完全退出，利益的市场调节却没有跟上；而另一些领域，利益计划调节还没有退出，利益的市场调节已经发挥作用，由此而造成了利益调节的混乱。因此，如何协调利益的市场调节与计划调节是非常重要的。

（3）利益关系的多重性使得利益关系复杂化。在社会主义市场经济体制改革不断深化的过程中，社会利益关系的横向契约性质越来越清晰。同时，由于体制改革的渐进性，以及改革过程中制度惯性等因素的存在，社会利益关系仍然带有一定的纵向权威性。总体上而言，当前我国社会利益关系呈现纵向权威性利益关系与横向契约关系互相交叉与渗透的特点，利益关系的多重性使得利益关系复杂化。

（二）社会组织形式的多样化

在改革开放和社会主义市场经济发展的过程中，我国社会组织形式日益多样化。其突出表现是：从经济组织的所有制性质看，突破了原来国有和集体经济组织一统天下的局面，出现了一大批新的经济组织形式，包括各种非公有制经济组织和混合所有制经济组织。

随着体制改革的深入和社会组织功能的分化，我国政府组织也不断分化，一批以功能互补为基础，承担崭新社会经济功能的社会组织形式产生了。比如各种中介组织、咨询组织，各种行业管理组织等。这样，我国政府组织的职能部门和管理方式已经和正在发生一系列变化：从行政上直接管理经济的职能部门的功能减弱了，用经济杠杆和法律手段进行宏观调控的职能部门的功能加强了。与此同时，政府将部分行业管理的职能转移给了有关社会组织，利用中介力量对经济进行间接的管理。

在市场机制作用下，一批适应生产社会化需要和人民群众日益增长的精神文化需要的社会组织形式产生了。这些社会组织形式，突破了传统的界限明晰的第一产业、第二产业、第三产业组织和城乡组织的划分，满足了社会化大生产条件下分工协作的需要和人民群众多方面的精神文化需要。还出现了许多民间团体和社团组织，这些组织的活动方式、组织形式必然是以社会化和市场化为特征的。

（三）社会生活方式的多样化

社会生活方式的多样化是经济发展、社会进步的结果。改革开放以后，广泛的对内对外开放政策使流动、开放成为社会生活方式的潮流。统治我国几十年的户籍制出现松动。由于生活环境的开放，使社会生活方式由室内型走向室外型，由依附型走向自主型，由封闭型走向开放型。其次是物质条件更加富裕，也引起社会生活方式多样化。社会生活方式由温饱型走向小康型，由产品型走向商品型，由节约型走向消费型。

社会生活方式是社会主义精神文明的重要组成部分。社会能否良性运行和充满活力，归根结底取决于它能否向人们提供符合人的本性与发展的生活方式。改革开放和市场经济在促进社会进步的同时也强化了"物支配人"的生活方式，强化了个人的重要性。

四 社会环境的挑战

社会环境是指人们的生活、学习和工作的外部客观条件的总和。从它的内容看，可分为经济环境、政治环境、文化环境和社会生活环境。

（1）社会经济环境中的问题主要表现为义与利之间的尖锐矛盾。应当承认，社会主义市场经济体制的确立，强化了人们的利益观、金钱观，一定意义上可以说这是历史的进步，是无可非议的。但是，如果强化超过了合理的限度，甚至把经济领域的特殊原则泛化到政治领域和文化领域，势必引发道德危机。什么经济活动不容道德干涉，发展市场经济必然要以牺牲道德为代价的"代价论"等都是这种危机在理论上的反映。理论界关于"义"与"利"的讨论是实践中现实矛盾的直接反映。此外，公平与效率的矛盾以及由于经济发展的不平衡性等原因造成的贫富差距不断扩大的矛盾等等，都有可能造成社会信用危机、社会成员重利轻义和心理失衡，从而使社会陷入道德虚无主义的偏执，对道德建设产生不利影响。

（2）从政治环境方面看，由于经济制度、政治制度改革过程中的失调、漏洞，造成了政府工作人员以权谋私、贪污受贿、腐化堕落以及奢侈浪费、公款吃喝、失职、渎职等违法乱纪案件大幅度上升，造成人民对党的不信任感。

（3）在社会风气方面存在许多社会病态现象，社会生活中出现了违背道德或违反法律的某些畸形的丑恶的社会病。在我国，人们称之为"六害"的卖淫嫖娼、淫秽物品、赌博、拐卖妇女儿童、吸毒贩毒和封建迷信等丑恶现象一定范围内又死灰复燃。

（4）社会环境的变化对思想领域的挑战。社会转型期，由于经济成分、分配方式、生活方式等多样化的出现，在意识形态领域，相应地出现了多种思想文化、价值观念和道德观念的长期并存，各种思想文化相互激荡的现象，使人们必然面临多种选择，在选择面前就难免出现一定程度的困惑甚至混乱。思想文化方面存在的主要障碍一方面是教育普及程度低，教育发展水平不够高，特别是边远贫穷地区的教育问题更为突出，文盲、半文盲人数还在增加；另一方面人们的思想和观念很大程度上还停留在半封建的意识上，小农经济观念还束缚着一些人的思想。社会生活多样化带来的生活快节奏、方式变化大等特点，使人们对一些新现象、新方式、新思潮可能认识不清，这些现象必将影响我国的社会主义道德建设。

综上所述，在社会转型期，道德所处的各种社会环境要素都在变动之中，各要素都处于纷繁复杂的运动状态。这就给我们的道德建设造成了很大的困难，为此，必须采取积极的应对策略改造不利环境、实现环境优化。

第四节　人文环境的优化与问题

人文环境是人们在千百年来的社会实践中积淀而成的。它是经济与社会环境的产物，同时又反作用于经济和社会发展。中外历史表明，一个社会的人文环境的优劣，是该社会文明发达程度的重要标志，同时也是决定该社会进一步发展的重要因素。改革开放30多年来，我国在人文环境的建设方面取得了很大成就，但仍然存在很大差距，尤其在思想道德建设、法律建设和教育科技建设上，问题突出，必须引起人们的高度重视，并采取积极措施。

一　人文环境分析

人文环境指由人类各种文化活动所形成的物质和精神境况。人文环境是人们在长期的历史进程中适应与变革自然，特别是适应与变革社会的实践中逐渐形成的。人文环境包括人们创造的物质文化和精神文化环境。我们这里主要探讨的是精神文化环境。一个社会的人文环境的内容主要包括以下方面。

1. 主流意识形态状况

意识形态包括政治、法律、道德、哲学、艺术、宗教等社会意识的各种形式。主流意识形态，是一定社会中占主导地位的意识形态，具有浓厚的政治色彩，鲜明地反映了统治阶级的意志和要求。在我国，中央提出构建社会主义核心价值体系的问题，并确定了这个核心价值体系的构成要素：马克思主义基本原理、中国特色社会主义共同理想、民族精神和时代精神、社会主义荣辱观。

2. 道德状况

道德状况是指一定历史条件下由相应的道德体系、道德评价标准、道德舆论、道德行为所形成的氛围。道德状况是人文环境的重要组成部分，一个人的道德水平决定着其道德修养和人格完善程度，一个社会的道德水平取决于全体社会成员的道德进步水平和道德自律水平。在当代中国，我们要大力弘扬社会主义核心价值体系，并建立起与现阶段生产力发展水平和人们觉悟程度相适应的道德评价体系，注意道德评价的层次性，把道德的先进性要求与广泛性要求结合起来，形成凝聚亿万人民的强大精神力量。

3. 教育科技状况

教育是衡量一个国家、民族人文环境优劣的最重要的指标。科学技术与教育息息相关，一个国家的教育发展水平，决定着科学技术发展水平。教育科技是人文环境的重要组成部分，也是整个社会主义现代化建设的战略重点。改革开放 30 多年来，我国教育、科技取得了长足进步，但相对于国民经济发展的需要还很不适应，必须进一步加大投入，加大建设和改善的力度。

4. 文化习俗状况

习俗文化具有浓厚的地域、民族特色，并且深深地打着传统的烙印。

习俗文化对于增强民族凝聚力和民族认同感,具有重要的作用。中华民族拥有五千年的文明历史,素以"礼仪之邦"著称。在社会主义现代化进程中,我们要大力弘扬健康、文明的文化习俗,摒弃那些愚昧、落后的文化习俗,提倡文明健康的科学的生活方式。

二 人文环境的挑战与对策

20世纪70年代末以来,随着改革开放国策的实施和市场经济体系的建立,我国现代化所取得的成就为个人成长提供了日趋优异的基础条件:满足物质需要和文化需要的资源日益丰富,实现个人潜能与价值的条件更加充分,进入社会结构和参与社会事务的渠道逐渐增多等等。当然,在这种背景下,社会为个人成长提供的在生理素质、个性特征、教育方式、群体文化以及经济交往、政治参与等方面的状况也发生了巨大变化,出现了许多新的发展趋势。

(一) 社会政治经济与文化环境发展的不同步状态

随着改革开放以来,我国经济体制的发展相对较快,但文化发展的速度却没有跟上,导致人们的价值观念与经济带来的观念巨变有向畸形发展的趋势,错误的价值观使人们形成片面追求个人私欲的利己主义心态、崇尚感官享受的享乐主义心态、"一切向钱看"的拜金主义心态。由于文化环境优化的迟缓,影响着整个社会环境的质量。

(二) 社会管理水平与社会经济发展不同步的状况

由于社会管理水平跟不上社会发展的速度,造成的不良社会环境具体表现在以下两个方面:第一,社会治安管理的不完善。对于人民生命财产的安全问题成为迫切需要解决的问题。第二,社会的文化管理的不完善。文化立法不完善,尚欠科学,网络中不科学、不健康的信息垃圾充斥,使人们缺乏健康积极的思想文化环境。

(三) 社会结构的分化与"文化堕距"现象的存在

在社会发展进程中,影响个人成长和社会发展的因素正变得更加复杂,主要表现在:第一,现代社会的结构分化。在现代社会中,社会发展的一种重要表现就是社会结构的分化,随着社会系统在其结构与功能方面的日趋多样化,价值整合在社会整合中的地位变得更加重要,同时其难度也进一步增大。因此,社会中的异质因素、冲突因素作为一种普遍存在的现象,在无形之中变成了对个人成长的一种困扰。第二,"文化堕距"现象的存在。在通常情况下，一种新的社会文化体系的形成，比起一种新的社会体制、经济体制的建立会滞后一些，社会学家将此现象称为"文化堕距"。在当前的社会转型时期，一些原有价值观念的失效以及新的价值观念的尚未形成，势必造成人们心理上和行为上某种无所适从的状态。而这种"失范"状态对正处人生观和价值观形成的关键时期的未成年人尤为不利。第三，多元时空时代诸种因素的复合影响。今天我们所处的时代背景和国际环境十分特殊，各种特质不同的政治、经济、社会、文化因素共同影响着人们的精神领域。此外，再加上中西方文化的碰撞与交织，无疑使这个时代的精神世界变得极其复杂。而各种因素之间整合难度的加大，必然会导致人们精神上的紧张感与模糊性。

（四）经济发展的迅猛与伦理道德的滑坡

随着经济全球化的到来，人们的价值观也发生了很大的变化，追求个人利益最大化似乎已经成为经济社会的普遍价值观。然而，在社会发展的过程中，利益是波动的，任何时候任何领域都不可能存在永久的最大利益。以利己主义为中心的价值观，势必导致价值认知和现实行为之间的矛盾，并滋长了社会的普遍浮躁心理，导致了社会责任心和公众意识的下降，在思想和行为的相互影响中形成了恶性循环和恶性发展。物质经济生活的满足和西方享乐主义的影响，使得社会出现了物欲化和粗俗化的倾向。物欲化对物质的过分崇拜，出现了重物质轻精神和重利忘义的现象。物质贪欲和拜金主义使得精神成为了物质的奴隶。其直接后果就是一些人变得贪婪无度，不择手段地去满足自己的非分欲望。粗俗化则漠视精神财富和文化精髓，以至于举止越来越粗，说话越来越俗，行为越来越荒唐，甚至以追求低俗为时尚……

人类社会的发展总是体现为社会结构不断变迁的过程。在这一过程中，人们必须适应变迁的节奏，否则将被社会淘汰出局。一般情况下，社会发展越快，淘汰率越高；淘汰率越高，社会的"边缘群体"就越大。为了解决这一悖论，社会必须要有制度方面的作为，否则，社会的"边缘人"、"局外人"就会越来越多，人们所承受的心理压力、精神压力也势必越来越大，以至于由"启蒙"唤醒的"自我"常常无法容纳"他者"的存在。一些人为了当下的快乐，可以甩开历史的担当，可以抛弃社会的责任。在感官的放纵中体验时间穿梭的快感；在消费的激情中获得虚荣的满足，在"歇斯底里"的冲动中完成灵魂空虚的宣泄。现代人的交往越来越频繁，交往的范围越来越大，交往的途径越来越多，但是，人与人之间这种身体的愈益接近，却无法阻挡人与人之间心灵的愈益疏远。正如丹尼尔·贝尔所说："现代主义重视的是现在或将来，决非过去。不过，人们一旦与过去切断联系，就绝难摆脱从将来本身产生出来的空虚感。信仰不再成为可能。"现代人为了"自我"，从时间上切断与历史的联系以及与传统的联结；从空间上则力图摆脱社会的控制，推卸社会的责任，使得"自我"越来越失去根基。无根基的自我世界，必然是荒诞的、无意义的。"自我"在肉体上确立之后，精神却遭到了"放逐"。"自我"的空壳化便是生命无法承受如此之轻的代价。人们的精神家园承受着前所未有的颠簸。现代人不仅在精神上遭遇信仰危机，而且在思维上也正在经历丧失独立思考和判断的考验。在物质利益支配价值观的现代世界，人们的是非判断变得不仅越来越不可靠，而且也越来越不可能。现代人所推崇的"个性"从来就不是一种从思维的独立开始，而往往是一种追随明星、迎合时尚的、肤浅的"标新立异"。这种"个性化"，以"主体性"的身份掩盖了"奴性"的实质。启蒙之后的"主体"虽然砸烂了旧的枷锁，但却套上了新的枷锁。"主体性的朝阳"刚刚升起，还未及形成旭日便进入了"主体性的黄昏"。

要解决以上问题，在宏观层面上，要将科学发展观的要求体现到具体的社会发展进程中。它必将有利于创造促进个人健康成长的制度环境和工作机制，从而更有效地防止他们之中产生结构性问题和文化性问题。首先，应高度重视社会、经济与文化、心理之间的全面协调发展问题，因为现代化是一种由多种因素构成的复合动力机制所推动的社会系统的整体性变迁，由经济转轨、社会转型、文化演进、心理变革等社会子系统的变化来具体地实现，这些社会子系统之间需要高度协调才能保证总系统的基本稳定与有效运行。其次，应建构一种多层次、多内涵的社会文化体系。由于人们心理上不同层次的需求有待以不同层次、不同形式、不同内涵的社会文化来加以满足，因此，针对人们心理上的不同需求状态的不同文化或要素也将能够形成对于人们的有效引导。再次，有必要探讨与现代化相适应的文化发展战略的制定与实施。应基于对精英文化与大众文化、高雅文化与通俗文化、理性文化与感性文化的地位与作用的科学认识，对它们在社会文化体系所占份额做出定位。在大众文化、通俗文化、感性文化的发展主要是通过市场机制来运作的同时，对精英文化、高雅文化、理性文化的弘扬需要更多地通过政府的支持来实现。最后，应对社会文化的建设质量建立起一套测量和评估的科学方法及其指标体系。这种指标体系主要区分两个重要方面，一是文化产业的绩效，二是文化事业的成效。在文化政策的制定中，文化产业必须将社会效益作为一个重要检验指标。总之，通过文化创新建立一种能够对于青年一代具有明确导向作用的社会文化体系，是时代呼唤的一项义不容辞的历史使命。

第三章　科学发展观伦理审视的理论依据

第一节　基于重建与摆脱贫困的经济增长观及其伦理反思

一　经济增长观的时代背景

经济增长观是二次世界大战后国际经济、政治局势的产物，反映了发展的时代主题。二战结束后，世界面临着两个最重大的问题：一是在经济上，所有受到战争创伤的国家都有一个重建和复兴的问题；二是在政治上，以美苏为首的两大阵营对峙，使战后新兴的独立国家面临何去何从的重大抉择。这两大问题归结起来就是战后各国对发展模式的选择。

经济增长理论源于近代资本主义工业化的兴起，是资本主义工业化这一历史进程在发展观上的反映。英国古典经济学家亚当·斯密把工业化过程理解为物质财富的增加过程，认为只要不断增加资本积累就可以不断增加国家的物质财富，就可以实现经济的发展。他从"经济人"的假设出发，认为一国经济要发展，就必须充分发挥个人建立在自利心基础上的积极性，个人追求私利的经济活动会在市场这只"看不见的手"的导引下，在总体上造成国家物质财富和社会福利的增加。斯密强调自然法则，反对政府干预经济，他所主张的就是一种崇尚经济增长、崇尚市场自发性的发展观。这种发展观把社会发展的进程片面地归结为单纯的经济增长，把经济增长过程片面地归结为物质财富的增长，忽视人的地位和人的作用，笃信市场机制的自发调节可以自然地实现物质财富和经济的增长，实现从农业社会到工业社会、从传统社会到现代社会的过渡和发展。

新古典学派继承了英国古典经济理论的基本思想，建立了一种更加抽象的经济理论，论证了一种更为明显的单纯经济增长的片面发展观。新古典学派突出强调价格机制在市场调节中的作用，认为价格和供求关系相互影响，从而实现供求平衡，在局部的微观的均衡基础上实现宏观的一般的均衡，从而实现对稀缺资源的最优配置，实现经济的增长和发展。新古典学派不仅和斯密一样把人假设为"经济人"，而且把这种"人"设想为独立的、无关联的、能对市场价格作出完全反应的"机器人"，人在社会实践活动中具有的现实性和自主性完全被排除了，人具有的影响和改变环境的能力当然也就被否定了。这种理论把经济发展看作是与整个社会发展过程毫无关联的活动，完全否认了经济过程的社会历史性质。显然，这种理论指导下的发展只能是单纯的、片面的经济增长。

二 经济增长观及其伦理反思

（一）经济增长观的内容及特点

经济增长观认为，经济增长就是社会发展。只有经济增长了，社会才能进步；并且，只要经济增长了，社会就一定会进步。这种发展观表现在发展实践中，就是对国民生产总值的偏好和追求。经济增长观的基本理念是：

首先，经济增长就是发展。经济增长观把发展过程片面地归结为单纯的经济增长过程，把经济增长过程又片面地归结为财富的增长过程。它认为依靠市场机制的自发调节，就可以自然地实现物质财富和经济的增长；并断言研究发展问题的发展经济学就是增长经济学。在一些经济学家看来，发展就是经济发展，经济发展就是经济增长，就是"经济规模的扩大、数量的扩张"，衡量经济发展的唯一指标是经济增长率。

其次，衡量发展的尺度是财富、财富的增长乃至财富的增长速度。在经济增长论者的眼中，社会发展被看作是一种纯经济行为或经济现象，并被看作是通过国民生产总值和人均国民生产总值的增长，为国民提供更多的物质消费品和劳务消费品的过程。他们所关注的目标就是国民生产总值或国内生产总值的增长。在他们看来，发展就是提高人的物质生活水平，而提高物质生活水平的途径就是发展经济，提高人均收入水平，使每个人都能消费更多的商品和服务。经济发展实质上就是通过增加人均产出来提高国民收入水平，使每一个人都能消费更多。总之，这种发展观以外在尺度即物的尺度，作为衡量社会发展的标准。

最后，直接把功利当作唯一的价值标准。经济增长观的基本思路同其他许多现代化研究理论一样，使用"传统社会"与"现代社会"的二分法，认为传统社会就是以农业为主的、重身份名位的、静止的、职业分化简单的社会，现代社会则是以工业为主的、重成就的、动态的、职业分化复杂的社会。传统社会和现代社会是两种具有相互排斥特征的社会。由传统向现代演进的过程就是现代化。非西方国家要走出传统社会、实现现代化，唯一可能的选择就是抛弃已有的文化传统，模仿西方国家，重演西方国家的现代化过程，甚至全盘接受西方现代化的历史经验。

（二）经济增长观的伦理反思

在经济增长观的指导下，发展中国家大多沿袭发达国家的老路，强调以工业化为核心的"经济增长第一"的传统发展战略。然而，许多国家实践的结果却出现了"有增长而无发展"的局面。这些国家的经济总量虽有较大程度的增加，但人民群众的生活质量没有得到根本改善，相反还出现了人口膨胀、过度城市化、社会政治动荡、分配不公、社会腐败、生态危机等一系列新问题。实践的结果，暴露了经济增长观这种指导思想具有不可克服的内在缺陷。具体说来，有以下几点：

一是经济领域产生一系列矛盾。市场经济的自发调节和短期行为，造成了整个产业结构和经济结构片面、畸形的发展，从而陷入通货膨胀和失业率上升等困境，而通货膨胀和失业率的上升，又影响到社会的安定。丹尼尔·贝尔说，经济增长也许是资本主义所特有的"矛盾"根源，而这一矛盾也许是导致资本主义毁灭的祸根，因为"若不把经济发展当作自己的任务，资本主义存在的理由究竟又是什么呢？"[①]

二是经济发展与社会发展的失衡。随着科技理性的扩张，经济增长成为发展的根本目的，人变成了实现经济增长的工具和手段，发展失去了本身的目的和意义。资本主义制度下的劳动异化带来了人的异化，人同其本质相分离，成为马尔库塞描述的"单向度的人"。这种发展观引发了一系列无法解决的社会问题，加剧了效率和公正、自由和平等、速度和效益、质量和数量、私人和社会、城市和乡村、富人和穷人之间的矛盾和冲突。

三是经济与文化之间的紧张和对立。从事经济活动的人被设想为只知道追求经济利益的"经济人"和只会根据自己的利益对价格信号做出反应的"机器人"；市场各主体之间的关系被设想为一种纯粹的完全竞争关

---

① ［美］丹尼尔·贝尔：《资本主义文化矛盾》，生活·读书·新知三联书店1989年版，第128页。

系；市场的调节机制被看成资本、工资、价格、利率、供给、需求之间自发形成的均衡关系，这就把文化因素从调节规范中排除了出去。总之，经济增长或发展过程被视为一种脱离了社会、文化、历史的纯粹而又孤立的经济现象。在这种情况下，经济增长和发展是经济人、经济部门的事情，文化建设和发展是文化人、文化部门的事情，于是出现了经济和文化之间的紧张和对立，出现了重经济建设、轻文化建设的不协调现象。

四是文化的分裂和价值的迷失。市场机制的自发作用对文化产生着双重影响：一方面，它推动人们树立"经济"、"效益"的观念，讲究"积累"、"节约"，力求最有效地利用资源，力求用最小的投入获得最大的效益；另一方面，为了扩大产品销路、制造市场需求，它总是诱导人们扩大消费、追求享受，特别是在市场疲软时还要采取各种手段来"刺激"人们的消费欲望。这种双重影响导致个人和社会的思想道德文化在价值观上的分裂，这就是丹尼尔·贝尔所说的"资本主义文化的内在矛盾"。随着时间的推移，"经济冲动"逐渐压倒了"宗教冲动"，也就是说，随着个人的发财致富或社会的富裕，市场机制后一方面的文化要求所形成的价值观和生活方式对前一方面文化要求的冲击和否定变得越来越大，最终导致拜金主义、享乐主义、利己主义的泛滥。

五是资源破坏，环境污染。由于片面追求经济增长，无节制地对自然资源滥采滥用，从而使人类赖以生存的自然资源遭到严重破坏。资源和能源紧缺、环境污染、贫富两极分化、城市人口过度密集、黑社会猖獗等全球性问题，加剧了人类社会和自然环境之间的冲突、人类的今天和未来之间的矛盾。从某种意义上说，这种经济发展观是以牺牲环境为代价的。

第二节　基于全面进步的社会综合发展观及其伦理反思

一　社会综合发展观的背景及内容

由于在单纯经济增长发展观的指导下，许多发展中国家在经济增长的同时，并没有实现预期的发展目标，相反还出现了严重的分配不公、社会腐败、政治动荡等问题。人们也愈益清楚地认识到经济增长发展观"以物为本"的经济增长理念引发的已经不是单纯的环境问题，而是影响到整个生态和社会的综合问题，同时也使得传统经济发展模式难以为继，这在客观上提出构建社会综合发展观的要求。20世纪70年代，人们在反思中普遍认识到，把发展等同于经济增长的发展观是不合理的。仅限于经济发展理论的研究，显然不能反映和解决发展中国家面临的一系列问题。发展是经济社会各个方面综合协调发展的系统工程，经济增长不等于社会发展。经济增长只是手段而不是目的，发展的目的理应是满足社会各个层面的需要。

在这一发展困境面前，人们不断对全球化的发展进行反思，发现了非经济因素对社会发展的巨大影响作用，并得出结论：发展应该是全面的，"集科技、经济、社会、政治和文化，即社会生活一切方面的因素于一体的完整现象"①。基于对发展是全面的认识，20世纪80年代以后，由于多学科介入发展观的研究，社会综合发展观应运而生。

综合发展观的代表人物是法国的佩鲁和美国的托达罗。佩鲁曾服务于联合国教科文组织，他应联合国教科文组织基多"研究综合发展观"专家会议要求写的《新发展观》一书是经济社会综合发展观的标志性著作。1983年，弗朗索瓦·佩鲁在《新发展观》中，明确提出了"整体的""综合的"、"内生的"新发展理论。② 在佩鲁看来，发展既要协调人与人之间不同利益主体的关系，还要注重协调人与自然的关系；发展是经济发展和社会发展的均衡。因此，发展是一个社会中各个要素之间、各种关系之间相互作用的结果；发展是实现主体选择的自由，是一个国家内部创造力综合作用的结果，从而应根据各国的国情进行自主发展。托达罗认为："应该把发展看作是包括整个经济和社会体制在内的重组和重整在内的多维过程。除了收入和产量提高外，发展显然还包括制度、社会和管理结构的变化以及人的态度，在许多情况下甚至还包括人们习惯和信仰的变化。"③ 在对经济增长发展观的理性思考中，综合发展观拓展并深化了人们对发展内涵的认识。人们日渐清醒地认识到，经济增长发展观作为特定历史时期的产物，顺应了人类通过工业化奠定发展基础的要求，作为维系人类生存和促进人类发展的手段，有其存在的历史必然性。但经济增长并不是也不应该是发展的全部内涵和唯一目标。衡量发展的尺度，除了经济

---

① ［埃］阿卜杜勒·马利克等：《发展的新战略》，杜越等译，中国对外翻译出版公司1999年版，第4页。
② ［法］弗朗索瓦·佩鲁：《新发展观》，华夏出版社1987年版，第2页。
③ 李小云主编：《普通发展学》，社会科学文献出版社2005年版，第7页。

指标，还应该包括其他非经济的社会指标。鉴于经济增长发展观的诸多弊端，社会综合发展观试图将经济增长与政治民主、文化进步、科技发达、社会协调等各种目标在内的社会综合发展统一起来。综合发展观较之经济增长发展观，其对发展内涵和目标的把握更为全面和深刻，关注的重心从单纯的"物本位"转向了"社会本位"，由客体转向了主体。其进步意义是不言而喻的。社会综合发展观相对于过去单纯经济增长的发展观来说，具有更多的科学合理性，反映了人类发展理念的进步，体现了以人为中心，注重人与社会、人与自然的和谐，一定程度上克服了"物本"发展理念的局限。这一新发展观标志着西方发展理论开始走向成熟，因为它开始反思和批判自身发展及其传统的发展理论和发展模式，揭示了发展理论的核心和本质问题。它强烈地冲击着传统发展观，对以后的发展理论产生了深远影响。

二 社会综合发展观的伦理反思

社会综合发展观是对经济增长发展观的扬弃。综合发展观较之经济增长观，它对发展内涵和目标的把握更为全面和深刻，其进步意义是不言而喻的。但由于对经济增长发展观消极层面的扬弃是十分困难的，所以社会综合发展观也有其自身难以避免的道德局限，并因此而出现了诸多在社会综合发展观的框架内难以解决的一系列问题。

首先，社会综合发展观强调经济、政治、文化、科技等要素的相互作用和影响，但仍然较为突出地表现出发展的不协调、不平衡和片面性。诸如，发展中国家和发达国家、农村和城市、经济发展与社会发展之间的差距拉大等等。

其次，社会综合发展观因缺乏对自然的伦理关怀，同样具有不可持续性。在综合发展观看来，"真正的发展必须是经济、社会、人之间的全面协调共进"①，是"经济—社会—人"的综合发展。在貌似全面的社会综合发展观中，对自然系统与社会系统协调发展的忽视是不言而喻的，结果，在实践层面最终导致了生态系统的失衡和发展的不可持续性。20世纪后半期日益严重的整个生态体系的危机正是人类忽视自然价值的结果。

---

① 蔡建波：《佩鲁对发展观的反省与探讨》，《山东工业大学学报》（社科版）1997年第4期。

再次，社会综合发展观只是抽象地强调了"以社会为本"，而没有从根本上做到具体的"以人为本"。相比于经济增长发展观的"物本位"，社会综合发展观开始重视社会，把社会的进步置于发展的突出位置，这的确是一个进步。但社会不是一个抽象的概念，构成社会的是具体的个体，因此，如果只是将发展片面地理解为社会物质财富的抽象增加，而不去关注人的自由、道德、安全等非物质层面的发展以及社会公平和正义秩序的构建，同样会使发展走入误区，出现不协调、不公平和不可持续等弊端。

最后，社会综合发展观缺乏对未来人的伦理关怀。可持续发展的伦理基础，既包括生态伦理，也包含代内伦理和代际伦理，它们的共同作用，构成了可持续发展完整而深厚的伦理底蕴。然而，由于现实主义的思维方式，社会综合发展观没有把满足当代人的发展需求与满足未来人的发展需求有机结合起来，漠视未来人的利益，以至于环境恶化和资源短缺问题愈益严重，使代际关系处于紧张状态，使代际公平问题日益凸显。结果，社会综合发展观引发下的迅速发展，同样快速地带来了非常明显的诸多环境和生态问题，使得它必然要被随后的可持续发展观取而代之。

第三节 基于保护资源的可持续发展观及其伦理反思

一 可持续发展观的时代背景

可持续发展观的提出是历史发展的必然。社会迅猛发展带来的诸多环境问题在全球的蔓延和程度上的恶化是可持续发展理念登上历史舞台的首要因素。经济和科学技术的快速发展使人类的生存环境开始迅速恶化，人类因此也付出了沉重代价：一方面，生活的改善需要一个洁净、安宁、卫生的生活环境，但空气污染、噪声污染和水质污染使这样一种环境遭到了破坏，人们的安宁被扰乱了，人们的身体健康受到了损害，由污染造成的各种疾病越来越多。这不仅要为防治这些疾病花费大量的金钱，造成直接的经济损失；而且疾病本身给人们带来了巨大的痛苦，减少了他们的幸福和快乐，甚至造成了生命的危险和寿命的缩短。另一方面，人们喜欢一种自然的美、一种未被破坏的大自然的美，对自然景观的破坏本身就减少了人们的舒适感和快乐。如果经济增长使环境恶化了，给人们造成了巨大的痛苦和过早的死亡，这种增长就不能说是发展。此外，资源的过度开采和自然环境的大量破坏还直接限制了经济发展。环境污染使人们的身体健康受到损害，降低了劳动者的生产能力和生产率。环境退化和环境破坏减弱了人类直接利用自然资源的能力。例如，水污染使渔业生产率下降；土地的盐碱化、沙漠化和土壤肥力的下降使农作物产量下降；森林的过度采伐不仅降低了木材的生产率，而且造成洪涝灾害频繁发生，使农业生产受到严重损失；地下水的过度抽取使水源枯竭，干旱的耕地得不到充分的灌溉，造成农业生产力下降；环境污染使有些动、植物濒危甚至完全消失，造成大自然生态平衡系统的破坏。由此可见，环境的破坏对发展的消极影响和阻碍作用是巨大的；反之，保护环境能提高资源和劳动的生产率，促进经济增长和发展。

可持续发展思想的缘起可追溯到环境保护运动兴起的20世纪60年代。1962年，美国海洋生物学家蕾切尔·卡逊出版了《寂静的春天》一书。该书用触目惊心的案例描述了大量使用杀虫剂对鸟类和生态环境的毁灭性危害，轰动了欧美各国。

1968年，西方发达国家一些知名的科学家、教育家、经济学家聚集于意大利首都罗马，为解决人类面临的困境，发起并成立了"罗马俱乐部"。1972年，罗马俱乐部发表了震惊世界的题为《增长的极限》的研究报告。该报告的结论是："如果在世界人口、工业化、污染、粮食生产和资源消耗方面按现在的趋势继续下去，这个行星上增长的极限有朝一日将在今后100年中发生。"[①] 这个研究报告的发表，引起了国际社会的广泛关注和讨论，并对以后可持续发展理论的形成产生了十分重要的影响。1972年6月5日，"联合国人类环境会议"在瑞典首都斯德哥尔摩召开，它是人类历史上第一次全球性的环境会议，会议通过了划时代的历史性宣言——《联合国人类环境会议宣言》（即《人类环境宣言》）。要求人们采取大规模的行动，为当代人和子孙后代保护和改善环境。宣言分为两个部分：第一部分阐述了在保护和改善人类生存环境方面所应采取的七个共同原则；第二部分阐述了在保护和改善人类生存环境方面所采用的共同原则所申明的信念。就有关自然保护、生态平衡、污染防治、城市化、人口、资源、经济、环境责任及赔偿、核试验、发展中国家的需求等一系列

[①] ［美］丹尼斯·米都斯等：《增长的极限——罗马俱乐部关于人类困境的报告》，李宝恒译，吉林人民出版社1997年版，英文版序第17页。

范围广泛的人类环境问题，从环境道德、环境战略、环境法制的不同角度，表明了与会者的"共同信念"。

在《联合国人类环境会议》之后，陆续发表了关于可持续发展的两份重要报告：第一份报告是国际自然保护联盟与联合国环境规划署以及世界野生基金会等国际组织一起，于 1980 年发表了《世界保护策略》，此报告的副标题是"可持续发展的生命资源保护"。该报告向全世界发出呼吁："必须研究自然的、社会的、生态的、经济的以及利用自然资源过程中的基本关系，确保全球的可持续发展。"① 该报告分析了资源和环境保护与可持续发展之间的关系，指出：发展的目的是为人类提供社会和经济的福利，发展意味着改变生物圈以及投入人力、财力、生命和非生命资源去满足人类的需求，改善人类的生活质量。只有保护环境才能保证地球具有支撑持续发展和所有生命的能力，环境保护与可持续发展是相互依存的。第二份报告是世界环境与发展委员会于 1987 年发表的《我们共同的未来》。1983 年，以布伦特兰夫人为主席的联合国"环境与发展委员会"（WECD），组织了全球 21 个国家的专家到世界各地考察，前后经历 900 多天，于 1987 年 4 月，把经过长达 4 年研究和经充分论证的报告《我们共同的未来》（Our Common Future）提交给了联合国大会，正式提出了可持续发展的模式。报告首次对可持续发展的概念作了规范和统一，指出："可持续发展是既满足当代人的需要，又不对后代人满足其需要的能力构成危害的发展。"② 这种模式既包含了对传统发展模式的反思和批判，也包含了对规范的可持续发展模式的理性设计。其内容表现为：工业应当是低消耗高效益，能源应当被清洁利用，资源永续利用，粮食保障长期供给，人口与资源保持相对平衡，经济与环境协调发展等许多方面。

可持续发展概念提出后，受到世界各国的广泛重视，并作为人类 21 世纪的战略选择，1992 年 6 月在巴西里约热内卢召开的联合国环境与发展大会上得到肯定。为了促进可持续发展战略的实施，里约热内卢的会议通过了《里约热内卢环境与发展宣言》（简称《里约宣言》）和《21 世纪议程》两个纲领性文件，详细地阐述了环境与发展的关系，制定了可

---

① 徐嵩龄主编：《环境伦理学进展：评论与阐释》，社会科学文献出版社 1999 年版，第 159 页。

② 世界环境与发展委员会：《我们共同的未来》，王之佳等译，吉林人民出版社 1997 年版，第 52 页。

持续发展的行动方略,进一步丰富了可持续发展理论,标志着可持续发展观的形成,并在世界范围内得到广泛认可和普及。截至 1997 年,全球已有 150 多个国家建立了与可持续发展有关的国家委员会或协调机构,74 个国家向联合国递交了执行《21 世纪议程》的国家报告。[①] 1994 年 3 月,我国率先制定了中国人口、环境与发展的白皮书——《中国 21 世纪发展议程》,把可持续发展作为我国的经济社会发展战略。2002 年在南非召开《可持续发展世界首脑会议》,经过长时间的讨论和复杂谈判,会议通过了《可持续发展世界首脑会议实施计划》的重要文件。此后,在全球范围内建立了以环境与发展为对话平台的新的国际关系,并通过制定可持续发展的行动方略,进一步丰富了可持续发展理论,标志着可持续发展观的最终形成。

二 可持续发展观的内容及伦理反思

(一)可持续发展观的内容

可持续发展观认为人与自然的关系是平等互惠、相互渗透、共生共荣的。自然界应当成为人类伦理道德的关怀对象,人类应当尊重自然、善待自然、与自然和谐相处。经济活动的目的不是单纯的经济增长,而是比增长内涵更为广泛的社会发展,它注重经济系统、环境系统、社会系统的协调,重视发展质量的提高、结构的调整和发展的持续性。这表明了世界各国都已意识到要从根本上解决环境与发展的问题,必须转变发展战略,从传统的发展模式转变为可持续发展模式。力图以"可持续发展"为基本纲领,制定"全球变革日程"。

可持续发展观的内容丰富,主要有以下几个方面的重要思想:

第一,可持续发展的核心是发展。可持续发展并不否定经济增长,只有经济增长才能使人们摆脱贫困,提高生活水平;只有经济增长才能为解决生态危机提供必要的物质基础,才能最终打破贫困加剧和环境破坏的恶性循环。但是,可持续发展需要重新审视如何实现经济增长,即要使经济增长同社会发展和生态改善有机结合,达到具有可持续意义的经济增长。

第二,可持续发展强调人类在追求自身生活权利时应当同环境承载能

[①] 曾建平:《自然之思:西方生态伦理思想探究》,中国社会科学出版社 2004 年版,第 197 页。

力相协调，实现人与自然之间的和谐。《里约宣言》指出：人类处于普受关注的可持续发展问题的中心，他们应享有以与自然相和谐的方式过健康而富有生产成果的生活的权利。因此，经济发展离不开环境和资源的支持，发展的可持续性取决于环境和资源的可持续性。

第三，可持续发展应当是为未来发展创造条件的发展，即要实现社会总资源配置的代际公平。人类历史是一个连续的过程，后代人拥有与当代人相同的生存权和发展权，当代人必须留给后代人生存和发展所需要的必要资本，包括环境资本。保护和维持地球生态系统的生产力是当代人应尽的责任。因此，当代人在追求发展与消费时，应当努力使后代人的机会与自己的机会相平等，既满足当代人的需要，又不危及后代人满足其需要的能力，使发展既在今天是现实的、合理的，同时又能使明天的发展获得可能的空间和条件。

第四，可持续发展强调社会总资源配置在代际公平的基础上实现代内公平，这是在全球范围内实现向可持续发展转变的必要前提。发达国家在其200多年的工业化过程中，使用和消耗了地球上大量的资源和能源，排放了大量有害物质，造成了大量污染物，既积累了巨额的物质财富，又造成了严重的全球环境问题。因此，发达国家应偿还"生态债"，优惠转让环保技术，更多地承担缓解生态危机和实现环境修复的责任；发展中国家不应重走工业化国家先污染、后治理的老路，既要维护自身的发展权，又要承当起应有的环保责任。

（二）可持续发展观的伦理反思

社会综合发展观的道德局限是可持续发展观得以产生的理论必然。由于自然界没有给人类提供足够的各类资源，人类只能通过对自然界进行改造获得必需的生活资料。但人类在改造自然界的同时也使生态系统的稳定平衡遭到了不同程度的破坏；然而，生态系统的稳定平衡又是一切生命得以生存的支持系统。这就形成了人类生存的一个悖论：人类不改造自然就不能生存；但人对自然界的改造又必然破坏生态系统的稳定平衡。[①] 20世纪70年代，全球性的生态危机引发了世界范围内的环境保护运动，人们第一次对工业和技术时代的伦理范式、价值取向和生活方式进行反思，并产生了生态伦理学。生态伦理学看到了人类生存的悖论，它强调对动物和

---

① 张兴桥：《人类生存的悖论与发展伦理学》，《理论探讨》2003年第1期。

其他生命的伦理关怀，强调对物种多样性的关怀，强调对整个生态系统的关怀，试图建立一种新的伦理范式制约人类的行为，以解决人类生存的悖论。这种尝试在人类生存困境日趋严重的现实条件下警示人们必须对其实践行为的后果给予深刻的反省，并使得可持续发展观逐渐形成并不断发展。

可持续发展观的提出直接渊源于全球性的环境危机，是人类对全球环境问题认识不断深化的结果；是人们对追求单纯经济增长的工业文明进行深刻反思的积极成果；是人们关于环境保护与发展同步的新理念。当人类面临着环境日益恶化、贫困日益加剧等一系列突出问题时，迫切需要国际社会的共同行动来解决问题。以联合国人类环境会议、联合国环境与发展会议、可持续发展世界首脑会议这三次具有里程碑意义的联合国会议，和以《增长的极限》《世界保护策略》以及《我们共同的未来》这三份重要报告为标志，人类开始走上了可持续发展的道路。从思想严谨的角度看，可持续发展是一个综合的动态概念，有着极其深刻的内涵。它既包含了对传统发展模式的反思和批判，也包含了对可持续发展模式的理性设计。可持续发展涉及可持续经济、可持续生态和可持续社会三方面的协调统一，要求人类在生产中提高经济效率、关注生态安全、追求社会公平，最终达到人类生活质量的提高。无疑，可持续发展虽然缘起于保护环境的问题，但作为一个指导人类走向 21 世纪的发展理论，它已经超越了单纯的环境保护。它将环境问题与发展问题有机地结合起来，成为一个有关社会经济发展的全面性战略。可持续发展观比社会综合发展观更能反映人类的多重需要及长远利益，它对不同国家的经济发展目标和方式都产生了积极的影响。它对经济社会发展问题所投以的伦理关注，是对经济增长发展观和社会综合发展观的有效超越。

尽管可持续发展观的进步意义毋庸置疑，但其在理论和实践上的缺憾也使它面临着新的伦理困境。诸如，可持续发展观只是重视从外部视角来探讨人类社会福利的增加，只是在宏观层面意向性地提出通过自然和社会环境的改善来提高人类的福利水平，却没有联系发达国家和发展中国家的实际讨论人类自由、福利制度、环境正义等发展深层次的伦理问题。因而，它只是片面和抽象地关注了时间维度的代际正义问题，却忽略了空间维度不同群体、不同地区、不同国家之间现实存在的区域公平和贫富差距问题。而且，这一理论完全忽略了发达国家对环境保护应该承担的必要责任。从 1900 年到 2005 年的 100 多年间，发达国家人口总数不到全球人口的 20%，却排放了全世界 80% 的温室气体，其中 1950 年前排放的温室气体 95% 都源自发达国家①，显然，在环境保护的问题上，发达国家负有不可推卸的主要历史责任。然而，可持续发展观却模糊了发达国家的这一责任，从而使这一认识成了一种理想化的抽象理论，并最终难以被广大发展中国家普遍接受。因为对于发展中国家来说，代内公平似乎更为必要和紧迫，它们的当务之急是脱贫致富，而不是勒紧裤腰带替发达国家承担保护环境的责任。面对不平等的国际政治经济秩序，面对发达国家以牺牲发展中国家的生态和权益来满足自身发展的状况，代内公平的缺失同样会影响到全球性的可持续科学发展，并使得可持续发展观面临一个自身难以解决的道德窘境。进入 21 世纪，人们越来越清晰地认识到，可持续发展不仅包括了全球经济发展的所有内容，还应该包括世界范围内文化的良性融合与交流，以及全人类在各种制度框架下所享有的更充分平等和更真实的自由内容。换言之，可持续发展必须是全球性的，其发展的状况不仅是一种用经济指标衡量的物质状况，更是一种基于权益扩展而形成的精神状态。

审视人类走过的足迹，可以发现经过 30 多年的实践和反思，人们对环境与发展的辩证关系和全球环境问题的严峻形势，取得了深刻而一致的认识。并明确了责任，主要责任直接或间接地来自工业发达国家。发达国家碳排放的长期累积，是导致地球升温的主要原因，发达国家必须对此承担责任，这是公认的历史事实。当然，明确发达国家对环境问题应负的主要责任，并不意味着发展中国家可以放弃自己的责任。除了历史的原因，发展中国家对环境与发展的关系处置不当或管理不善造成的环境问题，也是不容忽视的。直到这时，人类才找到了环境问题的根源，世界各国也开始普遍接受了"可持续发展的战略"。回顾 1972 年以来可持续发展观的演进历程，可以说，走向可持续发展道路是人类经过深刻反思后所做出的正确选择，是历史发展的必然。毋庸置疑，可持续发展观是以人为主体的辩证发展观，相对于传统的发展观，它有更科学、更合理的成分，并也已经获得了世界性的共识。尽管如此，其在理论和实践上仍然存在着其自身无法解决的缺憾。正是上述诸种发展观的不科学性构成了科学发展观产生

---

① 《气候变化谈判应算清四笔"账"》，http://news.qq.com/a/20091213/001641.htm。

的推动因素。

第四节 基于以人为本的科学发展观及其伦理反思

一 科学发展观提出的历史背景

科学发展观的提出不仅以历史唯物主义为基础，体现了马克思主义与时俱进的理论品质，继承和发展了马克思主义的发展观和发展理论，吸收了国际组织关于发展观的积极成果，同时体现了党中央放眼世界、抓住时代主题、扬弃西方发展理论的结果，而且是应对我国经济社会发展和改革开放新阶段的新情况和解决新问题而提出来的。

科学发展观是对马克思主义的发展观和发展理论的继承和发展。马克思主义认为，人类社会的进步是一个从必然王国向自由王国，从逐步适应到能动发展，从生产力发展到人的发展，从低级文明到高级文明、从局部或区域发展到全球化，从经济发展到精神发展，从片面发展到全面发展的历史过程。发展观作为发展目的、发展内涵、发展方式等等的理论表现，也有一个不断发展和更新的过程。

科学发展观的提出，也是对西方发展理论进行扬弃的结果。当代西方社会发展理论，在20世纪经历了40年代的"发展经济学"、50年代兴起的"现代化理论"、70年代的"依附论"和"世界体系论"、80年代的"新发展观"、90年代的"文明冲突论"等理论形态的更迭。[①] 这些西方发展理论，以西方模式为不发达国家实现现代化提供理论指导和政策指导，不顾本国国情，完全照搬这些理论模式，是不会达到发展的目的的。

二 科学发展观的内容及其伦理反思

(一) 科学发展观的基本内涵

科学发展观是中国共产党在2003年10月召开的十六届三中全会上提出的，会议通过的《中共中央关于完善社会主义市场经济体制若干问题的决定》对科学发展观做出了精辟的表述："坚持以人为本，树立全

---

① 聂锦芳：《超越后发展困境——现代化理论图景中的邓小平发展观》，北京大学出版社2002年版，第173页。

面、协调、可持续的发展观,促进经济社会和人的全面发展",坚持"统筹城乡发展、统筹区域发展、统筹经济社会发展、统筹人与自然和谐发展、统筹国内发展和对外开放的要求"。科学发展观的提出,是在总结中国现代化建设经验和借鉴国外各种发展理论基础上形成的,是对以往发展观的继承和发展,是指导中国社会主义现代化建设的新的发展理念和指导思想。

科学发展观包含丰富的科学内涵:科学发展观的第一要义是发展,核心是以人为本,基本要求是全面协调可持续,根本方法是统筹兼顾。所以科学发展观,就是"用科学的眼光看发展"。坚持以人为本,就是要以实现人的全面发展为目标,从人民群众的根本利益出发谋发展、促发展,不断满足人民群众日益增长的物质文化需要,切实保障人民群众的经济、政治和文化权益,让发展的成果惠及全体人民。全面发展,就是以经济建设为中心,全面推进经济、政治、文化建设,实现经济发展的社会全面进步。协调发展,就是要统筹城乡发展、统筹区域发展、统筹经济社会发展、统筹人与自然和谐发展、统筹国内发展和对外开放,推进生产力和生产关系、经济基础和上层建筑相协调,推进经济、政治、文化建设的各个环节、各个方面相协调。可持续发展,就是要促进人与自然的和谐,实现经济发展和人口、资源、环境相协调;坚持走生产发展、生活富裕、生态良好的文明发展道路,保证一代接一代地永续发展。

科学发展观是中国共产党新一届中央领导集体在把握发展规律、探索发展意蕴、丰富发展内涵、创新发展理念、开拓发展思路和破解发展难题的基础上提出来的,蕴含着以人为本、全面、协调、均衡、可持续的全面发展和发展中各种关系统筹兼顾的观点,是具有中国特色的人类发展观。

以人为本、全面发展、协调发展、可持续发展等一系列对发展问题的新认识,是对国际社会发展认识的借鉴和创新。区别于其他国家的是:科学发展观从中国实际出发,从发展是硬道理到发展是党执政兴国的第一要务,再到以人为本、全面、协调、可持续的科学发展,以及在发展的价值取向上,强调通过为了人民、依靠人民、成果由人民共享的真实发展,最终实现社会公平和全体人民共同富裕的幸福美好生活等方面,都注入了具有中国特色的新内容。中国的科学发展观立足于当代中国的发展实际,汲取了当代世界的发展理念,创造性地回答了"为谁发展"、"发展的目的"、"实现什么样的发展和怎样发展"等问题，赋予了发展以新的时代内涵和实践要求，发展理念更加深刻和系统、更加现代和清新、更加科学和务实，是马克思主义关于发展的世界观和方法论的集中体现。科学发展观关于发展理念的创新，实现了对传统发展观的历史性超越，反映了对当代发展问题的独创性贡献，为人类的发展理论宝库增添了更为璀璨的明珠。

（二）科学发展观的伦理反思

科学发展观主要是从人与自然、人与人、人与社会、人与自身的关系视角来看待发展，其理论目的是实现以人为本，全面、协调、可持续的发展，既着眼于"类"的生存与发展，更着眼于具体的社会发展和现实的人的自由全面发展。它深刻地反映了发展的本质和客观规律，体现了在发展理论上价值自觉达到了一个新高度。

第一，科学发展观科学地坚持了以人为本，深刻地体现了唯物史观的基本原理。马克思、恩格斯说："全部人类历史的第一个前提无疑是有生命的个人的存在"[①]，"人们自己创造自己的历史"[②]，"历史不过是追求着自己目的的人的活动而已"[③]，而"历史活动是群众的事业"[④]。因此，作为历史活动的发展应坚持以人为本，即发展应以广大人民的根本利益为出发点和归宿，不断满足广大人民群众日益增长的物质和文化需要，切实保障人民群众的经济、政治和文化权益，使发展成果惠及全体人民。应尊重劳动、尊重知识、尊重人才、尊重创造，更加注重社会公平，创造有利于人们平等竞争、全面发展的环境，最终促进人的自由全面发展。

第二，科学发展观反对以物为本，坚持以人为本，深刻地体现了价值的本质。"价值从根本上说在于促进主体发展完善，促进人的全面而自由发展。"[⑤] 也就是说，发展就是为了使人类社会更美好，使每一个人自由而全面地发展。科学发展观所主张的发展，是主体的发展，发展的主体是人。因此，发展不是以物为本，而是以人为本，以人的发展为本，以人的

[①] 《马克思恩格斯选集》第 1 卷，人民出版社 1995 年版，第 67 页。

[②] 同上书，第 585 页。

[③] 《马克思恩格斯全集》第 2 卷，人民出版社 1957 年版，第 118—119 页。

[④] 同上书，第 104 页。

[⑤] 王玉樑：《21 世纪价值哲学：从自发到自觉》，人民出版社 2006 年版，第 401 页。

自由全面发展为最根本的价值目标。实际上，人的发展特别是人的自由全面发展，就是马克思、恩格斯追求的最根本的价值目标。马克思曾经指出，未来社会是"以每一个个人的全面而自由的发展为基本原则的社会形式"①，而"代替那存在着阶级和阶级对立的资产阶级旧社会的，将是这样一个联合体，在那里，每个人的自由发展是一切人的自由发展的条件"②。

第三，科学发展观是追求全面发展的发展观，体现了对生产力与生产关系、经济基础与上层建筑及人的发展的本质和规律的深刻认识。科学发展观认为，要实现人的自由全面发展，必须坚持经济与社会全面发展，必须使人与自然和谐发展，走可持续发展的道路；要实现人的自由全面发展，既要加强物质文明建设，也要加强政治文明、精神文明建设，还要加强社会文明建设，致力于和谐社会的构建。

第四，科学发展观是追求协调发展的发展观，体现了对经济发展、社会发展的客观规律的深刻认识。社会是一个大系统，系统由各种要素组成，各要素之间相互联系、相互制约、相互影响。要使社会全面地、健康地发展，必须各方面、各要素协调发展，最终才能促进人的自由全面发展。

第五，科学发展观是追求可持续发展的发展观，体现了对人与自然的关系及发展规律的深刻认识。因为人是大自然的产物，人的发展离不开自然。要促进人的自由全面发展，必须使人与自然和谐发展。

第六，科学发展观是观念和方法相统一的发展观，提出了现实发展中的五个统筹，包括经济与文化、人与自然、区域间发展、国际与国内、当前与长远，为实现科学发展提供了具体思路和途径。五个统筹就是发展中的五对关系，五对关系就是五对矛盾。科学发展的过程就是科学处理和解决这些发展矛盾的过程。

总之，科学发展观深刻地体现了唯物史观的基本原理，体现了价值的本质，深刻认识了社会发展的基本规律、经济发展规律和人的发展规律，深刻地认识了人与自然、人与人、人与社会、人与自身的关系及发展规律，实现了从以物为本到以人为本，从片面强调经济增长到全面、协调、可持续发展的根本观念的转变，"在发展观上实现了价值自发到价值自觉的转化，使价值自觉达到了一个新的高度"③。科学发展观的提出，标志

---

① 《马克思恩格斯全集》第 44 卷，人民出版社 1972 年版，第 683 页。
② 《马克思恩格斯选集》第 1 卷，人民出版社 1995 年版，第 294 页。
③ 王玉樑：《21 世纪价值哲学：从自发到自觉》，人民出版社 2006 年版，第 405 页。

着发展理论价值转向的一次新的飞跃。

第五节　对发展观演进中伦理思想发展的特点分析

一　新的发展价值观的确立

发展的伦理问题本质上是发展价值观问题，而发展价值观是关于发展的价值目标的根本观点，是人类对于发展的价值诉求的系统表达。发展价值观通过对发展的深刻观察和理解，为人类提供一种能充分表达发展的目的、意义的发展理念。发展价值观主要回答"发展为了什么"、"发展为了谁"等问题。发展观嬗变的过程，实际上是人类寻求新的发展模式以克服发展危机的过程，是发展的价值觉醒的过程，也是构建发展伦理的过程。20世纪后期以来，人类对发展困境的体验和反思与日俱增，并在这种体验、反思和消解的渴望中，生成了诸多新的发展价值观，包括人与自然和谐共处的生态价值观、以人为本的主体发展价值观以及"人—社会—自然"整体发展价值观等等，它们构成了发展伦理的价值论依据。

1. 人与自然和谐共处的生态价值观

生态价值是人类生存和发展不可漠视的价值。为了消除人与自然的紧张关系，实现人与自然的和谐共处，建设美好的生存家园，人类在价值观上必须进行调整和转换。正如拉兹洛所说，人类在新时代的门前"举着过时的价值观四处打听新出路"[①] 是无济于事的。又如闵家胤所言，"在21世纪，人类社会既可能同那些生态灾难迎头相撞，又可能同它们擦肩而过；是祸是福，祸大祸小，都取决于人类意识、文化、价值和行为进化的快慢"[②]，而发展价值观进化的结果之一就是确立人与自然和谐共处的生态价值观。

罗尔斯顿指出，谈到人类对自然的行为问题时，相对于"权利"、"义务"、"对自然的尊重"、"资源问题"等，最有用的应该是深入探讨

---

① ［美］欧文·拉兹洛：《人类的内在限度——对当今价值、文化和政治的异端的反思》，社会科学文献出版社2004年版，第5页。
② ［美］欧文·拉兹洛：《布达佩斯俱乐部全球问题最新报告：第三个1000年》，《广义进化研究丛书》（序言），王宏昌、王裕棣译，社会科学文献出版社2004年版，第3页。

"价值"问题。① 那么，什么是价值呢？在谈生态价值观之前，我们首先要搞清楚"价值"的本义以及适用范围。李德顺教授曾指出，"环境价值"或"环境道德"，"生态价值"或"生态伦理"等，在理论上都属于价值范畴。既然进入了价值范畴，就需要使用相应的价值思维。不少人在谈论它们时，由于缺少对"价值"这个前提概念的明确规定和逻辑把握，或对命题的有效域缺少必要的交代和共识，而造成了许多本来可以避免的困难。他指出，按照我们对价值现象的理解，这一概念的本质和特殊性就在于它充分地表明了人的主体地位。价值就是以人的主体性即"为我"目的性、需要、能力及其发展等为尺度的一种关系。任何时候说到"价值"，都是指"对于人（人类整体或某一部分人，这一点总是具体地、历史地、多样化地表现出来的）的意义"。换言之，在所谓价值和价值观念的领域中，正是人（实际上也唯有人）普遍地居于最高的、主导的地位，人是根据，是尺度，是标准，是目的。这正是价值命题的一般特征和普遍含义，是理解和应用一切具体价值概念的基本前提。② 也就是说，人类是全部价值之源，"没有人在场，大自然只是一片'价值空场'"。

在马克思主义看来，所谓"价值"，无论是物质价值还是精神价值，都是在人类的社会实践中，在物质的、政治的、精神的生活中历史地形成的东西，它实质上就是指客观事物对人们的需要的满足，即对人们的有用性。价值是作为社会实践中主体和客体相统一的一定关系和内容而存在的。客体自身的属性构成了价值的客观基础，而人们对客体的需要则构成价值的主观条件。价值的实现既离不开客体的属性，也离不开主体的需要，人的实践是连接主体需要与客体属性的纽带或桥梁。由于价值是在人类历史中形成的极具主体人格特征的社会现象，所以它只存在于人类社会的实践活动的范围之内。换言之，"价值"这一概念具有属人的本性，只适用于人化自然、人工自然和社会环境的范围之内，而不适用于非人或人与无关的自然界。

马克思主义经典作家是肯定自然界有价值的。马克思说："自然界和劳动一样也是使用价值（而物质财富本来就是由使用价值构成的！）的源泉，劳动本身不过是一种自然力的表现，即人的劳动力的表现。"③ "人在

---

① ［美］霍尔姆斯·罗尔斯顿：《哲学走向荒野》，刘耳、叶平译，吉林人民出版社2000年版，第117页。

② 李德顺：《从"人类中心"到"环境价值"》，《哲学研究》1998年第2期，第7页。

③ 《马克思恩格斯全集》第19卷，人民出版社1963年版，第15页。

生产中只能像自然本身那样发挥作用，就是说，只能改变物质的形式。不仅如此，他在这种改变形态的劳动本身中还要经常依靠自然力的帮助。因此，劳动并不是它所生产的使用价值即物质财富的唯一源泉。正像威廉·配第所说，劳动是财富之父，土地是财富之母。"① 恩格斯也曾经指出："劳动和自然界在一起它才是一切财富的源泉。"② 当然，在马克思主义经典作家那里，自然界的价值还是比较单一的。

实际上，自然价值有着丰富的内容。罗尔斯顿在其著作《哲学走向荒野》中，认为自然至少有以下十种价值：经济价值、生命支撑价值、消遣价值、科学价值、审美价值、生命价值、多样性与统一性价值、稳定性与自发性价值、辩证的（矛盾斗争的）价值、宗教象征价值等③；在同一本书中，罗尔斯顿把荒野的价值分为市场价值、生命支撑价值、消遣价值、科学价值、遗传多样性价值、审美价值、文化象征价值、历史价值、性格塑造价值、治疗价值、宗教价值和内在的自然价值十二种价值。④ P. W. 泰勒则把自然价值分为固有价值、内在价值和工具价值三种。余谋昌教授是我国最早提出自然有价值的学者之一。⑤ 他指出，自然价值是它的内在价值和外在价值的统一。传统哲学认为只有人才具有价值，生命和自然界没有价值。生态哲学认为，生命和自然界对人是有价值的。自然价值包括它的外在价值（如它的商品性价值或者说经济价值、非商品性价值即生态价值，审美、消遣和旅游价值，医药和医疗价值，文化、哲学、道德和宗教价值等等），也包括它的内在价值（即创造了人和世界万物的自然界，其生存本身就是它的价值，它本身就是"善"）。⑥ 尽管罗尔斯顿对"价值"缺乏明确的完整的定义，对"自然价值"的解释似是而非，尽管他对自然价值的区分上存在内容交叉和重复甚至存在逻辑含混和自相

---

① 《马克思恩格斯全集》第44卷，人民出版社1972年版，第56、57页。
② 《马克思恩格斯选集》第4卷，人民出版社1995年版，第373页。
③ ［美］霍尔姆斯·罗尔斯顿：《哲学走向荒野》，刘耳、叶平译，吉林人民出版社2000年版，第122—150页。
④ 同上书，第332—340页。
⑤ 余谋昌在《生态学杂志》1987年第2期发表《生态学中的价值概念》，提出把"价值"概念引入生态学的研究和实践。之后在他的专著《自然价值论》（陕西人民出版社2003年版）中对自然价值进行了系统的论述，并认为"自然价值"将成为21世纪的关键词。
⑥ 余谋昌：《"自然价值"与21世纪》，《上海师范大学学报》（哲学社会科学版）2003年第1期，第7页。

矛盾的地方，尽管我们也不一定同意以上学者对内在价值的理解和把握，但他们的概括对我们认识自然价值的丰富性是有启发的。

依据马克思主义的价值论，以人为主体，根据人类需要的多元性和自然属性的多样性，我们认为自然价值可以分为以下几种：生态价值、资源价值、科学研究价值和审美价值等。按照人类需要的层次性，可以将这些价值进行这样的排序：生态价值满足人类最基本的生存需要，是自然价值中最初级、最基本的价值，处于金字塔底部；资源价值是人类整个生产活动赖以进行的基础，能满足人类衣食住行的需要，是第二个层次的价值；科学研究价值是满足人类求知欲望，使人类获得进一步认识自然和改造自然的科学知识，是第三层次的价值；审美价值满足人类的审美心理要求，是第四层次的价值。总之，大自然对于人类具有从最低层次直到最高层次的全面价值，而且永远具有这些价值。①

我们认为，所谓生态价值就是指自然生态系统的平衡、稳定和协调对于人类生存和发展所具有的和可能具有的功能和意义。自然生态系统的平衡、稳定和协调是地球在几十亿年漫长的进化过程中逐渐形成的、由生物群落及无机环境相互作用所构成的功能系统。平衡、稳定和协调的生态系统是人类生存和发展的根本前提。在生态系统中，各种自然物都占据一定的"生态位"，对于生态协调和平衡的形成、发展和维持都具有不可替代的功能，自然界包括其中的一切自然物对于维持人类生存和发展来说都具有价值。

人与自然和谐共处的生态价值观至少包括以下几个方面的内容：

（1）为了人与自然和谐共处，必须维护生态价值的整体性。生态价值是一种整体价值而非局部价值。我们只有一个地球，地球上的生命是一个系统，各种生物之间、生物与非生物之间，进行着物质循环和能量交换，相互依赖、相互制约，保持着一定的动态平衡。这种生态平衡是地球上所有生命赖以生存的根本前提和基础。任何一个地区或国家的人们如果不顾世界性的生态危机，孤立地去发展本地区或本国的经济，最终都难逃灭亡的命运。

（2）为了人与自然和谐共处，必须确认生态价值主体的属人类性。生态价值的主体是人类整体。在自然价值中，资源价值、科学价值和审美

---

① 傅华：《生态伦理学探究》，华夏出版社2002年版，第189—191页。

价值等价值的主体可以是人类的不同成员、不同群体、不同地区或国家，而生态价值的主体则只能是人类整体。在对待自然生态平衡问题上，必须以"人类"主体的身份，站在共同的立场上，进行一元化的协调和合作。

（3）为了人与自然和谐共处，必须明确生态价值具有不可替代性。生态价值在人类的价值中是最不可或缺的、最基本的价值。我们不能用自然价值中的其他价值替代生态价值，更不能为了自然价值中的其他价值如经济价值破坏生态价值。自然价值中其他价值的获得必须以生态系统平衡为限度，凡是危及生态系统平衡而取得经济价值等价值的行为，无疑是杀鸡取卵、饮鸩止渴的行为。

（4）为了人与自然和谐共处，人类要不断认识和发现生态价值对于人类生存和发展的意义。自从有了人类，就有了生态价值，但是只是到了20世纪人类才逐渐意识到它的存在。当人类的实践能力还没有影响到生态平衡，生态系统自身的修复能力还远远大于人类破坏生态系统平衡能力时，人类还没有认识到自然价值中有生态价值，能认识到的只是自然价值中的其他价值如资源价值和审美价值等。随着工业革命的迅猛发展，大工业生产所造成的生态危机的出现，人类才逐渐认识到生态价值是人类生存和发展的最基本的前提，生态价值的破坏和丧失就意味着人类生存家园的丧失。

总之，"自然界，就它自身不是人的身体而言，是人的无机的身体。人靠自然界生活，自然界是人不至于死亡而必须不断与之交往的人的身体"，"人的肉体生活和精神生活同自然界相联系"，"人是自然界的一部分"①，"人直接地是自然存在物"②，"人类如果想使自然正常地存续下去，自身也要在必需的自然环境中生存下去的话，归根结底必须和自然共存。"③

2. 以人为本的主体发展价值观

从西方的人本主义者到马克思、恩格斯等经典作家，从法国学者佩鲁到印度学者阿马蒂亚·森，再到美国发展伦理学跨学科研究的先驱者德尼·古莱，都对以人为本的理念或思想进行过或深或浅的理论分析。

---

① ［德］马克思：《1844年经济学哲学手稿》，人民出版社2000年版，第56、57页。
② 同上书，第105页。
③ ［英］A.J.汤因比、［日］池田大作：《展望21世纪——汤因比与池田大作对话录》，苟春生等译，国际文化出版公司1997年版，第38页。

西方人本主义传统源远流长。从古希腊开始，有以德谟克利特、普罗泰戈拉为代表的自然人本主义，有以柏拉图、亚里士多德等为代表的理性人本主义。有中世纪被神学化了的人本主义，有文艺复兴时期被人称为世俗的人本主义或自然的人本主义。有"崇尚理性、弘扬科学"的近代理性人本主义，如培根的"知识就是力量"、法国百科全书派的"理性法庭"、康德的"人为自然立法"皆为近代理性人本主义的口号。法国启蒙主义思想家更是提出了人本主义思想意识形态化的"人道主义"口号。还有后来的费尔巴哈为代表的自然的或感性的人本主义等等。

马克思在批判吸收前人特别是批判费尔巴哈为代表的自然的或感性的人本主义的同时，创建了马克思主义的人学。在《黑格尔法哲学批判》、《1844年经济学哲学手稿》、《关于费尔巴哈的提纲》、《1857—1858年经济学手稿》以及马克思、恩格斯合著的《神圣家族》、《德意志意识形态》等著作中，我们可以发现马克思丰富的人本发展价值观内容，如人是发展的主体的思想。马克思指出："人们的社会历史始终只是他们的个体发展的历史"①，"历史不过是追求着自己目的的人的活动而已"②，"全部人类历史的第一个前提无疑是有生命的个人的存在。因此，第一个需要确认的事实就是这些个人的肉体组织以及由此产生的个人对其他自然的关系"③。又如发展的"属人性"和"属生活性"思想，人的发展是社会发展的目的的思想，还有扬弃异化，实现人性的复归以及人的自由全面发展等等。

法国学者佩鲁指出："为了一切人和完整人的发展就理应是政治家、经济学家和研究人员一致接受的目标。"④ 而发展是"促进该共同体内每个个别成员的个性全面发展"⑤。诺贝尔经济学奖获得者、剑桥大学三一学院院长阿马蒂亚·森指出："发展可以看作是扩展人们享有的真实自由的一个过程"⑥，"对进步的评判必须以人们拥有的自由是否得到增进为首

---

① 《马克思恩格斯选集》第4卷，人民出版社1995年版，第532页。
② 《马克思恩格斯全集》第2卷，人民出版社1957年版，第118—119页。
③ 《马克思恩格斯选集》第1卷，人民出版社1995年版，第67页。
④ [法]弗朗索瓦·佩鲁：《新发展观》，张宁、丰子义译，华夏出版社1987年版，前言第4页。
⑤ 同上书，第22页。
⑥ [印]阿马蒂亚·森：《以自由看待发展》，任赜、于真译，中国人民大学出版社2002年版，第1页。

要标准","发展的实现全面地取决于人们的自由的主体地位","自由、自立的主体才成为发展的主要动力。自由主体不仅自身是发展的一个'建构性'部分,它还为增强其他类型的自由主体作出贡献"。① 德尼·古莱指出:"发展的目标是改善人类生活和社会安排,以便为人们提供日益广泛的选择来寻求共同的和个人的福祉。"②

正是在以上这些理论探讨的基础上,在现代化发展不断深入开展的过程中,人类逐步确立了以人为本的主体发展价值观。其主要内容包括:

(1) 发展是人的发展,发展的主体是人。以人为本就是要摆正人与物的关系,摆正经济发展与人的发展的关系,摆正物质富裕与美好生活的关系。任何发展归根结底是人的发展,离开人的发展,离开人的本性与生活的发展,都只会是片面的发展。

(2) 发展是"为一切人的发展和人的全面发展"。"增长的目的是什么?当前目标是什么?在什么条件下增长是有益的?增长是为什么人的?只是为国际社会中的某些人,还是为所有人?"③ 对此的回答是,发展是"一切人"和"所有人"的发展。不能以"未来人"的名义限制、取消或牺牲"当代人"的必要的合理的欲望与利益,也不能以"当代人"的贪欲去剥夺"未来人"应有的发展条件和选择机会。也不能以一部分人的牺牲作为代价换取另一部分人的发展。

(3) 实现人的自由全面发展是发展的终极目标。促进主体发展的完善,促进人的自由全面发展,是发展的最终目的。而人既是社会存在物也是自然存在物,更是精神存在物,只有关注人与人、人与自然、人与自身关系等维度,只有在人与人、人与自然、人与自身的和谐状态下,人才能得到自由全面发展。

3. "人—社会—自然"整体发展价值观

在发展价值观方面,一直存在着人类中心论的价值观与非人类中心论的价值观之间的争论。所谓人类中心论的价值观就是指以人类的价值尺度

---

① [印] 阿马蒂亚·森:《以自由看待发展》,任赜、于真译,中国人民大学出版社2002年版,第2页。
② [美] 德尼·古莱:《发展伦理学》,高铦、温平、李继红译,社会科学文献出版社2003年版,前言第1—2页。
③ [法] 弗朗索瓦·佩鲁:《新发展观》,张宁、丰子义译,华夏出版社1987年版,第8—9页。

来解释和处理整个世界的观点。人类中心主义又分"强势人类中心主义"、"弱势人类中心主义"（诺顿）、"现代人类中心主义"（默迪）等。而非人类中心论的价值观则拒绝人类中心论，主张以自然为中心看待自然事物的价值，确定人与自然的道德关系。依据立论的基点不同，非人类中心论可以分为环境个体主义（包括动物福利论和生命中心论）和环境整体主义即生态中心论。但人类中心论和非人类中心论的区分从观念上讲是可疑的，因为这种区分所依据的前提（人与自然的对立、中心与边缘的对立）和非此即彼的逻辑，仍然是西方传统思维的产物。因此，在实践方面，这两种对立的价值观所设定的解决路线常常是大同小异的。这一明显的矛盾，使突破"中心"之争，确立"人—社会—自然"整体发展价值观成为可能。

可持续发展观的提出和普遍被认可，为突破"中心"之争提供了契机。可持续发展观在很大程度上超越了人类中心论与非人类中心论，或者说，它容纳了人类中心论和非人类中心论的积极成分。人类正是在可持续发展观的基础上，综合人类中心论和非人类中心论的理论成果，并吸收现代生态观的积极成果而确立了"人—社会—自然"整体发展价值观。

首先，"人—社会—自然"整体发展价值观是以可持续发展观为核心的。可持续发展观之所以能成为整体发展观的核心，是因为可持续发展观所具有的包容性：第一，"可持续性"是在"生态可持续性"意义上定义的。这是主张生物具有内在价值的非人类中心论者可以接受的，也是虽不认同内在价值一说但主张生态系统健康的人类中心论者可接受的。第二，"发展"是在"生活质量"意义上定义的。而生活质量有多元指标，美好生活的要素不仅包括经济的、社会的，还包括生态环境的；不仅有物质的，还有精神的、文化的、制度的等等。因此，为了提高生活质量的发展，并不是以破坏生态环境为代价的。这样的发展价值观，是当代人类中心论和非人类中心论都共同认可的。[①]

其次，"人—社会—自然"整体发展价值观的确立同时吸收了现代生态观所提供的积极成果。正如前文所述，现代生态观的基本观点有：世界的存在是"人、社会、自然"复合生态系统，世界本原（本体）不是纯客观的自然界，也不是纯粹的人，而是"人、社会、自然"复合生态系

---

① 叶文虎：《可持续发展引论》，高等教育出版社2001年版，第100—101页。

统的整体；生态系统的各种因素相互联系、相互作用，使生态系统成为一个合作与和谐的有机整体；生态系统有一定的结构，这种结构是有序的，表现了它的组织性；不同组织层次的相互作用，表现了它的功能的有序性，以及结构与功能的整体性；生态系统的发展是一个自然历史过程。它在时间和空间上都是运动变化的，在时间进程中演化，并分布在一定的空间内，表现了生态时间有序性和生态空间有序性，以及它的时空统一性。①总之，按照现代生态学的观点，人及其社会都是自然界整体中的一员，人类的发展要服从自然有机整体的规律；而生态系统整体的稳定与平衡是人类社会和一切生物维持生存的基本前提。人类的发展包括对自然界的改造必须以不破坏生态系统的平衡与稳定为底线。

最后，"人—社会—自然"整体发展价值观主张实现经济与社会相互协调的整体发展。这种发展价值观要求不能孤立地看待社会的经济、政治、文化和思想等各个领域的发展，而应当把它们作为整体发展的必要环节，并根据它们的内在联系强化它们相互协调、相互促进的正向关系，从而把社会发展引入"良性循环"。其中，经济增长或经济发展不能取代整个社会的发展，经济发展不等于社会的全面进步，经济增长并不意味着生活质量的提升，经济的增长也不意味着社会财富公平的分配，经济的富强也不意味着社会问题的解决。发展是集经济的增长、社会的稳定、贫困的消除、失业的减少、平等的促进、政治的民主、文明的提升等社会生活方方面面的进步于一体的全面性、整体性概念。同时，经济与社会相互协调的整体发展要求社会发展优先和以经济发展为中心，两者相互协调发展。社会发展优先是相对于经济增长优先而言的。社会发展是多领域、多重目标的综合体系，最终指向是人们生活质量的提升。社会发展的过程是人们发展能力增强的过程，是消除知识贫困、权利贫困、人力贫困和收入贫困的过程，是缩小经济发展差距、人类发展差距和知识发展差距的过程。社会发展优先并不是要否定经济发展的中心地位。因为没有经济发展，没有生产力的高度发展和巨大增长，就会像马克思、恩格斯所指出的那样，"那就只会有贫穷、极端贫困的普遍化；而在极端贫困的情况下，必然重新开始争取必需品的斗争，全部陈腐污浊的东西又要死灰复燃"②。

---

① 余谋昌：《生态哲学》，陕西人民教育出版社2000年版，第42—43页。
② 《马克思恩格斯选集》第1卷，人民出版社1995年版，第86页。

二　发展伦理的基本原则

发展伦理是人类社会发展的自我评价、自我约束、自我调控、自我校正、自我免疫的伦理机制，是保证发展成为人本、全面、协调、可持续发展的一种伦理手段。发展伦理作为一种新型的伦理形态，作为处理人与自然、人与人、人与自身关系的道德规范，与其他伦理形态及其道德规范一样，具有自身的基本原则。这些基本原则主要包括：以人为本、责任并重的原则；公正与和谐兼顾的原则；系统与整体性原则。

（一）以人为本、责任并重的原则

发展伦理的基本原则不是一般意义上的道德哲学，换言之，它绝不仅仅局限于人伦关系的道德规范，而是从最高层次上对发展的规范和约束，它首先要求用人本原则去审视发展是否符合人类现阶段的最高利益和今后的长远利益，是否有利于每一社会成员自由而全面的发展。

现代发展使人类创造了前所未有的文明成果，但同时也带来了一系列前所未有的新问题，把人类推上了一个要求理性思维的新高度。人类必须有意识地、自觉地把人与人、人与社会以及人与自然的和谐发展作为目标，必须对发展提出一套符合人类自身利益的伦理原则，而这个原则就是发展伦理的以人为本、责任并重的原则。人本原则主要包括以下内容和要求：

第一，发展的目的是人。在发展进程中，不论为人类更美好的未来谋划什么样的蓝图，都必须有伦理的基本原则：发展是为了人的发展，人是发展的目的，人是发展的标准。"人是目的"的命题源于德国古典哲学的开创者康德的名言，即"你须要这样行为，做到无论是你自己或别的什么人，你始终把人当目的，总不把他当成工具"①。"人是目的"追问的是人的活动与社会发展"为了谁"。人的任何活动，归根结底都是为了满足人的各种需求，促进人的全面发展。发展要更符合人的本性，要尽量避免发展带来人的异化和不自由。发展必须为每一个人的自由而全面发展提供更多的机会和可能。物的发展不是发展的目的和标准，人的发展才是发展的目的和标准。具体到实际工作中，就是：人是一切工作的根本出发点；人是一切工作的根本保证；人是检验各项工作成败的根本标准。因此，在

---

① ［德］康德：《道德形而Ⅰ二学探本》，商务印书馆1957年版，第43页。

发展的目的与手段之间，金钱与资本是手段，科学、技术与工业也是手段，而所有这些手段本身也不是绝对"无价值的"、"中性的"，必须根据它们对保护人的生命、对人的发展的贡献来加以评判和利用，必须依据它们能否保持和促进人性来加以评判和利用。

第二，发展是为了人的利益和尊严。发展首先要把维护人的利益和实现人类福利放在优先的地位。正如拉兹洛所指出的那样，整个宇宙以内只有一个系统，它的部件是有意识的，而整体是无意识的。如果部件的福利同整体的进化注定要发生冲突的话，我们首先应当考虑维护前者，而不是只顾推动后者。拉兹洛指出，进化的伦理学不见得一定是维护进化过程的伦理学。它可以是维护人的自由和创造性的伦理学。这种伦理学首先要维护作为部件的所有的个人的福利，即使这意味着要限制和减慢整体的推进。① 拉兹洛这段话说明：发展伦理是维护人的自由和创造性的伦理，这种伦理首先要维护所有个人的福利，即使这样做会限制和减慢整个发展进程。因为，"如果这些部件（人类）是宇宙创造力的最辉煌的体现，那么他们就有权有某种程度的利己性"②。同时，"好"的发展的一个基本标准就是以人的尊严看待发展，以真正的人性作为发展的普遍标准。发展对于人究竟什么是好的？发展伦理认为：有助于他真正地做人的东西。人不应非人性地、纯粹本能地、"野兽般"地活着，而应人性地，即人道地活着。"能让人的生活在其个人的及社会的圈子里持久地成功并让人幸福的东西，即那些让人在所有层次上（包括本能与感情层次），在他所有的包括他的社会与自然关联的圈子里得以充分发挥的东西，那这也该是道德上对的东西。"③ 人的利益和尊严还包括未来人的利益和尊严。为了未来人的利益，我们有义务限制我们的权力和减少我们的享受。

第三，发展是为了具体的现实的人。发展伦理的人本原则是马克思主义的人道主义原则。"以人为本"是一个历史的具体的概念，它伴随着社会发展而经历着"意义"的流变。总的来说，"以人为本"是与"以物为本"或"以神为本"相对而言的。它体现了人们在实践过程中通过对自

---

① ［美］欧文·拉兹洛：《人类的内在限度——对当今价值、文化和政治的异端的反思》，黄觉、闵家胤译，社会科学文献出版社 2004 年版，第 225 页。
② 同上。
③ ［瑞士］汉斯·昆：《世界伦理构想》，周艺译，生活·读书·新知三联书店 2002 年版，第 118—119 页。

身主体地位、价值和尊严的理性反思而达到的肯定性认识。"以人为本"概念大致经历了三个不同发展阶段：封建专制统治下的人本思想；资产阶级的抽象人道主义思想；马克思主义的科学人道主义思想。《尚书》中的"民惟邦本，本固邦宁"是儒家民本思想的最精当表达，还有孟子的"民为贵，社稷次之，君为轻"（《孟子·尽心下》），荀子的"君者，舟也；庶民者，水也。水则载舟，水则覆舟"（《荀子·王制》）。这些思想充满着重民、贵民的人文内涵，但本质上是为维护封建专制统治服务的。而资产阶级的人本主义思想是以抽象人性论为理论基础，以个人主义为基本原则，以谈论人的尊严、价值、权利等为主要形式，以自由、平等、博爱为政治纲领和道德理想的一种社会思潮。资产阶级人道主义不但以抽象的、永恒不变的"人性"作为考察社会历史的准绳而无法认识人的本质，而且，以私有制和雇佣劳动为制度性前提，使其人道主义最终走向了"非人"的反面。马克思的人道主义是关于现实的人及其历史发展的科学。马克思批判了以往人道主义的非社会性、非历史性、非实践性和非科学性。认为人的本质是一切社会关系的总和，人的本质、人性都是由人所从事的社会实践和所处的各种社会关系决定的，并表现在社会实践和社会关系之中。因此，人的本质、价值和解放等问题，只有从现实的社会关系出发，进行历史的具体的分析，才能得到科学的说明。只有通过社会变革，建立以扬弃私有财产制度为基础的"自由人的联合体"，使人们在根本利益一致的基础上建立起新型的互助合作关系，真正成为自然、社会和人自身的主人，实现每个人的自由发展与一切人的自由发展的有机统一。具体到当代中国，"以人为本"的发展，"就是要以实现人的全面发展为目标，从人民群众的根本利益出发谋发展、促发展，不断满足人民群众日益增长的物质文化需要，切实保障人民群众的经济、政治和文化权益，让发展的成果惠及全体人民"[①]。发展的根本目的是为了人民群众，发展的成果要惠及全体人民，最终促进人的自由全面发展。

以人为本是对人的权利的尊重，这样的人也应有责任，它是权利与义务的统一。作为发展的主体，责任至关重要。因为只有把道德责任灌注到具体的发展实践中，发展才能真正成为有规范有约束的发展，才能真正实现人的发展。

---

① 胡锦涛：《在中央人口资源环境工作座谈会上的讲话》，《人民日报》2004年4月5日。

发展主体的责任原则，包括对大自然保护的责任、对弱势群体的责任、对同时代人的责任、对后代人的责任等。

首先是保护大自然的责任。人类的能力越大，责任也越大。人类将能力用在正道上，我们就能克服人类发展的困境，消除种种发展危机。我们的未来是繁荣昌盛还是断子绝孙，必须由我们自己来决定。力量是福，也是祸。随着人类能力的迅速发展，我们能够做的事情比我们被允许做的还要多，人类本身已经具备了摧毁未来的力量。也正是人类能力的滥用，造成了人与自然关系的紧张，出现了越来越严重的生态环境危机。人类只有肩负起保护大自然的责任，才能让地球变成使人诗意般栖居的家园。而要肩负起对大自然保护的责任，在当代发展中，就必须遵循"有能力做的并非一定是应当做的"这一重要的伦理原则。①

因为新的力量种类要求有新的伦理规则。在人与自然的关系上，在"有能力做"的发展实践中，发展伦理要求我们区分哪些是"应当做的"，哪些是"不应当做的"，哪些是有利于人类的可持续生存和发展的，哪些是不利于人类的可持续生存和发展的。

其次是对弱势群体的责任。发展伦理的一个重要任务就是调节强势群体与弱势群体之间在发展中的利益冲突。什么是弱势群体？一般说来，就国际层面而言，发展中国家和地区特别是极端不发达的国家和地区属于弱势群体；就一国之中，如在中国，城乡贫困人口、经济结构调整中的失业和下岗职工、残疾人、灾难中的求助者、农民工等各类处于弱势地位的群体均属于弱势群体。在调节发展中的利益冲突时，发展伦理提倡维护弱势群体的生存与发展权益。在发展过程中，要让弱势群体共享发展成果，发展中出现的不平等只有在它有利于弱势群体时才是合理的，或者说，社会和经济的不平等只有其结果能给每一个人，尤其是那些最少受惠的弱势群体带来补偿利益时，才是公平合理的。

最后是对后代人的责任。在对后代人的责任中，人们主要有三种不同的态度：一是"富饶"模式。这种模式否认当代人对后代人负有义务，允许当代人挥霍无度，铺张浪费。二是"保存主义者"模式。这种模式要求当代人做出实质性牺牲，即为了后代人的利益，当代人甚至应该放弃满足基本需要

---

① 刘福森：《西方文明危机：发展伦理学——发展的合理性研究》，江西教育出版社 2005 年版，第 327 页。

的权利。三是"平等"模式。这种模式主张我们负有赋予给后代人不劣于我们所享有的生存与发展环境的义务。发展伦理提倡的是第三种模式。

面对众多的责任,在发展实践中必然会出现不同责任之间的冲突,于是便有了责任选择问题。如何对责任进行选择?伦克提出了优先秩序原则:(1)当事人的道德权利优先于对利益的考量。这些道德权利包括生存权、自由权、私有财产权、同等对待权等。(2)人权正义的行为优先于纯粹事物性的正义。(3)公共福祉优先于其他特殊的非道德的利益。(4)人类、社会的可承受性优先于环境、物种、自然的可承受性。在大部分情况下,两者是一致的,所以应寻求妥协之道。(5)当遇到两项同等权利相互冲突之时,应同等对待,寻求妥协。(6)普遍的及直接的道德责任优先于非道德的、有限的义务,即普遍的道德责任优先于角色—任务性责任。(7)直接的、原初的道德责任在大部分情况下优先于间接的、远距离的责任。(8)在紧急情况下,生态的可承受性优先于经济利用。① 这些原则也是发展伦理所提倡的原则。

同时,在面临责任冲突时,发展伦理要求我们正确处理个人责任与社会责任的关系。关于发展中的责任问题,发展伦理认为,个人责任没有替代品,社会责任不可或缺,责任以自由为条件。

首先,个人责任没有替代品。面对发展困境,发展伦理要求人们自己必须承担起发展和改变他们生活于其中的世界的责任,"我们不可能逃避这样的想法:我们所看到的发生在我们周围的可怕的事情,本质上是我们的问题。它们是我们的责任——不管它们是否也是别人的责任"②。作为能力健全的人,我们不能逃避对现状进行判断,以及决定应该采取什么行动的责任。发展作为一种自反性发展,也意味着人是一种具有反思性的生灵,我们有能力去体察别人的生活。正如阿马蒂亚·森所言:"我们的责任感并非只适用于我们自己的行为所造成的痛苦(虽然那也是非常重要的),而且还可能一般地适用于我们所看到的、发生在我们周围的、并且我们有能力帮助减轻的痛苦。"③ 用社会责任来取代个人责任的任何正面行动,不可避免地会在不同程度上产生负面作用。当然,那种认为一个人

---

① 甘绍平:《用伦理学前沿问题研究》,江西人民出版社2002年版,第126—127页。
② [印]阿马蒂亚·森:《以自由看待发展》,任赜、于真译,中国人民大学出版社2002年版,第284页。
③ 同上。

应该完全为自己的处境负责，别人不应当承担责任来影响那个人的生活的思想也是我们不能认同的。同时，也应该承认，完全依赖他人不仅在伦理上成问题，在实践中也是失败的，因为它破坏了个人的主动性和努力，甚至个人的自尊。

其次，社会责任不可或缺。发展伦理不赞成排他性地依赖个人责任，在发展过程中，社会责任不可缺少。正如阿马蒂亚·森所指出，那种一个人站在想象出来的孤岛上，既无人帮助也无人阻碍的狭隘观念必须加以拓宽。社会要为个人创造更多的选择和实质性决策的机会，从而使个人能够在此基础上负责任地行动。同时，不仅要承认国家的作用，还必须承认其他组织和主体的功能。"对个人自由的社会承诺，并非只能通过国家来实施，而是必须涉及其他机构：政治和社会组织、以社区为基础的安排、各种非政府机构、传播媒体和其他的公共理解与交往的媒介，以及保障市场和契约关系发挥功用的机构。"①

最后，责任以自由为条件。发展伦理认为，自由对责任既是必要的，也是充分的。履行责任必须要以我们享有的实质性自由即可行能力为条件。一个童年失去了基本教育机会的孩子，其一生中都会能力不全，一个没有支付手段得到治疗的身患疾病而受苦的成年人，也就被剥夺了为自己或者为别人做各种事情的自由，一个生来就处于半奴隶地位的人身依附性劳工，没有土地、没有办法挣得收入的无助的劳工等，他们都是被剥夺者，他们都没有办法过一种负责任的生活。因此，自由与责任是双向互动的，没有实质自由和可行能力去做某一件事，一个人就不能为做那件事负责。②

（二）公正与和谐兼顾的原则

发展伦理是一种对发展进行规范和约束的伦理机制，而对发展的规范和约束实质就是对利益的再分配和人际关系的调整。发展伦理作为一种新型的人际关系的调整方式，就伦理主体而言，已经超越了狭隘的个人范围，涉及企业、国家、国际组织等，包括性别间、种族间、区域间和国家间等具有大规模群体性特点的人际关系，还包括代内关系和代际关系等。因此，发展伦理的公正和谐原则已不仅仅是调整人伦关系的道德原则，而

---

① [印] 阿马蒂亚·森：《以自由看待发展》，任赜、于真译，中国人民大学出版社2002年版，第285页。

② 同上。

是从更广阔、更多元、更复杂的人际关系上对发展进行规范和约束,要求用公正和和谐兼顾的原则去审视发展成果是否惠及大多数人,发展是否符合人类现阶段的最高利益和今后的长远利益。

公正原则主要包括以下内容和要求:

一是发展中的代内公正。它主要指国际公正、区际公正、群际公正、人际公正在发展中的动态展现,即发展应是多极主体的发展,是权利与义务对等的发展,是机会平等的发展,是经济公正、政治公正的发展,是共享发展成果的发展,是责任共担、合理补偿的发展。

就国际正义而言,坚持发展中的代内公正,其所面临的最大问题是贫富差距问题。全球化使公正问题特别是贫富差距问题在全球范围内不断凸显,正如吉登斯所指出的:"全球化并不以公平的方式发展,而且它所带来的结果绝对不是完全良性的。"① 美国学者德里克也指出:"对于全球化的异常欣喜却掩盖了社会经济的实际上的不平等,这不仅是过去留下的东西,同时也是新的发展的产物。"② 要实现发展中的代内公正,首先要求发达国家、发达地区和先富起来的人在缩小贫富差距方面承担更多的责任;其次要求发展中国家、落后地区、贫困人群在协调人与人、人与自然关系问题上作出自己的努力,通过发展经济、发展生产力和通过制度安排,努力缩小贫富差距,努力克服生存与发展的双重压力。

在冷战思维下,没有全球正义(国际公正)可言。哈丁的"救生艇伦理学"就反映了一些发达国家在全球正义上的心态。哈丁认为,是穷国人口增加或其政府的错误政策导致了贫穷和环境破坏,发达国家没有义务帮助穷国(主要是粮食援助),并认为粮食援助反而会使这些国家人口进一步增加,进而造成更多的灾难和痛苦,这就是所谓的"棘轮效应"。哈丁指出:"我们如何能够帮助外国避免人口暴增的命运呢?很明显,我们最不该做的事情就是给它们提供粮食……提供原子弹可能会更仁慈一点。在短期内,这带来的痛苦也许是巨大的,但很快,大部分人的痛苦就会结束,之后,就只有少数幸存者继续遭

---

① [英]安东尼·吉登斯:《失控的世界:全球化如何重塑我们的生活》,周红云译,江西人民出版社2001年版,第10页。

② [美]阿里夫·德里克:《后革命氛围》,王宁等译,中国社会科学出版社1999年版,第4页。

受苦难了。"①

20 世纪 80 年代以来,哈丁的理论遭到了众人的批驳而变得臭名昭著。问题是,西方发达国家已经、而且仍然从第三世界的经济状况中获得好处,甚至是不正当的利益。这样,它们就有义务为后者提供某种形式的补偿。而且哈丁理论也不符合分配正义的原则。正义要求对世界财富的重新分配给予关注。把发达国家的某些财富转移到发展中国家是公平的。因为目前发达国家与发展中国家对财富的占有和使用是极不公平的。为此,辛格为富人有义务帮助穷人、发达国家有义务向发展中国家提供帮助提供了两条原则,即强式原则和弱式原则。强式原则即如果我们有能力阻止某些悲惨的事情发生,同时又不会牺牲我们与之大致相当的重要利益,那么,我们在道德上就应阻止这些事情的发生;弱式原则即我们应阻止悲惨事件的发生,如果我们在这样做的时候,不会牺牲我们的任何一种具有道德意义的利益。②

发展中的公平公正问题不仅在国际层面上严重存在,在一国之中,特别是许多发展中国家,也严重存在。一国之内,如何解决发展中的公平公正问题?前面提到,发展是一种追求美好生活的发展。问题是,这样一种美好生活何以可能?如何才能使每个人都能最大限度地生存?如何才能使每个人和每个社会都能寻求到尊重、认同、尊严和尊敬?怎样才能让人们拥有他们有理由珍视的那种生活的可行能力?因为在现代社会中,并不是每个人都能得到尊重,并不是每个社会都能给人尊重。随着经济与科技的进步,市场经济的发展,贫富差距越拉越大,物质"不发达"成为多数人的命运。由于物质福利越来越被当成是美好生活的主要因素,物质上"不发达"的人们越来越难以感受到对人的尊重。怎样才能使一个社会除物质成就以外也能获得尊重,同时又不安于贫困,不会对发展的物质好处淡然处之?还因为,以往发展的实践证明,经济发展是伴随着社会代价的,少数人的自由是以多数人的贫困为代价,这种代价是使"发达"成为少数人的特权,贫困成为多数人的命运,使"发展"成为吞食千百万活人的当代莫洛克神。这种代价是使穷者愈穷、富者愈富的"马太效应"。而"如果少数人的自由必须以多数人的贫困为代价,我们可以相当

---

① 何怀宏:《生态伦理——精神资源与哲学基础》,河北大学出版社 2002 年版,第 329 页。
② 同上书,第 330 页。

肯定地说维护自由的可能性几等于零"。① 面对这种发展中的公平公正问题，如何解决？

　　罗尔斯认为，公正是社会制度的首要美德。发展中的公平公正问题的解决，有赖于正义的社会基本结构的建立，有赖于社会分配方式的变革。第一要求人们和人类社会实现最佳自我，以产生公正与友善的社会结构来取代剥削和进攻性竞争的社会结构。在这种社会结构中，发展的好处应当惠及所有的社会，惠及社会上的每一个人。它关注和救助社会弱势群体，并使满足最贫困人民的基本需求成为第一优选，换言之，为所有人提供基本需要应优先于满足少数特权阶层的任意需求。"发达"不应该成为少数人的特权，"不发达"也不应该是多数人的命运。为此，罗尔斯提出了正义分配的两个原则：第一个原则：每个人对与所有人所拥有的最广泛平等的基本自由体系相容的类似自由体系都应有一种平等的权利。第二个原则：社会和经济的不平等应这样安排，使它们：（1）在与正义的储存原则一致的情况下，适合于最少受惠者的最大利益；并且（2）依系于在机会公平平等的条件下职务和地位向所有人开放。② 总之，要实现公平正义，发展伦理认为："如果只是口头谈论人类尊严，而不去建立社会结构来保护人类尊严和消灭达到人类尊严的障碍——流行病、长期贫困、不公正的土地占有制度以及政治无权状况——那么这只是空话。"③

　　二是发展中的代际公正。代际公正最早由 T. 佩基提出并大力提倡。实际上，生态危机或环境危机中隐藏着深刻的代际公平问题。当代人在使用和消耗自然物质资源的时候，应该考量将来世代对自然资源的需求；如何考量才能较好地体现代际公平？现代人凭什么理由让将来时代的人们承受现代社会工业化所造成的环境污染？当我们已经知道我们这个星球上的自然资源具有不可再生的短缺性和有限性时，我们这些现代人是否有权利消耗地球上的所有资源？如果没有，究竟该如何制定一种公平的代际伦理准则，以使不同世代之间能够公平地分享自然资源的权利，同时分担保护

---

　　① ［美］德尼·古莱：《发展伦理学》，高铦、温平、李继红译，社会科学文献出版社2003年版，第54页。

　　② ［美］约翰·罗尔斯：《正义论》，何怀宏、何包钢、廖申白译，中国社会科学出版社1988年版，第302页。

　　③ ［美］德尼·古莱：《发展伦理学》，高铦、温平、李继红译，社会科学文献出版社2003年版，第29页。

和恢复自然生态的责任？权利与责任或义务的对等是公平正义的基本内涵。然而，一旦面对发展伦理情景，公平正义的内在要求就不仅是一般的权利与责任（义务）的对等，而且还有不同世代之间分担权利与义务的对等。"在这一代人与后一代人的关系上，'公正'的观念已经成为一条重要的伦理准则……后代人同当代人一样，也拥有生存权和发展权，他们的这些权利应当受到尊重，不能因为他们现在还没有发言权就剥夺了他们的这种权利。当代人在实现自己需要的过程中不能损害后代人满足其生存和发展需要的基本条件。"① 为了做到代际公正，T. 佩基提出了"代际多数规则"，即在发展过程中，当某项决策涉及若干代人的利益时，应该由这若干代人之中的多数来做出选择。由于相对于当代人或者再加上若干代子孙来说，繁衍不绝的子孙万代永远是多数，因此，如果某项决策事关子孙万代的利益，那么不管当代人或者再加上其若干代子孙对此持何种态度，都必须按照子孙万代的选择去办。要做到代际公正，最重要的是"保持资源基础的完整无损"。在 T. 佩基之后，皮尔斯等提出了为实现代际公正必须进行代际补偿的问题；R. C. 霍华思提出了关于自然资源在代际之间转移的霍华思模型。② 代际公正实际上提出了一个发展的伦理问题，即后代人同当代人一样，也拥有自己生存和发展的权利，他们的权利应当受到重视。

但是，要实现代际公正并非易事。由于各国发展的不平衡，在实现代际公正上，无论是在认识还是在实践上，都存在较大的差距。发达国家经济发达，对环境的期望值比较高，为维护全球的生态平衡与稳定、多样性与和谐，希望发展中国家也采取同样有力的措施保护环境。但发展中国家又有自己的实际困难，由于人口众多，经济不发达，人民的生活水平普遍不高，许多地区还不能解决温饱问题。他们为了当下的生存，不得不把经济发展放在第一位，甚至不惜牺牲环境为代价。在这种情况下，为了人类共同的家园，发达国家是否应承担更多的义务，并向发展中国家提供必要的援助呢？这就涉及全球环境正义问题。我们能否实现全球环境正义？如何实现？不否认，人口增加是导致环境危机的一个因素，但资源的人均消耗量和人均排放量更是不可忽视。发达国家人口虽少，但他们对环境造成

---

① 曲格平：《我们需要一场变革》（前言），吉林人民出版社1997年版，第27页。
② 庞元正、丁冬红主编：《当代西方社会发展理论新词典》，吉林人民出版社2001年版，第50页。

的压力远大于发展中国家。因此,在实现全球环境正义方面,发达国家应当承担更多的责任。但是,从联合国1972年斯德哥尔摩人类环境大会到1992年里约热内卢联合国环境与发展世界首脑大会,再到2002年约翰内斯堡可持续发展世界首脑会议,在如何实现环境正义问题上,存在较大的分歧,甚至发生了像美国这样的大国退出《京都议定书》的事情。这说明要真正实现全球环境正义还有较长的路要走。

三是发展中的性别公正。男女两性之间的公正问题是一个悠远的伦理话题。伴随发展困境和发展危机反思,1992年世界环境与发展大会通过的《21世纪章程》达成了实现"妇女完全、平等地参与整个发展过程并在其中受益"的国际协议。1993年在维也纳召开的联合国人权大会(UN-CHK)、1994年在开罗召开的联合国人口与发展大会(TCPD)、1995年在哥本哈根召开的联合国社会发展首脑会议(WSSD)和在北京召开的第四次世界妇女大会(WCW),都不同程度重复和强化了"妇女完全、平等地参与整个发展过程并在其中受益"的主题,并强调,和男人相比,妇女承受着更多的由贫困、社会贫富分化、失业和环境恶化所带来的压力。因此,在发展中必须充分重视妇女的作用,给予妇女平等参与社会管理和自然管理的机会和条件,采取有效措施尽快消除由于发展困境和发展危机给妇女带来的生活和工作上的压力或负面影响,并通过必要的方式给妇女以补偿等。①

而所有这些公正的实现均要接受"罗尔斯约束",即不平等只有在它有利于处于最劣势的社会成员时才是合理的,即"社会和经济的不平等(例如财富和权利的不平等)只要其结果能给每一个人,尤其是那些最少受惠的社会成员带来补偿利益,它们就是正义的"②。因而如何通过制度和体制的创新实现社会基本结构和制度的正义,实现社会分配或再分配的正义,来实现发展中的"公平的正义",这是发展伦理面临的难题。

社会公正发展的最终目的是实现社会和谐,社会和谐包括人与自然、人与人、人与社会、人与自身这些关系的和谐。只有这些关系协调、和谐与和解,人类才能拥有更好的生存和发展境遇,否则,人类就会陷入生存与发展的困境之中。

---

① 李培超:《自然与人文的和解——生态伦理学的新视野》,湖南人民出版社2001年版,第163—165页。

② [美]约翰·罗尔斯:《正义论》,何怀宏等译,中国社会科学出版社1988年版,第14页。

首先，人与自然的和谐发展。"人与自然和谐"是当今人类社会的共同理想和追求。"人与自然和谐"并不是指人与自然之间没有矛盾和斗争，而是指将两者之间的矛盾或冲突限制、调整在双方可以承受的适当范围之内，将损失尽量降低、最小化，将收益尽量提高、最大化。"人与自然和谐"具有丰富的内涵，它是建立在"以人为本、以自然为基础"的理念下，主张热爱、尊重、保护、合理利用自然，尊重自然生态规律和社会经济规律，尊重人的利益与其他物种的利益。它主张通过道德与法律协调人与自然及人与人的关系，实现社会生产力与自然生产力相和谐、经济再生产与自然再生产相和谐、经济系统与生态系统相和谐、"人化自然"与"未人化自然"相和谐、环境保护与经济发展相和谐等。经济增长必须是在自然生态系统保持自我调节和自我修复能力、以维持整体平衡和稳定的限度内的增长。这是一种新的可持续发展范式，是以人为本，以保护自然资源环境为基础，以经济发展为条件，以改善和提高人类生活质量为目标的发展模式，是既能满足当代人的需要，又不对后代人满足其需要的能力构成危害的发展。

其次，人与人的和谐发展。"人与人和谐共生"是人类最文明、最具有现代意味的合作关系、生存方式和生活方式。在经济全球化场景与市场经济背景下多元文化与多极价值主体"共在"的生存场景，发展伦理认为要克服发展困境和避免全球性的发展危机，人类应该重新审视自己的存在立场，把"人与人和谐共生"作为自己的存在方式和发展理念。全球化时代使世界各国、各地区构成了一个"一荣俱荣，一损俱损"的相互存在、共同发展的整体。在人与人关系问题上自觉遵循"人我互利共赢"的原则，最终实现对人类文明成果和发展成果的"人群共享"。

在市场经济背景下，倡导人与人和谐共生理念及其生存方式意味着要对生活方式进行自我变革，承认种种异己者的生存权利，在激烈的竞争中兼顾弱者的利益，形成一种体现自由、平等、公正精神以及友爱和谐的人际互动，人类应该怀着同类意识互惠合作，遵循共生的理念来重建协调的人类社会，并以此谋求和平幸福美好的生活。

再次，人与社会的和谐发展。社会发展的基本宗旨是普遍受益、人人共享。其基本含义是，绝大多数社会成员有权利共享社会发展的成果。换言之，随着社会发展进程的不断推进，每个社会成员的尊严应当相应地更加得到保证，每个社会成员的发展潜能应当相应地得到不断开发，每个社会成员的基本需要应当相应地持续不断地得到满足，每个社会成员的生活质量应当相应地不断得以提高。在发展伦理的视域下，只要少数人、少数国家和特权集团仍然以牺牲被剥夺了基本生存需要的多数人而享用丰足的奢侈品，这样的发展就不是真正的发展，就只能是一种畸形化的发展，是一种"反发展"、"伪发展"，而这个世界就会成为这种虚幻和反发展的牺牲品。而在新文明的创造中，人类的生产发展已经基本达到了能够满足所有人的基本需要的规模，我们应当尽快结束这样的一个时代，即少数人的发展以牺牲多数人利益为代价的时代，应当"结束牺牲一些人的利益来满足另一些人需要的状况"，使"所有人共同享受大家创造出来的福利"，"使社会全体成员的才能得到全面发展"。对人与社会和谐发展的关注，实际上是对社会公正的关注。必须通过制度安排和创新，关注和救助社会弱势群体，并使满足最贫困人民的基本需求成为第一优先，来实现社会的公正与和谐。

最后，人与自身的和谐。在发展伦理的视域下，发展是人的自由全面发展，其中就包括对人与自身和谐发展的追求。而人与自身和谐发展至少包括人的精神和谐发展以及人的身心和谐发展。人的精神和谐发展，从心理学角度看，就是人的心理素质和谐发展，即人的智力、道德、情感各部分和谐发展，是人的真善美的和谐统一。仅有精神和谐发展，还不等于人的和谐发展。对个体人而言，人的精神与身体两个方面的发展，才是人的全面、和谐发展。人的身心和谐发展，是对人的精神和谐发展的一种超越。恩格斯在《社会主义从空想到科学的发展》一文中指出，在共产主义社会，"通过社会生产，不仅可能保证一切社会成员有富足的和一天比一天充裕的物质生活，而且还可能保证他们的体力和智力获得充分的自由的发展和运用"①。

（三）系统与整体性原则

唯物辩证法认为，整个世界是普遍联系和永恒发展的，正如恩格斯所描述的："当我们深思熟虑地考察自然界或人类历史或我们自己的精神活动的时候，首先呈现在我们眼前的，是一幅由种种联系和相互作用无穷无尽地交织起来的画面。"② 20世纪中叶系统科学的诞生，对辩证法关于世

---

① 《马克思恩格斯选集》第3卷，人民出版社1995年版，第757页。
② 同上书，第359页。

界普遍联系做了具体和深化研究，认为整个世界是作为系统而存在的，在宇宙间系统无处不在，从无机界到有机界，从人类社会到人的思维，从基本粒子到河外星系，系统无所不在。所谓系统是指由一些相互联系、相互制约的若干要素按照一定结构形式组合而成的，具有特定功能的有机整体。不仅每一个系统内部各要素间是相互联系的、相互作用的，而且和它以外的事物、系统之间也是相互联系、相互制约的。一系统相对于较高一级系统是一个要素（子系统），而该要素通常又是较低一级的系统。系统最显著的特征是整体性，其功能是各组成要素在孤立状态时所没有的。按宏观层面分类，系统大致可分为自然系统、人工系统、复合系统。自然系统是指系统内的个体按自然法则存在或演变，产生或形成一种群体的自然现象与特征。自然系统包括生态平衡系统、生命机体系统、物质微观结构系统以及社会系统等等。人工系统是指系统内的个体根据人为的、预先编排好的规则或计划好的方向运作，以实现或完成系统内各个体不能单独实现的功能、性能与结果。人工系统包括生产系统、交通系统、电力系统、计算机系统、教育系统、医疗系统、企业管理系统等等。复合系统是自然系统和人工系统的组合。

宇宙间万物以系统的形式而存在是一个客观事实，自然科学和社会科学的研究也应遵循这一规律，按照系统论的要求对自然、人类社会和人自身进行系统研究，实现人、自然、社会的和谐发展。例如在自然科学领域内，20世纪80年代中期兴起的地球系统科学，它跨越一系列自然科学与社会科学，把地球看成一个由相互作用的地核、地幔、岩石圈、水圈、大气圈、生物圈和行星系统等组成部分构成的统一系统，重点研究各组成部分之间的相互作用，以解释地球的动力、演化和全球变化。全面探讨全球变化中人类活动的作用，提高地球系统的生命承载能力。联合国《21世纪议程》将地球系统科学作为可持续发展战略的科学基础之一，全球变化是地球系统科学的核心问题，包括温室效应、海平面上升、海岸线变迁、湖泊变迁等自然环境变化，森林、草地湿地、农田、水体叶绿素等生物量变化以及工业化、城市化等人类活动的生态效应。地球系统科学正在推动可持续发展的研究。科学发展要求，既满足当代人的需求又不损害满足后代人的需求。可持续发展涉及人口、资源、生态、环境、减灾、经济、社会等诸多方面，它以资源的可持续利用和良好的生态环境为基础，以经济可持续发展为前提，以谋求社会的全面进步为目标。因此，发展是一个自然、社会、经济复杂系统，要让发展朝着更加均衡、和谐、互补的方向前进，系统研究至关重要。

系统最显著的特点是整体性功能。就人类社会这个系统而言，整体首先是指"人类整体"。所谓"人类整体"，不仅是一个实体性概念，而且是一个关系性概念，即与人类处于各种关系之中的一切事物都应该纳入人类整体的范畴。从这个视角出发，人类整体就包括人（作为整体而存在的人和个人）与自然的关系、人与人的关系（包括代内关系和代际关系）等。其次是指"地球生态系统的整体"。世界不是一架巨大的机器，而是由不同层级的系统构成的有机整体。人类生存所依赖的地球更是一个有其历史和生命的有机整体。

发展伦理认为，要实现人与自然、人与人、人与自身的和谐发展，就必须遵循整体原则。整体原则要求做到尊重大自然与实现人类自由的统一。在人类发展的过程中，常常出现这样的发展悖论：一方面，"发展"造成了大自然的破坏。因为"发展"是对大自然的一个最大威胁，发展造成了对大自然再生力量不可挽回的破坏。而生态规则是确定无疑和无情的：不保护大自然，人类将灭亡！而不发展，就不可能解决贫困问题，就没有人类自由。另一方面，"发展"制造了大量的贫困。实践已经证明，"发展"也是使千百万人处于贫困状态的主要罪犯。因为这是一种无未来的增长，是不公平的发展。发达成了少数人的特权，而不发达成了多数人的命运。而没有真正的发展，又只能有绝对的贫困和贫困的普遍化。如何走出这种发展悖论？

发展伦理认为，造成大自然破坏和制造大量贫困的发展，不是真正的发展，而是一种"伪发展"、"反发展"。既能实现人类自由，又能保护大自然并促进经济公平和实现共同富裕的发展，才是"整体真正发展"。①这种发展的实现，需要有理性的规划，即"使三种不同的伦理价值观要求——公平、自由和尊重大自然——都能相对化"②。也就是说，公平、自由和尊重大自然等价值观中没有单独一个具有绝对价值，每一种价值只能在关系到其他两者时，才能确定并划定它的正确界限。在二分法中，大自然与人类自由是对立的。强调大自然完整的最高价值观是保护资源，保

---

① ［美］德尼·古莱：《发展伦理学》，高铦、温平、李继红译，社会科学文献出版社2003年版，第142页。

② 同上书，第143页。

护物种，以及保护大自然免受人类破坏。在价值观等级中，发展和消灭人类疾苦列于生物保护和资源充实之下；强调人类自由的首要价值观是公平（其形式是积极反对人类贫困，认为那是最糟糕的污染）和"开发出"潜在资源实际面貌的责任。① 在价值观等级中，把发展与积极取得资源分配的公平列于环境保护或濒危物种保护之上。

发展伦理强调要超越这种二元对立，关注全景，视整体优先于对立，把大自然和人类自由看成是更大整体的一部分，即把人类自由和大自然之间的对立纳入一个更大的整体——即"整体发展"中去。而"整体发展"是一个包括三个要素的规范性概念：美好生活、社会生活基础以及对大自然的正确态度。在"整体发展"中，所有这些价值观在道德上都是平等的，"因为任何长期、持续、强化平等的反贫困斗争都需要资源开发的智慧，正如如果人类受到贫困恶化或灭绝的威胁，保护物种谁都无法有说服力地作为优先目标提出来。当人类处于'不发达'状态，大自然本身就受到削弱；反之，如果支撑他们的大自然受到破坏，人类也不能真正地发达。"②

不过，发展伦理认为，一定程度的人类中心主义是不可避免的。由于大自然无法保卫自己，人类必须担起任务。人类对地球的开发已经超越了大自然能保卫和再生自身的界线。如此急需的大自然与人类的共生，只能通过把人类的责任置于保护大自然任务的中心才能达成。事情之所以出了错，不是因为人类对宇宙持人类中心主义（他们没法不这样做！），而是因为人类错误地界定了发展与自由的价值内涵。发展伦理要我们明白，大自然是无比威严的法官，人类若不能在地球上主持公道，既努力让自己好好活着，也让其他生物好好活着，就会受到大自然的无情惩罚。

健全的发展伦理是一种把关心环境责任联系到力求普遍经济公平的发展伦理，是一种体现生态智慧的发展伦理。生态学是追求完整发展的科学。在字源学里，希腊文"生态"指的是大家庭的科学，指的是存在生物有机体的整个环境。因此，生态学的内在精神就是追求整体，它着眼于全景，着眼于全部关系。作为多学科的研究领域，生态学包括四个相互有

---

① ［美］德尼·古莱：《发展伦理学》，高铦、温平、李继红译，社会科学文献出版社 2003 年版，第 145 页。

② 同上书，第 146 页。

关的主题：环境、人口、资源体系和技术。① 生态智慧就是寻找人类在他们环境中对资源使用技术的最佳模式和规模。

发展伦理认为，遵循系统整体性原则，就要承认人类只是更大系统的一个部分。全球生态系统这个大系统中，有无数更小的系统，如由植物、昆虫、各种海洋动物和陆地动物组成的诸生态系统以及处在纵横交错、变幻不定的关系网络中的我们和我们的同时代人组成的人类社会。所有的智慧都承认人类是自然的一部分。正如汉斯·昆所说，今天，从已改变了的物理学，到吸收了其他手段方法的医学，一直到人道主义的心理学，新的自然环境意识中都能发现一种越来越强烈的整体思维。从理性的制度理论家和诠释学的哲学家，到严肃的未来研究家，以至新时期理论的铺路人之间对这一点都有一种一致的看法，即不论如何，今天要求的是介于人的理智、感情以及美学意向之间的平衡，也就是说，今天要求的是一种人类的全面的（整体论的）观点，以及个人在其不同范围内的整体观点。因为除了经济、社会以及政治尺度以外，现在又加上了人与人类有关美学、伦理以及宗教的尺度。② 整体原则还要求我们应该将人类后代纳入人类整体的范畴之中，在考虑人类的利益时，既考虑当代人的利益，也考虑后代人的利益。换言之，"人类整体意识"还应该体现对后代的深切关怀。只有在这种人类整体意识中，只有把人类后代包括在人类整体的范畴中，才能实现和谐发展和永续发展。

在谈到发展伦理如何完成自身的任务和使命时，德尼·古莱曾就三种理性的互动问题进行了探讨。他指出，在发展决策领域的逻辑聚合有三种理性或基本看法：技术的、政治的、伦理的理性。这三种理性都有其不同的目标和偏好的做法。如果每一种理性都以归纳的方式对待另外两者而设法把自身特定的目标与程序的观点强加于整个发展决策进程，即每一种理性都力求坚持己见，争取其他理性在目标与方法优先上赞同自己，就会出现矛盾与冲突，因此需要科学技术、政治经济与伦理价值的和谐统一发展。

---

① ［美］德尼·古莱：《发展伦理学》，高铦、温平、李继红译，社会科学文献出版社 2003 年版，第 146 页。

② ［瑞士］汉斯·昆：《世界伦理构想》，周艺译，生活·读书·新知三联书店 2002 年版，第 27—28 页。

第四章 科学发展观的伦理思想渊源

任何理论都不是凭空产生的，都是历史积淀和时代呼唤的双重产物。科学发展观的历史积淀就是对西方发展伦理思想、中国传统伦理思想以及马克思主义发展伦理思想的传承与创新。

第一节 西方伦理思想的批判与借鉴

一 源远流长的西方伦理思想

西方伦理思想是人类文化的一个重要组成部分，历史悠久、内容丰富，是发源于古希腊并在西欧、北美演变和发展的各种道德观点、学说和理论体系的总称。西方伦理学从古希腊到现代，积淀了丰厚而博大的伦理思想，这是世界各族人民共同拥有的宝贵精神财富。

西方伦理思想的产生有其特殊的历史条件，因此在不同时期具有不同的内容和特点。西方伦理思想的发展大致经历了四个时期，即古希腊时期、中世纪、近代资本主义时期以及现代。

（一）古希腊时期的伦理思想

古希腊伦理思想，在绵延几千年的西方伦理思想史上，占有极为重要的地位。在古希腊伦理思想中，我们"差不多可以找到以后各种观点的胚胎、萌芽"。哲学巨匠黑格尔甚至断言，欧洲人的思想观念"都是从希腊直接或间接传来的，——间接地绕道通过罗马"。

西方伦理思想发源于古希腊。公元前12—前8世纪，由于农业、手工业的发展和商业的出现，希腊社会开始由原始氏族制向奴隶制转化，随着奴隶制城邦制度的建立，古希腊伦理思想也逐步形成。苏格拉底是古希腊时期使伦理思想从道德格言转向理论体系的重要人物。苏格拉底伦理思想的中心命题是"美德即知识"，即道德依赖于知识，知识不仅是道德的必要条件，而且是它的充分条件。美德不只是人生格言，而且具有普遍的理性基础。因此苏格拉底的伦理思想冲破了道德思考的个别经验事实的狭隘局限，从个别、特殊上升到一般，达到了道德思考的一个更高阶段。苏格拉底死后，他的门徒及后人对"美德即知识"作了不同的解释，围绕至善与幸福形成了三种不同的观点。

第一种观点的代表人物是犬儒学派与斯多葛学派，以强调禁欲而闻名。犬儒学派主张抛弃一切物质享受和感官快乐，去接近普遍的善，也就是用克制欲望来求得善，成为道德上的完人。斯多葛学派把"自然"、"理性"提升为道德的最高目标和基本原则，主张依照本性（理性）而生活，反对把感性快乐当作善或道德的标准。斯多葛学派强调理性、道义，而全盘否定人们的感官欲望和情感活动，因而在理论上具有禁欲主义的色彩。

第二种观点的代表是昔勒尼学派、伊壁鸠鲁学派与德谟克利特，以快乐主义闻名。昔勒尼学派强调肉体的快乐优于精神的快乐，主张及时行乐，属于极端快乐主义，最终会流于纵欲主义。伊壁鸠鲁学派与德谟克利特的快乐主义是审慎的快乐主义，主张快乐是身体的无痛苦和灵魂的安宁，强调精神快乐优于肉体快乐。古希腊的快乐主义伦理思想对西方伦理思想发展影响深远。自培根以来的英国经验论伦理学都沿袭了伊壁鸠鲁快乐的原则。18世纪百科全书派的拉美特利、爱尔维修、孔狄亚克等也是如此。19世纪边沁与密尔的功利主义更是快乐主义的延伸。

第三种观点的代表人物是柏拉图与亚里士多德，崇尚和谐中道。柏拉图认为，善的生活应该是一种混合的生活，是一种理性与感性，快乐与智慧混合的生活，是"密泉"加"清凉剂"的生活。他强调，在混合的生活中，理性必须居于指导地位，而置快乐于服从、禁绝的地位。亚里士多德集前人思想之大成，建立了古代西方最完整的幸福论体系，撰写了西方第一部伦理学专著，论述了德性的分类和中道原则。亚里士多德提出的中道的命题是："德性是适度的形式"，正确的人生观应是以理性为目的和指导的理性与感性的和谐。柏拉图理论和亚里士多德主义后来成为中世纪基督教伦理思想的重要理论渊源。

（二）中世纪基督教伦理思想

中世纪伦理思想是在封建专制主义和教会神学统治下发展的。它的基本任务是解释和论证圣经的道德观念和伦理原则，注重个人对上帝的关系和灵魂拯救。这种神学伦理思想把道德的起源和本质归结为上帝的意志和人类的"原罪",认为上帝是美德的体现和最高价值标准,只有追求上帝才能获得幸福。中世纪最著名的经院哲学家托马斯·阿奎那,集中世纪基督教伦理思想之大成,使亚里士多德伦理学附会基督教神学。奥古斯丁把《圣经》中所宣扬的对上帝的爱、对戒命的信和对天国的希望,作为基督教道德的三主德,同时又改造了希腊的四主德,即智慧、勇敢、节制和正义,形成了奥古斯丁的"七主德"。托马斯·阿奎那抛弃了奥古斯丁及其追随者一直沿用的旧的柏拉图理论,改用当时兴起的亚里士多德主义,更新了理论体系,拯救了基督教所面临的信仰危机,开创了基督教伦理思想发展的新局面。

中世纪神学伦理思想把道德归结为上帝的意志,否认具有确定内容的至善和幸福的准则。文艺复兴时期的人文主义者对神学伦理思想进行了猛烈抨击,并代表新兴资产阶级的要求,提出了以人为中心,强调尊重人的价值、人的尊严、人的自由和世俗生活幸福的伦理思想,对西方伦理思想的发展起了革命性推动作用。

(三) 近代资本主义伦理思想

近代资产阶级伦理思想是继古希腊之后西方伦理思想发展过程中最活跃、最富于生命力的阶段。它批判继承了前两个历史时期伦理思想发展的成果,从人性、理性、情感等方面探讨了道德与利益的关系以及个人利益与社会利益的关系问题,形成了近代人本伦理传统,经历了公开利己主义、合理利己主义和功利主义三个阶段。

霍布斯、曼德威尔等,以人性论为基础发展了利己主义伦理思想,是公开利己主义的代表人物。霍布斯认为人的本性是自爱自保的,人的行为是趋乐避苦的,因而是自私的、利己的,不可能有利他利群的趋向。因此在自然状态下"人对人是狼和狼的关系"。曼德威尔继承了霍布斯的伦理思想,提出了"私恶即公利"的著名伦理命题。他们都公开宣扬利己主义的合理性,反映了资产阶级的要求。

合理利己主义的代表人物是爱尔维修和费尔巴哈,合理利己主义是公开利己主义的补充、修正和发展。爱尔维修认为人的本性是自爱的,不为别人的幸福、利益牺牲自己的幸福、利益,个人利益是人类行为价值的唯一而不变的标准。但他所首肯的对个人利益的追求,有一个不损害他人利益和社会利益的前提,就是在正确理解个人利益的基础上将个人利益与社会利益结合起来。费尔巴哈认为,人的自然本性必然是追求自我生命的保存、趋乐避苦的，因此，人的本性必然是利己的，利己主义与人的生命共存亡。但他又认为：追求个人利益只是一个人的权力，而承认别人的利己主义的合法性是一个人的义务，这种权利和义务是不可分割的。边沁和密尔是功利主义学说的代表，功利主义以"苦""乐"为基础，追求最大多数人的最大幸福。

沙夫茨伯里、哈奇森、休谟和亚当·斯密等英国伦理学家，把人的心理活动所具有的特殊情感看作道德善恶的根源，用道德感解释道德的本质和起源，并用以确定评价行为的标准，形成了道德情感说。18世纪法国唯物主义者，把理性、经验和情感结合起来，进一步发展了功利主义和合理利己主义伦理思想，把被正确理解的利益作为道德的基础，强调社会环境和教育对道德的决定作用，主张自由、平等、博爱的人道主义作为政治和伦理原则，表现了资产阶级的革命要求和力求从人的本性出发解释道德现象的倾向。

德国古典哲学家康德，在反对经验论和功利主义伦理学的基础上建立了自律伦理学。康德从善良意志、先验理性出发，主张纯粹道德义务和绝对命令，强调普遍必然性的道德法则，这些思想对近现代伦理思想发生了重要的影响。黑格尔总结了当时资产阶级伦理思想所达到的成就，把西方近代伦理思想的发展推向了新高峰。他力图突破从抽象人性出发的伦理学说的肤浅性和局限性，强调道德不能脱离现实的社会关系和人们的利益要求，认为道德义务的实质就是"行法之所是，并关怀福利——不仅自己的福利，而且普遍性质的福利，即他人的福利"[①]。在他看来，道德的善或绝对价值，只有在伦理的普遍关系中，在主观与客观、动机与效果、目的与手段、理智与情感、权利与义务、必然性与偶然性的辩证统一中才能实现。

在近代向现代过渡的时期，无产阶级同资产阶级斗争日益深化的过程中产生的马克思主义伦理思想，鲜明地代表无产阶级和劳动群众的利益，以科学的世界观和历史观观察社会道德现象及其历史发展，批判、继承了以往人类伦理思想中有价值的成果，第一次把伦理学建立在真正科学的基础上，成为西方伦理思想的巨大的批判力量，为人类伦理思想的发展开创了新纪元。

---

① [德] 黑格尔：《法哲学原理》，商务印书馆1961年版，第136页。

（四）现代西方伦理思想

西方资本主义由自由竞争向垄断的发展，是现代西方伦理学产生和发展的客观基础。大体可划分为过渡时期、全面发展时期和当代发展时期。

19世纪中后期至20世纪初是过渡时期。过渡时期的伦理思想超越了传统伦理学的界限，创立了现代伦理思潮的开端。这一时期的伦理思想主要有德国的唯意志论伦理学、法国的生命伦理学、英国的进化论伦理学和新黑格尔主义伦理学。

20世纪初至60年代，是现代西方伦理学的全面发展时期，其基本标志是，流派繁多、观点复杂。主要有三条线索：第一条线索是现代西方元伦理学的发展脉络，包括直觉主义、情感主义和语言分析学三个发展阶段。它的基本理论特征是否定传统规范伦理学，建立具有严密逻辑性的分析伦理学。第二条线索是人本主义伦理思潮，包括存在主义伦理学（有神论和无神论的存在主义）、自然主义伦理学（新实在论的自然主义和实用主义）和现代精神分析伦理学。存在主义是现代西方最典型的非理性主义和人本主义的伦理学流派，它的基本特征是：以个体自我的存在为本体；以个人的绝对自由和价值为核心；目标是建立以自我为目的的人生价值理论。现代人本主义伦理学是现代西方伦理学史上最引人注目的道德思潮，有着深刻的理论影响和广泛的现实影响。第三条线索是现代西方的宗教伦理学，主要包括新托马斯主义伦理学、人格主义伦理学和新正教伦理学。现代西方的宗教伦理学与传统宗教有着千丝万缕的联系，继续着传统宗教神学的精神，仍然以上帝为中心，把人道主义宗教化，宣扬以"教会的道德权威"来拯救现实的苦难，从而树立上帝和天国的绝对价值地位。

20世纪60年代以后，现代西方伦理学进入了一个新的发展阶段（当代），各种流派层出不穷，综合起来有三个基本趋势：（1）规范伦理学的复归；（2）现代科学技术伦理学；（3）基督教伦理学。随着元伦理学的衰落，应用伦理学蓬勃发展，环境伦理学、生命伦理学、政治伦理学、工商伦理学、计算机伦理学、工程师伦理学、司法伦理学、军事伦理学、新闻伦理学、公关伦理学等等应运而生。

二　西方伦理思想的特点归纳及现代反思

西方伦理思想是西方文明的内核，是人类最宝贵的精神财富之一。西方伦理文化植根其历史和现实的土壤,由于受到各个历史时代经济、政治发展状况的制约,以及西方文化传统和民族习俗的熏陶,因而有其自身的特点。

1. 西方伦理思想的理论基础——人性论

西方伦理思想的理论基础是人性论,古代的德性论,近代的公开利己主义、合理利己主义以及功利主义,现代的人本主义都是以人性为基础。人性论主流有感性主义和理性主义两大派别。感性主义人性论坚持人的感性是道德的来源与标准,主张通过满足感性欲望的途径实现道德完善。人是自然的产物,是有血有肉的感性存在者,人的感性欲望是人的本性,人天生都是趋乐避苦、自爱自保的,人的价值就在于追求物质利益、满足种种感性需要,人生就是一个无限追求个人欲望满足的历程。人的感性需要或欲望就是道德的标准,道德是实现人性的一种手段。理性主义人性论坚持人的理性是道德的来源和标准,主张在理性的指导下实现道德的完善。亚里士多德认为依照理性生活就是道德的、善的。康德主张人的本性在于人的理性,理性使人具有无限的价值。

自然属性是指人的肉体存在及其特性,自然属性是人存在的基础,但从根本上讲,人之所以为人,不在于人的自然属性,而在于人的社会属性。人的本质不是由人的自然属性决定的,而是由人的社会属性决定的。正如马克思所说:"人的本质不是单个人所固有的抽象物,在其现实性上,它是一切社会关系的总和。"① 西方伦理思想的人性论对于人道主义思想的发展有着积极意义,但利己主义作为资产阶级意识形态的核心,成为西方"经济人"假设的前提,则过分夸大了人性中的利己成分,抹杀了人的本质的社会性,这是具有片面性的,发展到极端就会导致利己主义、拜金主义和享乐主义等。

2. 西方伦理思想的基本原则——个人本位

个体本位和个人主义是西方伦理思想发展的主线,占据核心地位。西方伦理思想具有个人主义的传统。苏格拉底教导人们"认识你自己",就是以个人为基点。近代的人本主义主线都是以个人为本位。现代西方伦理思想是对传统个人本位的延续和发展。西方伦理思想在个人主观意识上形成了自我为中心的观念,以满足、发展个人利益作为伦理价值的主要标

---

① 《马克思恩格斯选集》(中文版)第1卷,人民出版社1995年版,第56页。

准，集中表现为不断追求个人利益，视自己为目的，外物、他人和社会为手段，视个人在实现自己愿望和利益的同时，主动地、积极地扩展自我、发展自我和实现自我为至善。因为只有如此，个人才能获得生存和发展，激烈的竞争更把资本必须不断增值的内在规律变为外在的强制，迫使个人必须不断发展。也就是说，个人在自身欲望不断产生又不断满足的过程中，道德才得到实现与发展。

个人主义是西方历史与文化的产物，也是西方文化的核心价值观。个人主义在西方由来已久，既有其历史进步性，又有其历史局限性。19世纪的个人主义，是开发西部、拓荒探险的经历，倡导的是个性张扬、独立自由、开拓进取的精神而被人们普遍推崇。对于个人主义，马克思、恩格斯并没有简单地加以否定，因为个人主义在现实的政治、经济和社会文化生活中有其积极的一面。但是由于资产阶级思想家在宣扬个人主义时，过于强调个人本身就是目的，国家、社会只是达到个人目的的手段，而成为自私自利的个人利己主义的温床。对于个人主义所存在的严重局限性，托克维尔进行了很好的剖析。他认为：个人主义是民主的自然产物，它会促使个人远离公共生活，使他沉溺于私生活领域，使人们彼此疏离，其结果必然会削弱社会的凝聚力；个人主义的发展，也为国家政治权力无节制、无休止的发展和膨胀提供了危险的机会。①

尽管我国现在实行的是社会主义市场经济，但搞市场经济，必然会滋生个人主义的思想价值和道德观念，由于个人主义本身既有其进步的合理的一面，也有其历史局限的不合理的一面，而且现在个人主义历史局限的不合理的一面，无论是在西方社会，还是在我国的中国特色社会主义实践中都已经表现得越来越突出，因此我们必须在肯定、吸收个人主义合理的积极因素的同时限制个人主义，完善、坚持社会主义集体主义，为建设社会主义和谐社会奠定良好的道德基础。

3. 西方伦理思想的价值取向——幸福主义

从亚里士多德开始，西方思想家就认为伦理学是求得个人幸福的科学，其目的在于求得个人完善。尽管西方伦理思想家对幸福的理解以及在获得幸福的方式等问题方面存在分歧，但是，把幸福作为伦理价值的终极目标的取向却是一致的。古希腊的快乐主义伦理思想对西方伦理思想发展

---

① [英] 史蒂文·卢克斯：《个人主义》，阎克文译，江苏人民出版社2001年版，第9页。

影响深远。中世纪基督教伦理思想主张信仰上帝、爱上帝，追求来世的天国的幸福。文艺复兴时期的人文主义者对神学伦理思想进行了猛烈抨击，并代表新兴资产阶级的要求，提出了以人为中心，强调尊重人的价值、人的尊严、人的自由和世俗生活幸福的伦理思想。开启近代西方伦理思想革命的康德也不否认人们有追求幸福生活的权利，只不过认为幸福存在于彼岸世界，可望而不可即。现代西方的人本主义、宗教伦理也是对幸福的追求。

人总是在追求幸福，这是一个普遍的、基本的社会现实。个人把幸福作为人生追求的目标是正当的，人类追求幸福的活动推动历史的发展，幸福是人类目的性存在之一，这正是人类追求幸福的价值合理性之所在。

人类的发展就是不断追求幸福生活的过程，因此对于幸福的探究具有重要的理论和现实意义。对伦理学界传统及流行幸福本质观的评析，实质上也就是对西方有关经典幸福论的评析。考察从古希腊到近现代西方幸福观的发展历程，了解西方思想家们对于人生幸福的思考，使我们能够更清晰地理解马克思幸福思想所实现的革命性变革。根据西方幸福思想发展史上关于幸福本质问题认识的逻辑发展，可以把西方幸福论划分为三种基本类型，如快乐主义幸福论、德性主义幸福论和需要满足的幸福论。

快乐主义幸福论的核心命题是"快乐即幸福"，它是以感性的人性论为基础的感性主义幸福观，德谟克利特和伊壁鸠鲁等人所倡导的快乐主义幸福论就是典型。认为人的自然本性就是趋乐避苦，一切引起快乐的就是善，导致痛苦的就是恶，并把快乐视为人生追求的最高目标，作为衡量一个人是否幸福的标准。快乐论的错误比较明显，也比较单纯，因为快乐与幸福并不完全是一个东西。快乐主义幸福论的理论贡献在于揭示了幸福与快乐、肉体快乐与精神快乐的关系及实质。人类任何幸福必然来自需要的满足，没有一种幸福的具体形态是与某种需要的满足相分离。

德性主义幸福论的核心是"德性即幸福"，它属于理性主义幸福观，苏格拉底、柏拉图和亚里士多德是其重要代表人物。认为幸福与美德是一致的，拥有美德使人幸福，缺乏美德将妨碍人获得幸福。如亚里士多德在《尼各马科伦理学》中阐述的"幸福是合乎德性的现实活动"。它的理论贡献在于为科学地从实践活动的角度理解和揭示幸福实现的本质问题奠定了可靠的基础。德性主义幸福论的一个重大缺陷是，仅仅只从现实活动的主体的道德、理性及认识方面去揭示幸福实现活动的过程和功能，而忽视从客体和对象化方面来规定幸福实现活动的实质。

需要满足的幸福论的核心是"幸福就是需要满足的心理体验",它是西方近代感性主义幸福观的典型,也是现代比较流行的幸福观。费尔巴哈、莱布尼兹是其重要代表人物。这种幸福论主张幸福是人们需要的满足以及人生理想实现的心理体验,批判了康德、黑格尔等人所主张的抽象的、超自然的幸福观,也批判了基督教道德的虚伪性,在理论上做出了重要贡献。这也是把幸福看作人们对物质和精神需要的满足的现代意义的表述。其缺陷是还没有从人的本质和实践活动本质的层面去把握幸福实现的特殊本质和规律问题。

马克思以科学的实践观为基础,并从社会实践活动意义上去理解和规定幸福实现活动的本质和根据。实践活动的内在矛盾,主要表现为实践活动的合目的性与合规律性的对立统一,这种矛盾也只有在辩证哲学的反思中才能得到合理的理解。因此,幸福实现活动本质一方面是由实践活动的人的主体性意识的特点所决定,同时幸福实现活动的双向对象化本质,更根本的是由这一实践活动本身的特性和功能所决定。

4. 西方伦理思想的信仰——宗教情结

西方宗教伦理思想既是西方古典伦理思想思潮中的重要一脉,也是现代西方宗教伦理学的历史传统之一。原始基督教构成了西方文化的重要渊源之一,经古希腊罗马时代的斯多亚学派、罗马中后期的柏罗丁、西塞罗等人,希伯来宗教文化与古希腊哲学文化相融汇,至中世纪宗教神学,形成了西方传统宗教伦理学思潮,成为整个西方伦理学中的重要一脉。尽管历经文艺复兴时代人道主义,特别是近代18世纪法国启蒙时代的战斗无神论唯物主义的猛烈冲击,宗教伦理学思潮的流变也始终没有过截然的断裂。现代西方的宗教伦理学更是对传统宗教精神的延续。马克斯·韦伯是现代西方影响巨大的思想家,《新教伦理与资本主义精神》是韦伯最具代表性的著作,着重论述了新教伦理是资本主义文化的根基,也是资本主义获得巨大发展的精神动力。

人类社会的发展从来就是一个错综复杂而又色彩斑斓的多样化的过程,我们不能片面理解马克思主义宗教观,视宗教为"鸦片"。马克思主义经典作家从来没有否定过社会意识和上层建筑对于人类社会发展的重要性。"根据唯物史观,历史过程中的决定性因素归根结底是现实生活中的生产和再生产。无论马克思或我都从来没有肯定过比这更多的东西。如果有人在这里加以歪曲,说经济因素是唯一决定性的因素,那末他就是把这个命题变成毫无内容的、抽象的、荒诞无稽的空话。经济状况是基础,但是对历史斗争的进程发生影响并且在许多情况下主要是决定着这一斗争的形式的,还有上层建筑的各种因素:阶级斗争的各种政治形式和这个斗争的成果——由胜利了的阶级在获胜以后建立的宪法等等,各种法权形式以及所有这些实际斗争在参加者头脑中的反映,政治的、法律的和哲学的理论,宗教的观点以及它们向教义体系的进一步发展。这里表现出这一切因素间的交互作用,而在这种交互作用中归根结底是经济运动作为必然的东西通过无穷无尽的偶然事件……向前发展。"①

尽管韦伯理论的反唯物史观的唯心主义倾向是需要科学认识的,但韦伯从宗教社会学的角度分析文化与社会历史发展的关系具有一定的启示意义。从现实的角度看,韦伯给后人提出了一个重新思考和审视宗教与社会发展、宗教与现代化关系这样一个深刻的历史命题。人类正面临着工业文明的困境,西方的罗马俱乐部和法兰克福学派都对其进行了尖锐的批判,克服工业文明工具理性的膨胀,重建社会的人文精神和终极关怀,已成为人类社会的共同愿望。宗教作为人类对终极价值的信仰,可以在某种意义上填补工具理性膨胀所导致的价值虚无,为人类重建终极关怀提供精神支撑,"使人在物质享受、感性存在的现实关怀的层面上超逸出来,去思考人生的意义、存在的价值、灵魂的轮回等这类终极关怀问题,从而把人的思想从物欲满足、感观享受的平庸猥琐的层面引向精神追求、理性信仰的层面"②。

宗教的消亡是一个长期的自然的过程,目前宗教的存在还有其深厚的社会基础,而且宗教本身也在现代化进程中不断调整,使自身具有了更多的现代内涵和更强的适应能力。在现代化的进程中,人类应积极地发掘和利用宗教的价值,实现宗教与现代化的协调,并使之作为一种精神和文化资源,为现代化提供精神支撑和终极关怀。

总而言之,在漫长的西方伦理思想发展过程中,尽管出现过名目繁多的学说和流派,但是,总的来说还是呈现出一种迂回演变的发展趋势。一般认为,古代伦理学说强调个人利益、个人价值、现世幸

---

① 《马克思恩格斯选集》第 4 卷,人民出版社 1972 年版,第 477 页。
② 高长江:《论现代化运动中宗教的价值》,《世界宗教研究》1998 年第 2 期。

福、理性自律；中世纪强调上帝意志、仁爱、禁欲和神学他律；近代则转向寻求个人利益与社会利益的协调即合理利己，注重理性与情感、自律与他律的统一；现代西方伦理思想趋向于摆脱社会和他人，否认客观法则和道德他律，追求个人自由、享乐，同时也伴随着悲观、怀疑和反道德倾向。20 世纪 60 年代以后，又出现了转向规范伦理学和实用伦理学的倾向，强调价值和事实的联系，试图建立能够指导人们生活的新道德观和新伦理学。资本主义文明的轴心是财富、权力和享乐，西方伦理思想和社会道德的未来趋向，必将受到它的制约，并最终为资本主义制度的根本变革所决定。

第二节 中国传统伦理思想的反思与弘扬

中华民族历史悠久，中国传统伦理思想内容丰富，多姿多彩，良莠并存。其中，既有反映中华民族道德上的文明进步的积极因素，对全人类道德文明具有长久思想价值的道德智慧，又有受到一定历史的、阶级的、社会的局限的道德上的消极方面。当代中国正处在经济、政治、文化、伦理的剧烈变革时期。如何正确对待中国传统伦理思想，已成为理论界十分关注的问题。依据中国改革的全局与世界文化发展的联系，从中西伦理思想的比较中，对中国传统伦理思想进行反思和评估其价值，取其精华，弃其糟粕，这对于贯彻发展伦理具有重要的意义。

一 中国传统伦理思想的基本内容

概括起来看，中国传统伦理内容主要有以下六个方面：关注人性与道德、社会的关系；追求"天人合一"、人与自然的和谐；重视人伦关系的和谐相处和仁者"爱人"；利民、富民、"民为贵"的民本思想；注重道德修养与治国的关系；崇尚理想人格和道德情操。

（一）关注人性与道德、社会的关系

人性问题是中国传统伦理学中的一个重要问题。在我国古代思想家中，就有性善论、性恶论、性有善有恶论、性无善无恶论、性三品论、性二元论等理论。其中以孟子的性善论和荀子的性恶论最具代表性。"人性论"是古人对人的本质属性的探讨，探讨的目的在于提出基于人性的伦理规范，为个人道德修养和道德教育提供理论依据，当然也是为统治阶级服务。

孟子主张性善论。在孟子看来，人性是人之为人区别于禽兽的本质，"人之所以异于禽兽者几希，庶民去之，君子存之"①。人因为有道德才区别于禽兽，人如果没有道德，饱食终日则无异于禽兽，"人之有道也，饱食暖衣逸居而无教，则近于禽兽"②。孟子认为人性是善的，"道性善"③，把仁、义、礼、智说成人的本性，且认为它是人与生俱来的天赋的"善端"，"恻隐之心，仁之端也；羞恶之心，义之端也；辞让之心，礼之端也；是非之心，智之端也"④。"仁义礼智，非由外铄我也，我固有之也，弗思耳矣。"⑤ 孟子的性善论是其仁政学说的思想基础。在孟子看来，人性"四心"只要扩而充之，小则能侍养父母，大则能保天下，推广到全社会，就会形成仁政的政治原则。但是，孟子的性善论从根本上说是错误的。这是因为：孟子的性善论是一种天赋道德论。把仁、义、理、智等道德观念说成先天就有的。实质上，仁、义、理、智等道德观念是后天社会环境培养的结果。

荀子反对孟子的性善论，主张性恶论。荀子认为，人生来就有好利之心、嫉妒之情、耳目之欲、饥而欲饱，寒而欲暖，劳而欲休，"今人之性，生而有好利焉，顺是，故争夺生而辞让亡焉。生而有疾恶焉，顺是，故残贼生而忠信亡焉。生而有耳目之欲，有好声色焉，故淫乱生而礼义文理亡焉"⑥。在他看来，人的本性是恶的，与辞让、忠信、礼仪等善的观念是根本对立的，如果顺从人的天性，社会就会陷于混乱。荀子主张人性恶，主要在于提倡"化性起伪"、"积善成德"的道德修养论。"人之性恶；其善者伪也。"⑦ 荀子所说的"伪"，是指人类后天的教化和努力，其核心内容是礼。"性者，本始材朴也；伪者，文理隆盛也。无性则伪之无所加，无伪则性不能自美。"⑧ 人性本身不能产生美和善，只能产生于后

---

① 《孟子·离娄下》。
② 《孟子·滕文公上》。
③ 同上。
④ 《孟子·公孙丑上》。
⑤ 《孟子·告子上》。
⑥ 《荀子·性恶》。
⑦ 同上。
⑧ 《荀子·礼论》。

天之"伪"。荀子还认为"礼"是人之为人的根本，礼的存在关系到国家的生死存亡。"故人无礼则不生，事无礼则不成，国无礼则不宁。"① 相对于孟子的性善论，荀子的人性论从人的欲望出发有其合理的意义，人有欲望需求是天然的、合理的，它根本不是恶，而是人类生存、发展的最根本的、最原始的动力。这比根本否定人的欲望而只谈仁义道德的虚伪说教要真实一些，比较符合人类的实际情况。但是荀子的性恶论在本质上仍然是错误的，荀子把人的本性说成先天就是恶的，同时主张通过礼对人性进行控制和改造，也是为封建专制主义服务的。

无论是孟子的性善论、荀子的性恶论，还是告子的性无善无恶论、世硕的性有善有恶论、王充的性三品论、张载的性二元论等，都是抽象的人性论，但这毕竟是中国古人对人的本性及道德修养的积极探索。关于人性的正确观点，应依据马克思的观点："人的本质不是单个人所固有的抽象物，在其现实性上，它是一切社会关系的总和。"② 人的自然属性是人存在的前提，是天然的、合理的，不存在善与恶的评判，人的本质在于人的社会属性。

（二）追求"天人合一"、人与自然的和谐

"天人合一"、"天人合德"，是中国先哲在深入思考人的生存方式的基础上提出的极其重要的伦理道德思想，也是中国传统道德思想追求的价值目标。人与自然天地存在不可分割的统一关系，董仲舒说："以类合之，天人一也。"③ 还说："天人之际，合而为一。"④ 中国古代思想家从认识"人"与"天"之间不可分离的依存关系开始，逐步认识"天人合德"，发现"人道"与"天道"，即人的道德与自然规律之间存在某种不可分割的内在联系。⑤ 说："夫大人者，与天地合德，与日月合明，与四时合序。"中国传统道德一直崇尚"天人合一"，崇尚人与自然环境和谐交融、亲密友善的境界，认为人不仅要爱人，协调人与人的关系，而且要爱万物，"仁者以天地万物为一体"⑥，追求人与自然关系的和谐一致。张

---

① 《荀子·修身》。
② 《马克思恩格斯选集》第1卷，人民出版社1995年版，第67页。
③ 《春秋繁露·阴阳义》。
④ 《春秋繁露·深察名号》。
⑤ 《周易大传》。
⑥ 《程氏遗书》卷二上。

载说:"乾称父,坤称母,予兹藐焉,乃浑然中处。故天地之塞,吾其体,天地之帅,吾其性。民吾同胞,物吾与也。"① 这种"天人合一"、"天地合德"的超然豁达、无限宽广的道德境界,始终是中国传统道德的至上价值目标。它不仅对于塑造中国人的许多仁爱忠恕美德具有重要的意义,而且对于构造中国人明白、达观的人生观念有重要的作用。

(三)重视人伦关系的和谐相处和仁者"爱人"

我国古代早就有人和人之间如何相处的记载,"有孝有德"是西周的"道德纲领","仁"是春秋以来的一种新的伦理思潮,"孔子贵仁",形成了以"仁"为核心的伦理思想,包含着广泛的人与人之间相处的道德要求。首先,"爱亲"是"仁"的本始。孔子说:"君子笃于亲,则民兴于仁;故旧不遗,则民不偷。"② "君子务本,本立而道生。孝悌也者,其为仁之本与!"③ 这就是说,孝亲是"仁"的根本;其次,"仁"是"爱人"。樊迟问仁,子曰:"爱人。"④ "弟子入则孝,出则悌,谨而信,泛爱众而亲仁。"⑤ 一个人在家孝敬父母、尊敬长辈,在外广泛爱护大家,亲近仁德。这样,仁者"爱人"的对象就超越了"爱亲",获得了"泛爱众"的性质。再次,孔子还要求行"仁"德于天下。子张向孔子问仁,孔子说:"能行五者于天下,为仁矣"。请问之。曰:"恭、宽、信、敏、惠……"⑥ 又次,仁者"爱人"用于治民就是惠民。"惠"是"仁"的五德目之一,包括"富之"、"教之"⑦,"节用而爱人,使民以时"⑧,"因民之所利而利之"⑨,甚至要求"博施于民而能济众"⑩。最后,"忠恕"作为实行"爱人"原则的根本途径,即所谓行"仁之方"。曾参在回答孔子的"吾道一以贯之"时说:"夫子之道,忠恕而已矣。"⑪ 所谓

---

① 《西铭》。
② 《论语·泰伯》。
③ 《论语·学而》。
④ 《论语·八佾》。
⑤ 《论语·学而》。
⑥ 《论语·阳货》。
⑦ 《论语·子路》。
⑧ 《论语·学而》。
⑨ 《论语·尧曰》。
⑩ 《论语·雍也》。
⑪ 《论语·里仁》。

"忠恕"就是"尽己之谓忠,推己之谓恕","夫仁者,己欲立而立人,己欲达而达人"①,"其恕乎!己所不欲,勿施于人。"② 孔子曾说:"贤贤易色;事父母,能竭其力;事君,能致其身;与朋友交,言而有信。"③ 孔子的"仁"的伦理思想涉及了夫妇、父子、君臣、朋友,甚至与民、与外族人的相处。孟子发挥了孔子的思想,提出"父子有亲,君臣有义,夫妇有别,长幼有序,朋友有信"④,并论证了"父慈、子孝、兄友、弟恭",认为"爱人者,人恒爱之"⑤。儒家这套重视人伦关系和谐相处及"爱人"的思想,虽然是为宗法尊卑等级秩序服务的,而且在剥削阶级社会是不可能真正实现的。但是,这种探索和追求人伦关系的和谐以及"爱人"的美好愿望,应该是我们中华民族的传统美德。

(四)利民、富民、"民为贵"的民本思想

孔子提出"因民之所利而利之"⑥,孟子主张"民为贵,社稷次之,君为轻"⑦,孟子的民本思想最为丰富,他的"得道者多助,失道者寡助"、"得民心"是"得天下"的根本等思想是千古不易的真知灼见。管子认为:"政之所兴,在顺民心;政之所废,在逆民心。"⑧ 怎样才能得到民心呢?"莅民如父母,则民亲爱之……莅民如仇雠,则民疏之","人主能安其民,则事其主如事父母","上施厚,则民之报上亦厚;上施薄,则民之报上亦薄"。⑨ 他说:"有社稷者而不能爱民、不能利民,而求民之亲爱己,不可得也。"⑩ 随后许多进步思想家提出"民为邦本"或民为水、君为舟,如荀子大力强调爱民和利民,认为"水则载舟,水则覆舟"⑪,范仲淹主张"先天下之忧而忧,后天下之乐而乐"。这些民本思想虽然没有、也不可能摆脱宗法思想的制约,也并不就是民主思想,但它却是中国

---

① 《论语·雍也》。
② 《论语·卫灵公》。
③ 《论语·学而》。
④ 《孟子·滕文公上》。
⑤ 《孟子·离娄下》。
⑥ 《论语·尧曰》。
⑦ 《孟子·尽心下》。
⑧ 《管子·牧民》。
⑨ 《管子·形势解》。
⑩ 《荀子·君道》。
⑪ 《荀子·王制》。

古代富于民主性和人民性的思想内容。

（五）注重道德修养、理想人格的培养与治国的关系

在中国传统伦理思想中，论述道德修养与治国的材料极为丰富。孔子不但主张"导之以德，齐之以礼"，而且反复强调统治者的榜样作用，"其身正，不令而行；其身不正，虽令不从"。孟子也提出"善教得民心"的主张。儒家历来强调"正心、修身、齐家、治国、平天下"。"古之欲明明德于天下者，先治其国。欲治其国者，先齐其家。欲齐其家者，先修其身。欲修其身者，先正其心。欲正其心者，先诚其意。欲诚其意者，先致其知。致知在格物，物格而后知至，知至而后意诚，意诚而后心正，心正而后身修，身修而后齐家，家齐而后国治，国治而后天下平。"《礼记·大学》格物、致知、诚意、正心、修身、齐家、治国、平天下，就是《大学》提出的个人修养的八个德目。我国伦理思想家所讲的道德教育和修养，虽然其目的在于使人成为剥削阶级统治需要的人才，其标准也不例外是剥削阶级的道德原则和规范，其方法在总体上也是脱离社会实践的方法，但是，他们强调道德教育和修养在人的品德形成中的作用及其道德思维的方法论原则，还是包含有许多合理因素的。

理想和志向是人生的最高目标，是激励人们进取的精神动力。中国传统道德对此十分重视。孔子把"君子"作为最高道德理想，提倡"志士仁人，无求生以害仁，有杀身以成仁。"孟子甚至主张为了"仁"的理想，每个"大丈夫"要立志做到"富贵不能淫，贫贱不能移，威武不能屈"。正是在儒家这种追求道义的人生理想和志向的影响下，不少志士仁人"为天地立心，为生民立命，为往圣继绝学，为万世开太平"。有的甚至在艰难困苦的环境中，为了自己道义的理想、志向献出了生命。孟子所践行的"居天下之广居，立天下之正位，行天下之大道；得志，与民由之；不得志，独行其道"①，历来为仁人志士所推崇。也正是在这种理想和志向的激励下，中华民族才涌现出不少优秀人物。当然，由于历史和阶级的局限，他们的理想和志向往往并不能真正代表和反映广大人民的利益和愿望，或者陷入空想的理想主义。

我国剥削阶级道德文化传统中虽然有其积极、进步的一面，但同时也有其消极、保守、反动的一面，既有精华也有糟粕。

---

① 《孟子·滕文公下》。

二 中国优秀伦理思想传统的弘扬

中国传统伦理思想内容丰富，多姿多彩，良莠并存。其中，既有反映中华民族道德上的文明进步，体现全人类道德文明的具有长久思想价值的道德智慧，又有受到一定的历史的、阶级的、社会的局限的道德旧识。因此，为了科学地从中国传统伦理思想中汲取有益的道德智慧，我们应当以历史唯物主义的理论为指导，对中国传统伦理道德思想进行梳理，坚持批判地继承的正确方针。

中国传统道德的价值智慧方面，最值得我们在建设社会主义市场经济，在科学发展的历史进程中发扬光大的基本道德精神有如下几点。

（一）重视整体精神，强调为社会、为民族的道义思想

源远流长的中国伦理道德思想，始终贯穿着一种可以称之为"公忠"的道德精神。① 从《诗经》提出的"夙夜在公"，《书经·周官》提出的"以公灭私民其允怀"，直到王夫之的"以身任天下"、孙中山的"天下为公"、"替众人服务"，都奔涌着"国而忘家，公而忘私"，为国家、民族而献身的精神。也正是在重视整体精神的影响下，出现了"先天下之忧而忧，后天下之乐而乐"、"天下兴亡，匹夫有责"的为国家、为民族、为整体的利益不惜奋斗的崇高爱国主义精神。

正是由于这种重视整体利益，把国家、民族利益放在首要位置的根本道德价值取向，中国传统道德在个人与他人、社会、群体的关系问题上，始终强调"舍己从人"、"先人后己"、"舍己为群"。在"义"与"利"的关系上，把代表整体利益的"义"，放在代表个人利益的"利"之上，强调"义以为上"、"先义后利"、"义然后取"，主张"见利思义"、"见得思义"，反对"见利忘义"。尽管董仲舒和宋明理学对先秦儒家的"义利之辨"进行歪曲，主张"重义轻利"、"贵义贱利"，但中国传统道德的基本精神是主张，在个人利益与整体利益发生矛盾时，应以义为重，以国家、民族之大义为先，牺牲个人的私利。中国传统道德中的"重义轻利"，重道义轻利益的倾向应当予以克服，但重视国家、民族的整体利益的趋向则应当积极地予以继承和发扬。

今天，要把相对贫穷落后的中国，建设成为一个富强、民主、文明的

---

① 王正平：《善的智慧——中国传统道德论探微》，复旦大学出版社 1996 年版，余论。

社会主义现代化国家,我们只有发扬重视整体利益的道德精神,发挥道义的巨大力量,才能帮助人们克服在发展中眼前利益至上,见利忘义、"一切向钱看"的倾向,自觉处理好局部发展与整体发展、先富与后富的关系。

(二) 推崇仁爱原则,强调建立"厚德载物"的和谐人际关系

在中国的传统伦理道德中,以儒家为代表的"仁爱"思想,是一种对于协调人际关系具有积极意义的重要道德精神。"仁爱"既是一种人际关系的道德准则,又是建立和谐的人际关系的重要道德智慧。孔子说,仁者"爱人"[1]。还说要"己所不欲,勿施于人"[2]。"夫仁者,己欲立而立人,己欲达而达人。"[3]

我们知道,所谓道德即是要求人们在考虑自身利益的同时,考虑到他人与社会的利益。中国传统的"仁爱"思想,即是要求人们替别人着想,同情人,敬重人,相信人,关心人,帮助人,待人以诚,施人以惠。这是一种十分可贵的道德精神。尽管在存在阶级对立的情况下,普遍的"人类之爱"只是一种美好的幻想,但是,人类的"仁爱"精神作为一种积极的、健康的道德信念,在人类社会文明进步的历史长河中,起着协调人际关系、缓和社会矛盾、维护社会秩序稳定的积极作用。

"仁爱"精神是一种具有人类普遍意义的人道精神。中国传统的"仁爱",是与"人对人是狼"、"他人是地狱"的西方利己主义思潮是根本对立的。它要求人们在社会生活中互助、互爱,与人为友,与天地万物为友,和谐共处。在我们的现代生活中,人与人之间的利益矛盾、经济竞争、贫富差距等等会不可避免地引起人与人之间关系的紧张。因此,在发展进程中积极发扬中国人传统的"仁爱"精神,倡导"仁者爱人"、"厚德载物"、"民胞物与"的道德,有益于贯彻以人为本的发展理念,建立和谐的社会关系,构筑协作的发展环境。

(三) 提倡人伦价值,强调尊老爱幼、孝敬父母等美德

中国传统道德历来十分重视人伦关系的道德价值,强调每个人在人伦关系中的应有道德义务。《尚书》提出"五教",即"父义"、"母慈"、"兄友"、"弟恭"、"子孝"。孟子提出"五伦",即"父子有亲,君臣有

---

[1] 《论语·八佾》。

[2] 《论语·卫灵公》。

[3] 《论语·雍也》。

义，夫妇有别，长幼有序，朋友有信"。①《礼记·礼运》主张"十义"，即"父慈、子孝、兄良、弟悌、夫义、妇贞、长惠、幼顺、君仁、臣忠"。这些都从不同的人与人之间的关系角度，规定了每个人为维护良好的人伦关系应当遵守的基本道德准则。传统人伦关系中维护封建等级关系的糟粕无疑应当予以批判和剔除，但其中包含的有益因素，只要能赋予符合时代要求的崭新含义，对于改善当今家庭与社会的人伦关系，维护良好的社会秩序，仍有不可忽视的重要作用。

中国传统的人伦思想强调个人在不同的关系中应当遵守相应的道德义务。儒家特别重视家庭伦理关系的和谐有序。对长辈的"孝"即尊敬、善待，对下辈的"悌"即关心、爱护，被认为是一切道德的根本。孔子说："孝悌也者，其为仁之本与！"② 不仅如此，儒家认为，一个有道德的人不但要孝敬自己的父母，而且还要敬重其他的老人；不但要悌爱自己的幼小之辈，而且还要关怀其他人的幼孺。孟子说："老吾老，以及人之老；幼吾幼，以及人之幼。"这是十分崇高的人伦精神。在科学发展中，要兼顾前代人和当代人的利益，使发展成果惠及每一代人。

（四）追求高尚的精神境界，向往理想道德人格

中国传统道德中有一种非常可贵的道德精神，那就是主张人们在满足基本物质需要的情况下，追求崇高的精神境界，把"富贵不能淫，贫贱不能移，威武不能屈"的"大丈夫"和爱国爱民、无私奉献、舍生取义的"君子"作为一切有道德进取心的人们心目中的理想道德人格。不论是"天下有道，以道殉身；天下无道，以身殉道"的执着精神，还是"为天地立心，为生民立命，为往圣继绝学，为万世开太平"的高尚道德理想，其核心思想，都是要求人们超越个人的私利、私欲，以国家、民族和人民的正义事业作为个人行为的最高准绳。《易传》提出的"天行健，君子以自强不息"，孔子提出的"逝者如斯夫，不舍昼夜"，孟子提出的"居天下之广居，立天下之正位，行天下之大道；得志，与民由之；不得志，独行其道"③，历来为仁人志士所推崇。

中国传统伦理道德中这种鼓励人们追求高尚的精神境界，向往理想道

---

① 《孟子·滕文公上》。
② 《论语·述而》。
③ 《孟子·滕文公下》。

德人格的思想，在我们今天的社会主义道德建设中，仍然具有重要现实意义。在传统走向现代的社会转型过程中，有些人视道德精神为草芥，私心膨胀，物欲横流，在"一切向钱看"的歪风中成为利欲熏心、丧失人格、国格的势利小人。在科学发展的进程中，要注重经济发展与社会建设并重，物质文明和精神文明并举，不能以道德沦丧为代价谋求经济发展。

第三节 马克思主义创始人发展伦理思想的坚持与发展

人类社会的发展特别是社会主义社会的发展问题，是马克思主义理论的重要组成部分，在马克思、恩格斯的思想中占有重要地位。马克思、恩格斯创立的唯物史观、政治经济学和科学社会主义理论，蕴含着非常丰富的发展伦理思想，形成了马克思主义发展观，是我们党提出的科学发展观的思想渊源和理论基础。

一 人是社会发展主体和发展目的的思想

（一）人民群众是社会发展的主体

马克思和恩格斯认为，"全部社会生活在本质上是实践的"，历史不过是追求着自己的目的的人的活动而已。而人民群众是社会实践的主体，是创造社会历史的决定性力量。这是因为：首先，人民群众是社会物质财富的创造者，他们的社会实践是社会物质财富的源泉。人类要生存和发展，必须有物质生活资料，正是劳动群众提供了衣、食、住、行等物质生活资料，创造出人类的物质文明，社会生活（包括政治、科学、艺术等各方面的生活）才能正常地进行，才能实现人类的发展和社会的进步。其次，人民群众是社会精神财富的创造者，他们的社会实践也是社会精神财富的源泉。认识源于实践，精神产品是对实践经验的概括和总结。那些杰出思想家、科学家和艺术家的创造发明，源自于人民群众的生产和生活实践，是对人民群众实践生活的反映。不仅如此，劳动人民还直接参与精神文明的创造。最后，人民群众是实现社会变革的决定性力量，他们的社会实践是推动社会发展的源泉。劳动人民在生产中不断改进生产工具，积累生产经验，提高生产力的水平，而生产力的不断发展又必然引起生产关系的变化，乃至整个社会形态的变革；在以社会革命的形式解决社会化基本矛盾时，人民群众又总是革命的主力军，生产关系的变革、新旧社会形态的更替，都是通过广大人民群众的革命斗争实践的。总之，人民群众作为生产力发展要求的代表者和社会革命的主体力量，他们的伟大实践活动不断为生产力的发展和社会的变革开辟前进的道路。

（二）人是社会发展的最终目的

马克思主义认为，人不仅仅是社会发展的主体和推动力量，更是社会发展的最终目的和归宿。从根本上说，马克思主义就是关于人的全面自由发展的科学理论体系。马克思、恩格斯深切关注人的发展、全人类的解放，并把它作为毕生研究的主题和为之奋斗的最高目标，作为衡量社会发展的最高价值标准。在他们看来，社会发展的核心是人的全面和自由的发展。1894年1月9日，恩格斯在致意大利友人朱·卡内帕的信中，引述了《共产党宣言》关于人的全面自由发展的话作为对未来社会主义纪元的基本思想。他说除了《宣言》的这句话外，"我再也找不出合适的了：'代替那存在着阶级和阶级对立的资产阶级旧社会的，将是这样一个联合体，在那里，每个人的自由发展是一切人的自由发展的条件'"。①

"每个人自由而全面地发展"是马克思、恩格斯所期望的人的发展的最理想状态，也是社会发展的终极目标。人的全面发展包括人的需要、人的能力、人的社会关系、人的活动、人的个性等充分发展；人的自由发展就是作为主体的人按照自己的兴趣和愿望发展自己多方面的才能，真正展示和发展自己的个性，成为自然的主人、社会的主人、自身的主人。人的全面自由发展主要包括三层含义：

第一，个人能力的多样化发展。这里所说的能力，主要指人的劳动能力、管理能力、社会交往能力、科学研究能力和艺术创造能力，也就是个人创造社会价值、物质价值、精神价值和自身价值的能力。此外，人还应该具有对价值的享用能力。在马克思、恩格斯关于人的发展的论述中，个人能力的发展一直处于核心地位。"任何人的职责、使命、任务就是全面地发展自己的一切能力。"人类活动的目的以及人的全面发展的特征、表现和内容，最终都应被归结为人的能力的全面发展。

第二，个人关系的普遍性发展。马克思、恩格斯认为："任何一种解放都是把人的世界和人的关系还给人自己"，个人关系越丰富，人的本质就越能得到全面自由的体现；狭隘的个人关系只能压抑人的个性，造成人

---

① 《马克思恩格斯选集》第4卷，人民出版社1995年版，第730—731页。

的单一发展或畸形发展。世界历史的发展、普遍的物质交换关系的建立和扩展，把个人真正融入到了类之中，使个人活动的空间大大扩展，从而人们又可能从狭小的地域走向世界的舞台，同时也为人与人之间平等关系的发展奠定了基础。个人个性的充分自由发展，是衡量人的发展状况的一个历史性的价值尺度。这一发展的最高成果就是自由个性的形成。因此，如果说，个人全面发展是个人自由发展的基础，那么，个人自由发展则是个人全面发展的本质内容。没有个人的全面发展，个人的自由发展就失去了基础条件；没有个人的自由发展，个人的全面发展也就失去了本来目标。自由作为人类全面发展的条件，包含着以下内容：必须消除时间对人的发展的制约，为人的全面发展提供充足的自由时间；必须消除社会关系的限制，为人的全面发展提供充足的自由时间；必须消除私有制的限制，为人的全面发展提供广阔的自由活动空间；必须消除私有制的限制，铲除人的异化，从根本上为人的全面发展提供社会制度条件。恩格斯指出，在自由王国，自由使人"最终地脱离了动物界，从动物的生存条件进入真正人的生存条件"；自由使"一直统治着历史的客观的异己的力量"，"处于人们自己的控制之下"；自由使人们"完全自觉地自己创造自己的历史"。

第三，个人需要的多方面发展。人的需要是表示人的某一种欲求处于尚未被满足的状态。这种状态激发人的感觉、思想、动机、意志，并指向一定的对象。人的需要是无限发展、日益丰富的，只要人类存在和发展，人的需要就会存在并会不断更新和发展。马克思、恩格斯把人的需要分为三个基本层次：生存需要、享受需要、发展需要；与此相对应，把人的生活资料分为生存资料、享受资料和发展资料。他们指出，通过有计划地利用和进一步发展一切社会成员的现有的巨大生产力，在人人都必须劳动的条件下，人人也都将同等地、愈益丰富地得到生活资料、享受资料、发展和表现一切体力和智力所需的资料。正如恩格斯指出的，由于社会占有了生产资料，通过社会生产，不仅可能保证一切社会成员有富足的和一天比一天充裕的物质生活，而且还可能保证他们的体力和智力获得充分的自由的发展和运用。

第四，人的全面自由发展是类的发展与个体发展相统一的过程。马克思、恩格斯对人的发展的考察，总是把它与社会历史的发展联系起来，放在历史发展的大背景之下来考察。在这种历史考察中，马克思、恩格斯的结论是：人的全面自由发展是类的发展与个体发展逐步趋向统一的历史过程,而个性的全面自由发展是人的全面自由发展的历史归宿。人是反映"个体"与"类"辩证统一的概念。马克思指出:"人是类存在物……人把自身当作现有的、有生命的类来对待,当作普遍的因而也是自由的存在物来对待。"在人类最初的社会形态中,人与人相互依赖,个性不突出;社会生产力的发展,为人的自由个性的发展创造了条件,而人的自由个性首先取决于人的主体性的确立和社会关系的发展。人的主体性的确立是把人从动物中分离出来,成为与世界万物构成主、客体关系的一个特殊的类。这个特殊的类不仅必须以自由、自觉的创造性生活满足自己的意愿和理想。因此,人的主体性是人之为人的特殊属性(如目的性、自主性、能动性、创造性等),而人的主体性的全面自由发展不但指其特殊属性的发展,还指人是社会关系即人同自然、人同世界、人同自身的关系的丰富和发展,是存在和本质、对象化和自我确证、自由和必然、个体和类之间斗争的真正解决。这是人全面自由发展的重要条件和标志。

二 劳动异化和人的异化批判思想

发展是人类实现美好生活愿景的必由之路,发展的异化却是人类始料未及的。当代社会,异化已成为不争的事实,突出表现在自然的异化、劳动的异化、科技的异化、人的异化、社会的异化等多个层面,呈现普遍化和深化的趋势。发展的异化是与人类发展的初衷背道而驰的,发展异化已经偏离了发展的轨道,对发展异化的深刻反思和寻求有效的解决途径是人类不容回避的重大问题,那么当前重思马克思的异化理论是必要的。

(一)马克思的异化理论的丰富内涵

关于马克思的异化理论在我国学界存在颇多争议,多数观点认为它是马克思青年时期的思想,具有不成熟的特点,没有贯穿马克思哲学思想的始终。因此导致马克思的异化理论不受重视,在学界只停留在学术讨论而未付之指导实践,在现今的马克思哲学教科书中也几乎没有涉及。应该如何看待马克思的异化理论?笔者比较赞同俞吾金的观点:"异化理论是贯穿马克思一生哲学思考的基本理论,这一理论在马克思哲学中拥有基础性的、核心的地位和作用"。[①] 因此,笔者认为只有给予马克思的异化理论

---

① 俞吾金:《从"道德评价优先"到"历史评价优先":马克思异化理论发展中的视角转换》,《中国社会科学》2003年第2期;他在2009年第12期发表在《哲学研究》的论文《再论异化理论在马克思哲学中的地位和作用》再次深化和强调了这一观点。

应有的重视，客观看待它，才能深刻挖掘它的丰富内涵和意义。

任何理论都不是凭空产生的，马克思的异化理论是在对黑格尔、费尔巴哈异化思想批判继承的基础上创新的结果。马克思生活的时代，异化现象已经成为资本主义社会的普遍现象，异化的表现形态多种多样，既有意识形态的、哲学的、宗教的异化，也有经济活动、社会关系的异化，更重要的是人的本质的异化。

关于什么是异化、异化的根源、消除异化的途径和对待异化的态度是什么呢？黑格尔认为异化是自我意识的异化，费尔巴哈理解的异化是上帝是人的类本质的异化。在批判继承黑格尔（异化是精神异化）和费尔巴哈（宗教是人的本质的异化）异化学说的基础上，马克思以异化劳动为中心，深刻地揭露了资本主义社会的种种异化现象，提出了人的本质异化思想，以及实现共产主义、消灭异化的途径。在《1844年经济学哲学手稿》一书中，马克思集中阐述了他的这些历史唯物主义的异化观。

首先，异化作为一个哲学概念，是指主体在自己的发展过程中，由于自身的活动而产生出自己的对立面，然后这个对立面又作为一种外在的、异己的力量反过来反对主体自身。作为历史唯物主义者，马克思不再把人设定为抽象的"类本质"，他把人理解为在一定历史条件下从事活动的人，人的本质在其现实性上是各种社会关系的总和。由此，马克思把异化就理解为人在分工和私有制条件下的一种客观的、必然的存在状态，这种状态是：人不能驾驭自己的创造物，反而被自己的创造物所控制，人做了自己创造物的奴隶。

其次，人为什么会异化呢？作为历史唯物主义者，马克思不再到人们的观念中而是到人们的现实生活条件中去寻找异化的根源。异化的真实根源在于人们自身的生活条件，即由一定的生产力水平所决定的分工和私有制。马克思所说的作为异化根源的分工，不是劳动的自然过程所必需的分工，而是"强迫性的分工"。所谓"强迫性"是指不是主观意愿的状态，而是由一定历史条件决定的人们不得不被局限在某些领域活动的状态，实际上就是活动的职业化。而强迫人们在特定领域活动的历史条件，或者说使人们活动职业化的历史条件，就是由一定生产力水平决定的私有制。

再次，在《1844年经济学哲学手稿》中，马克思集中分析了异化劳动的四个规定及异化的种种表现：

（1）劳动产品同劳动者相异化，即"物的异化"。马克思指出，在资本主义制度下,"劳动所生产的对象,即劳动的产品,作为一种异己的存在物,作为不依赖于生产者的力量,同劳动相对立"①。劳动产品是劳动的结果,本应属于劳动者,但在资本主义社会,它却作为一种外在的、异己的力量,同劳动者相对立,反过来统治、压迫工人。生产得越多,这种异己力量就越大。"对对象的占有竟如此表现为异化,以致工人生产的对象越多,他能够占有的对象就越少,而且越受他的产品即资本的统治。"这是工人同劳动产品的对立、异化关系,同时也是工人同自然界的异化、敌对关系。自然界是人的无机的身体,为人类提供劳动资料和生活资料,人依靠自然界生活。但在资本主义社会,工人越是通过自己的生产劳动占有外部自然界,而自然界作为工人的劳动资料和工人生存的生活资料的依赖对象却以异己的力量而存在,使工人在这两方面都成为自己的对象的奴隶,"这种奴隶状态的顶点就是:他只有作为工人才能维持自己作为肉体的主体,并且只有作为肉体的主体才能是工人"。② 在资本主义雇佣劳动制度下,无论是生产领域,还是自然界,工人都没有生存的自由。异化劳动从人那里夺走了他的生产对象,也夺走了人的无机的身体(自然界),结果使工人丧失自身,"人只有在运用自己的动物机能——吃、喝、性行为,至多还有居住、修饰等等的时候,才觉得自己是自由活动,而在运用人的机能时,却觉得自己不过是动物。动物的东西成为人的东西,而人的东西成为动物的东西"。③

(2) 劳动活动同劳动者相异化,即"自我异化"。劳动产品是劳动的结果,只有劳动活动本身异化才会导致劳动产品同工人对立。马克思指出:"异化不仅表现在结果上,而且表现在生产行为中,表现在生产活动本身中。"④ 对工人来说,劳动的异化就是:劳动属于别人,而不是工人自己;劳动使工人感到痛苦,而不是感到幸福;劳动是强制的,而不是自愿的;劳动不是自由发挥体力和智力,而是使肉体受折磨、精神受摧残。劳动本身成为劳动者的一种异己的力量压迫束缚着劳动者,一旦这种强制劳动停止,人们就会像逃避瘟疫一样逃避劳动。

(3) 人的类本质同人相异化。异化劳动由于使自然界、人本身同人

---

① 《马克思恩格斯全集》第42卷,人民出版社1979年版,第91页。
② 同上书,第92页。
③ 同上书,第94页。
④ 同上书,第93页。

相异化，从而也使类同人相异化。马克思指出，人的类本质是自由的、有意识的生命活动，是人之为人、与动物相区别的规定性。通过实践活动改造自然界，人证明自己是类存在物。与动物不同，人不是在肉体需要的直接支配下进行生产，而是按照任何一个种的尺度来生产，这种生产是人的能动的类生活，自然界表现为人按照美的规律创造的作品和现实。但在资本主义社会，由于"异化劳动把自主活动、自由活动贬低为手段，也就把人的类生活变成维持人的肉体生存的手段"①。异化劳动使人的自由的、有意识的生命活动的本质成为对人而言异己的、与他相对立的本质；异化劳动从人那里夺走了他的生产对象，也夺走了人的类生活；异化劳动使人自己的身体，以及在他之外的自然界，他的精神本质，他的人的本质同人相异化。而异化劳动使人同他的类本质相异化，绝不是孤立的现象，而具有普遍性，"人同他的本质相异化，就是一个人同他人相异化，以及他们中的每个人都同人的本质相异化"。②

（4）社会中的人同人相异化。马克思指出，人同自己劳动产品、自己的生命活动、自己的类本质相异化必然导致人同人相异化。因为"凡是适用于人对自己的劳动、对自己的劳动产品和对自身的关系的东西，也都适用于人对他人、对他人的劳动和劳动对象的关系"③。任何人都是社会的人，在现实的世界中，人同自身的任何关系都只有通过人同其他人的关系才能实现和表现，人的异化也不例外，即"人同自身的关系只有通过他同他人的关系，才成为对他说来是对象性的、现实的关系"④。马克思指出，如果劳动产品对工人说来是异己的，并作为一种异己的力量同工人相对立，那么，这只能是由于产品属于工人之外的另一个人。"如果工人的活动对他本身来说是一种痛苦，那么，这种活动就必然给另一个人带来享受和欢乐。"⑤ 这另一个人既不是神，也不是自然界，而是资本家。人与人之间原本是一种相互依存、平等协作、共同劳动的关系，但在资本主义社会，"通过异化的、外化的劳动，工人生产出一个跟劳动格格不入的、站在劳动之外的人同这个劳动的关系。工人同劳动的关系，生产出资

---

① 《马克思恩格斯全集》第 42 卷，人民出版社 1979 年版，第 97 页。
② 同上书，第 98 页。
③ 同上。
④ 同上书，第 99 页。
⑤ 同上。

本家……同这个劳动的关系"①。通过异化劳动，工人生产出劳而不获、不劳而获的私有财产关系，资本家和工人之间就成为一种剥削与被剥削的关系。在异化劳动的条件下，每个人都按照自身的尺度和关系来观察他人，把他人看作实现自己目的、满足自己需要的手段。而他自己作为人的本质——如果作为工人，则是以获取维持基本生存的生活资料为目的，工人失去自我而成为机器；如果作为资本家，则是以追求最大限度的利润，获取更多的货币为目的，资本家也异化为人格化的资本。所以，在资本主义社会，人与人之间的关系实质上被"物与物的关系"所取代，异化了人之为人的目的。

由上可知，马克思关于异化劳动的四个规定，揭露了资本主义社会中人与自然、人与社会、人与人以及人自身身心之间的矛盾和对立，以及和谐的丧失。

最后，对私有财产的"积极扬弃"是克服异化的根本途径。马克思阐述解决异化问题的途径："共产主义是私有财产即人的自我异化的积极的扬弃，因而是通过人并且为了人而对人的本质的真正占有；因此，它是人向自身、向社会的（即人的）人的复归，这种复归是完全的、自觉的而且保存了以往发展的全部财富的。这种共产主义，作为完成了的自然主义，等于人道主义，而作为完成了的人道主义，等于自然主义，它是人和自然之间、人和人之间的矛盾的真正解决，是存在和本质、对象化和自我确证、自由和必然、个体和类之间的斗争的真正解决。它是历史之谜的解答，而且知道自己就是这种解答。"② 马克思把私有财产理解为人的自我异化，是因为财产原本是人创造出来的，但它又反过来支配人；共产主义是对私有财产的扬弃，因而归根结底是对人的自我异化的扬弃，而这种扬弃同时也是对人的本质的真正占有和人性的真正复归。更为重要的是，马克思还意识到，无论是人和自然之间、人和人之间的矛盾，还是存在和本质、对象化和自我确证、自由和必然、个体和类之间的冲突，都是以私有财产即人的自我异化为前提的，因而只有通过共产主义扬弃私有财产，上述矛盾和冲突才能得到根本解决。

马克思对待异化是一种唯物辩证的态度。在马克思所处的时代，伴随

---

① 《马克思恩格斯全集》第 42 卷，人民出版社 1979 年版，第 100 页。
② 同上书，第 120 页。

着资本主义的现代化,不仅带来了社会领域的巨大发展,同时也导致整个资本主义社会的社会结构、社会关系、文化传统、意识形态等诸多领域的异化,异化现象成为一种普遍的现象,整个社会日益处于外在力量、异己之物的支配与统治之下。马克思依据历史唯物主义三种社会形态发展理论,认为资本主义社会作为以"物的依赖性"为基础的社会,私有财产普遍存在且神圣不可侵犯,异化阶段是资本主义现代化的必经之路。既然资本主义现代化的异化是客观存在的,那么扬弃现代化的异化、克服异化必须以异化现象的客观存在为前提。马克思以积极的、乐观的态度指出克服异化、扬弃异化的道路,"自我异化的扬弃同异化走的是同一条道路"。即异化的产生是一个历史性的现象,它必然会在历史的场域中消退,而不是永恒的,这实质上也为我们指明了走出资本主义现代化困境的方向。

马克思站在历史唯物主义的角度,认为资本主义社会这种"以物的依赖性为基础的"社会的"普遍异化"的现象应该受到道德上的谴责,但从历史的角度看,还是要肯定它,因为这种异化正处于创造自己的社会生活条件的过程中,只有通过这一普遍异化的"炼狱",充裕的社会财富和全面发展的个人才可能形成。也正是在这个意义上,马克思认为"全面发展的个人——他们的社会关系作为他们自己的共同的关系,也是服从于他们自己的共同的控制的——不是自然的产物,而是历史的产物。要使这种个性成为可能,能力的发展就要达到一定的程度和全面性,这正是以建立在交换价值基础上的生产力为前提的,这种生产才在产生出个人同自己和同别人的普遍异化的同时,也产生出个人关系和个人能力的普遍性和全面性"①。

(二) 马克思异化理论的当代意义

在推进社会经济全面发展的进程中,重温马克思的异化理论,对于落实科学发展观,加强发展伦理道德建设具有重要的指导意义。

首先,正视社会经济发展进程中的异化现实,是对待异化的实事求是的态度。马克思的异化理论为我们揭示了异化存在的客观必然性,我国社会主义初级阶段存在异化也是一个不争的事实。因此承认社会主义社会存在着异化现象,并且是一个亟待解决的现实问题和实践问题,这是对待异化的实事求是的态度。企图否认和回避我国社会存在的异化问题的态度是

---

① 《马克思恩格斯全集》第46卷(上),人民出版社1979年版,第108—109页。

不可取的。我国仍处于社会主义初级阶段，由于实行公有制为主体、多种所有制并存的所有制形式以及发展社会主义市场经济，生产力水平还较低，虽然自由择业和创业有所突破，但分工的职业化、固定化和终身化仍很普遍，劳动的创造性特征还未充分发挥，劳动异化依然存在，劳动仍然是谋生的手段，行业垄断和分配不公仍很严重。科学技术为人们创造物质财富的同时，也造成人们精神的空虚，再加上人们的思想道德觉悟不是很高，人及其本质被自身所创造的巨大异己力量所奴役，商品拜物教和货币拜物教使得人成为物的奴隶而被物化。现代工业释放了巨大的生产力，同时也造成了自然环境的破坏。我国社会存在异化是一个客观的事实。借鉴马克思异化理论，重视对现代化条件下人的生存状况的深刻反思，对于实现人的自由解放及社会和谐具有重要的启发意义。

其次，积极探索扬弃异化的具体方式，防止异化的蔓延和深化。马克思提出的对私有财产的"积极扬弃"，是克服资本主义社会异化的根本途径。我国社会多年来一直致力于对私有制的扬弃——公有化，取得了一定成果，私有财产的产权归属问题已经基本解决。实际上，对私有财产的"积极扬弃"包含有多维度的内涵，既包括社会制度、产权归属等宏观问题，也包括劳动分工、产品分配等微观问题。在中国当代现代化建设的过程中，对私有财产的扬弃所面临的主要问题是如何公正、公平、合理地分配社会资源，科学分工与协作，实现社会和谐。我国当前提出的科学发展观和建设社会主义和谐社会，就是要逐步消除当前比较突出的各种"异化"现象——自然异化、社会异化、人的异化等，实现劳动者与生产资料、劳动产品、他人以及社会的全面和解，实现人与自然、社会的和谐共生。科学发展观强调"以人为本"、全面、协调、可持续的发展，具体来说，就是要通过真正发挥人的主观能动性和创造性的自觉劳动，推动经济的发展，实现人的全面发展，防止和克服劳动过程的异化；通过坚持以人为本的原则，强调还原人改造世界的自由自觉的类本质，按照任何一个种的尺度和美的规律实现物质和精神的合理双重化，实现人与自然的和谐共存，防止异化劳动使人自己的身体，以及在他之外的自然界，他的精神本质，他的人本质同人相异化；通过加强公民道德建设，坚持公平、平等的人际交往原则，营造团结互助、平等友爱的社会氛围，强化法律责任和义务，注重人文关怀和心理疏导，建立和谐的人际关系，防止市场经济条件下人与人关系的异化。

最后，人的异化与异化的扬弃是辩证的发展过程，为现代人理解和解决既发展又不发展阶段的发展困境找到了出路。在《1844年经济学哲学手稿》中，马克思用异化深刻揭露了资本主义私有制下的雇佣劳动制度及工人的悲惨状况。但是，他并未因此得出人的异化是退化，是"人类理性的迷误"的结论，相反，马克思认为异化是发展的一种特殊的否定形式，是人自身在历史发展中的一个必经阶段，也肯定了异化在一定历史阶段上的进步性。在马克思看来，人的发展过程实际上是异化与异化的扬弃过程，人是在"肯定（自我）—否定（异化的我）—否定之否定（自由全面发展的我）"的辩证过程中向前发展的。解读《1844年经济学哲学手稿》我们还会发现，马克思把异化作为工业和科学发展的形式——工业以异化的形式展示了人的本质力量，并进一步阐明了其对人与社会发展的重要意义。他明确指出："工业的历史和工业的已经产生的对象性的存在，是一本打开了的关于人的本质力量的书"，"全部人的活动迄今都是劳动，也就是工业，就是同自身相异化的活动，人的对象化的本质力量以感性的、异己的、有用的对象的形式，以异化的形式呈现在我们面前"。① 作为历史唯物主义者，马克思认为人是社会发展的主体，人的发展既是社会发展的前提又是它的目的。马克思关于人的发展是积极乐观的，指出"自我异化的扬弃同自我异化走的是一条道路"，人通过异化的扬弃能够实现人的自由全面发展。

三　人与自然和谐发展的思想

关于人与自然的和谐发展，是人们在与自然不断的斗争过程中，经过长期、痛苦的体验后才逐渐获得的。马克思、恩格斯一致认为人与自然之间的关系是相互联系、相互作用的辩证统一。任何将人与自然对立起来的行为都将遭到自然无情地报复。马克思、恩格斯关于人与自然关系的实质就是人与自然要和谐发展。

（一）马克思关于人与自然和谐发展的思想

马克思既肯定了黑格尔的否定的辩证法，而且克服了黑格尔静态的自然观；既吸收了费尔巴哈旧唯物主义自然观的唯物主义基础，肯定了自然的优先地位，又批评了他自然观的直观性和形而上学性。马克思在积极扬

---

① 《马克思恩格斯全集》第42卷，人民出版社1979年版，第127页。

弃以往自然观的基础上建立了全新的自然概念，创立了崭新的正确处理人与自然关系的理论。马克思的人化自然观克服了以往一切旧自然观的局限性，以实践作为理解人与自然关系的切入点，着眼于人与自然关系对人类历史的现实活动和影响，解释了在实践基础上人与自然关系的辩证统一。马克思自然观为协调处理人与自然的关系提供了正确的理论指导。

第一，人与自然相互依赖。自然是人的无机身体，是人类赖以生产和发展的物质前提和基础。马克思曾说，人是自然界的一部分，没有自然界的存在就不会有人类社会的存在。"自然界给人类的生存提供了物质基础，没有自然界，没有外部的感性世界，工人就什么也不可能创造。"① 马克思的这句话清晰、准确地阐释了自然界对人类社会的基础作用，而且我们可以得知，自然界不仅在直接意义上为人类提供了所需用的生活资料，即维持血肉之躯生存的手段，而且为人类的劳动提供了物质基础，使人类的劳动活动得以顺利地进行。然而，自然界的存在和发展同样需要人类的存在。"人作为自然存在物，而且作为有生命的自然存在物，一方面具有自然力、生命力，是能动的自然存在物，这些力量作为天赋和才能，作为欲望存在于人身上。另一方面，人作为自然的、肉体的、感性的、对象性的存在物和动植物一样，是受动的、受制约的和受限制的存在物。"② 即人类作为自然界的一部分，正在能动地改造自然，而且在不断改造自然的过程中不断体现着自己的力量。

第二，人与自然的对象性关系。"对象性关系是客观事物普遍具有的，互为对象，各自表现和确证对方的存在，对方的生命，对方的本质和力量的一种客观而必然的关系。"③ 而在马克思看来，对象性指的是一个存在物在自身之外有一个他物作为自己的对象，这个存在物与它的对象处于一种相互制约、相互依存、相互映照的关系之中，这种关系就是对象性关系。在《1844年经济学哲学手稿》中，马克思从现实的人与自然界关系出发，阐释了人与自然的对象性关系，展现了马克思观察人与自然关系的独特视角。"一个存在物如果在自身之外没有对象，就不是对象性的存在物。……非对象的存在物是非存在物。"④ 但是"这些对象是他的需要

---

① 《马克思恩格斯全集》第3卷，人民出版社2002年版，第272页。
② 同上书，第324页。
③ 《马克思自然观的生态哲学意蕴》，黑龙江人民出版社2001年版，第89页。
④ 《马克思恩格斯全集》第42卷，人民出版社1979年版，第168页。

的对象，是表现和确证他的本质力量所不可缺少的、重要的对象"①。也就是说，人只有以自然为对象，才能称其为真正意义上的人，人必须依靠自然界才能维持自己的生活，人和自然是不可分离、不可分割的。在人把自然界当作自己对象的同时，自然也以人为对象，而就是这个以人为对象的自然界，正在不断地被人改造，为人所用。因此，在马克思看来，人与自然之间是相互依赖、相互依存的，是一对矛盾体。无论是人以自然为对象还是自然以人为对象，其实都是同一对象性关系的两个方面，而实践这一人的对象性活动则是这一对象性关系的基础。马克思在《关于费尔巴哈的提纲》中提出实践的概念，他不仅肯定了实践促成了人与自然的相分离，同时，他也明确地指出，实践同样是重新建立人与自然关系的纽带。实践是人类的存在方式，是推动人与自然相互作用的中介，只有在社会中，在人的实践活动中，自然才能成为人的现实生活的要素。人与自然之间的关系通过实践得以发生，离开人类社会，人与自然的关系无从谈起，人通过实践活动不断地改造自然，利用自然，使自然更加物质化，人类通过实践才能完成人和自然的统一。人与自然的对象性关系只有在马克思的实践的人化自然观里才能成为现实。马克思视域中的人与自然的对象性关系实质上就是人与自然的共存、互补与转化的结果。

第三，自然、人类、社会的有机整体发展。马克思认为自然、人类与社会是一个相互转化、密不可分的有机整体，人通过实践活动在自然界中刻上自己的足迹，使自然具有了属人性，成为了人化自然。正如马克思在《1844年经济学哲学手稿》中提出的那样，"自然界是人的无机的身体，如果说人的肉体是人的有机身体的话，那么自然界，就它本身不是人的身体而言，是人的无机身体"②，即，马克思把属人的自然界的无机身体作为人的肉体的基础，而把整个自然界看作是人类存在的基础。这样的自然绝不是仅仅与它自己的内在性相对立的另一个外部世界，而是"工业的历史和工业的已经生成的对象性的存在，是一本打开了关于人的本质力量的书，是感性地摆在我们面前的人的心理学，对这种心理学人们至今还没有把它同人的本质相联系，而总是仅仅从外在的有用性的这种关系来理解，因为在异化范围内活动的人们仅仅把人的普遍存在、宗教，或者具有

---

① 《马克思恩格斯全集》第42卷，人民出版社1979年版，第167页。
② 同上书，第95页。

抽象普遍本质的历史、艺术和文学等理解为人的本质力量的现实化和人的类活动"①。马克思强调"人的本质不是单个人所固有的抽象物,在其现实性上,它是一切社会关系的总和"②。人,应该是社会的人,自然界创造了人类,而劳动创造了人类社会。马克思指出:"人是名副其实的政治动物,不仅是一种合群的动物,而且只有在社会中才能独立的动物。"③人在实践活动中创造了人之所以为人的一切本性,人类也正是通过这样不断的实践活动,改变着人与自然、人与人、人与社会之间的相互关系。人的本性包括自然属性和社会属性,这两种属性相互依存、相互作用、相互制约。马克思明确指出:"只有在社会中,自然界对人来说才是人与人联系的纽带,才是人为别人的存在和别人为他的存在,才是人的现实的生活要素;只有在社会中,自然界才是人自己的人的存在的基础。只有在社会中,人的自然的存在对他来说才是他的人的存在,而自然界对他说来才成为人。因此,社会是人同自然界的完成了的本质的统一。"④ 即,自然、人、社会是相互依存、相互作用、相互制约的有机统一整体。

第四,违背自然规律是人与自然对抗的认识论根源。人类对自然规律的认识是一个循序渐进的过程,"不以伟大的自然规律为依据的人类计划,只会带来灾难"⑤。自然规律存在于自然界中,不以人的意志为转移,正如马克思所指出的那样"自然规律是根本不能取消的,在不同的历史条件下能够发生变化的,只是这些规律借以实现的形式"⑥。人类对于自然界有着各自不同的理解,同样马克思指出"人创造环境,环境也创造人","生产不仅为主体生产对象,而且也为对象生产主体,主体是人,客体是自然"。⑦ 马克思承认自然对人的优先地位,同时强调人与自然的和谐统一。在马克思看来,要解决人与自然之间的矛盾,必须超越人道主义和自然主义的对立,才能奠定人与自然关系科学合理的理论基础。尽管人类可以改变、利用自然界中的各种物质要素,但却改变不了其自身固有

---

① [德]马克思:《1844年经济学哲学手稿》,人民出版社2000年版,第58页。
② 《马克思恩格斯选集》第1卷,人民出版社1995年版,第60页。
③ 《马克思恩格斯全集》第46卷,人民出版社1979年版,第21页。
④ 《马克思恩格斯全集》第42卷,人民出版社1979年版,第122页。
⑤ 《马克思恩格斯全集》第31卷,人民出版社1971年版,第251页。
⑥ 同上。
⑦ 同上书,第25页。

的规律性。但在现实的实践过程中，人类往往由于各种原因，没有很好的遵循自然界中的规律，并带来了严重的灾害。

第五，马克思关于人与自然关系的异化及其解决办法。"'异化'一词，在德国古典哲学以前，还不是一个专门的哲学术语，它指的是权利的转化、关系的疏远和精神错乱等等。17、18世纪的卢梭等社会契约论者就是在权利转让意义上使用这个词的。到了德国古典哲学时代，他被扩展为分析人与整个外部世界的主客体关系，因而具有了特定的哲学内涵，即主体活动的后果成了主体的异己力量，并反过来危害或支配主体本身。"① 马克思认识到人与自然关系异化的根源在于资本主义制度。他认为人区别于动物的根本特性就是自由自觉的活动，即生产劳动。劳动是人的"类生活"，但在资本主义条件下，劳动被异化了。"马克思论述了异化劳动的四个规定：首先，劳动产品与劳动者相异化。其次，劳动行为本身与劳动者相异化。再次，人的类本质与人相异化。最后，人与人相异化。马克思还指出，劳动的对象化不等于异化，只有在私有制条件下，才表现为异化，从而把劳动异化和私有制联系起来，因而消灭异化就必须消灭私有制。"② 可见，在资本主义生产方式下，如何获得最大的利润才是资本家首先要考虑的问题，在他们看来，获取利润的途径就是对自然的疯狂掠夺，因此，资本主义制度是异化的根源。马克思通过对资本主义生产关系的深入研究，认为只有在共产主义社会条件下，才能真正实现人与自然的和谐统一。但我们必须清醒地认识到，在共产主义的初级阶段，人与自然关系的转变需要一个长期的过程，才能真正达到人与自然的和谐统一。

（二）恩格斯关于人与自然和谐发展的思想

恩格斯历来非常重视人与自然的关系，他在《自然辩证法》以及其他的一些著作中都对人与自然的关系问题做了详尽的描述，提出了许多真知灼见。

第一，人是自然长期进化的结果，自然是人活动的前提。恩格斯认为人是自然系统中的一部分，自然是人类生存和发展的外部环境。恩格斯在《自然辩证法》的《导言》和《劳动在从猿到人转化过程中的作用》中，

---

① 黄楠森：《马克思主义哲学史》，高等教育出版社1998年版，第28页。

② 同上。

指出人是从动物中分化出来的,"劳动创造了人本身"等观点。"我们连同我们的血、肉和脑都是属于自然界,存在于自然界的。"① 在恩格斯看来,自然界是人的生命之源,是人类存在和发展的物质基础,离开了自然界根本谈不上有机生命和人的存在。任何把人类和自然界、精神和物质、灵魂和肉体相对立起来的观点都是错误的。思维和意识"都是人脑的产物,而人本身是自然界的产物,是在他们环境中并且和这个环境一起发展起来的;不言而喻,人脑的产物,归根结底亦即自然界的产物"②。因此,在恩格斯看来,自然界是人的生命之源,是人类的活动前提,是人类生存和发展的物质基础。

第二,人作用于自然界,强调了人的主观能动性。"人,一切动物中最社会化的动物,显然不可能从一种非社会化的最近的祖先发展而来。随着手的发展,随着劳动而开始的人对自然的统治,在每一个新的进程中扩大了人的眼界。"③ 在恩格斯看来,人具有主观能动性,能够认识和正确运用自然规律、改造自然。人类通过劳动认识和改造自然界,来满足自身生存和发展的需要。人类在改造自然界的同时也改变着人类自身,人的认识能力和实践能力也得到提高和发展。人与自然作为生态系统中的有机组成部分,无论是从生物进化角度还是从人类发展本性而言,人与自然都不可能停留在某一种状态,而是处在不断发展变化中。如果没有人与自然的再生产,那么自然将停留在原始状态,而有限的自然资源也最终将日益枯竭,人类就会逐渐失去生存的物质基础。

第三,自然对人类的报复,是人与自然相互制约的极端表现。随着人对自然的不断认识和改造,人类驾驭自然的能力也得到不断提高,但在这一过程中,隐藏了自然对人类的报复,文明的发展同时带来了文明的衰弱。"我们不要过分陶醉于我们人类对自然界的胜利。对于每一次这样的胜利,自然界都报复了我们。"④ "美索不达米亚、希腊、小亚细亚以及其他各地的居民,为了得到耕地,把森林都砍完了,但是他们做梦也想不到,这些地方今天竟因此而成为不毛之地,因为他们使这些地方失去了森林,也就失去了积聚和贮存水分的中心。阿尔卑斯山的意大利人,在山南

---

① 《马克思恩格斯选集》第3卷,人民出版社1972年版,第518页。
② 同上书,第74页。
③ 同上书,第510页。
④ 《马克思恩格斯选集》第4卷,人民出版社1995年版,第383页。

坡砍光了在北坡被十分细心地保护的松林,他们没有预料到,这样一来,他们把他们区域里的高山畜牧业的基础给摧毁了;他们更没有预料到,他们这样做,竟使山泉在一年中的大部分时间内枯竭了,而在雨季又使更加凶猛的洪水倾泻到平原上。"① 在人类认识和改造自然的过程中,恩格斯得出这样的结论,"每一次胜利,在第一步都取得了我们预期的结果,但是在第二步和第三步却有了完全不同的、出乎预料的影响,常常把第一个成果又消除了"②。作为大自然一部分的人类,必须和自然界和谐相处,否则,必然遭受自然界的报复,自然界以"报复或惩罚"的方式否定人的行为。

第四,人与自然关系的实质是二者的和谐共处、协调发展。人与自然是相互联系、相互作用、相互制约的辩证统一的关系,任何把人与自然对立起来的行为都势必遭到自然界无情的报复和惩罚。然而,人类对自身与自然关系的正确认识,却是在人与自然作斗争的过程中,经受了长期、痛苦的体验后逐渐获得的。"我们每走一步都要记住:我们统治自然界,决不像征服者统治异族人那样,决不是像站在自然界之外的人似的——相反地,我们连同我们的肉、血和头脑都是属于自然界和存在于自然之中的;我们对自然界的全部统治力量,就在于我们比其他一切生物强,能够认识和正确运用自然规律。"③ 在恩格斯看来,在处理人与自然的关系时,人类不要站在自然界之外去统治和主宰自然,人始终都是自然的一部分,而且人类与自然相互联系、相互作用。因此,我们损害自然就是在损害自己,要防止自然界对人类的"报复"就是要改善人与自然的关系,使二者得以和谐相处。

(三) 马克思、恩格斯人与自然和谐发展思想的意义和当代价值

促进人与自然的和谐发展,既是经济发展和社会进步的需要,也是人类实现自身全面自由发展的需要,深入研究马克思、恩格斯关于人与自然和谐发展的思想,具有深刻的意义和非凡的价值。

第一,理论意义和价值。马克思、恩格斯关于人与自然关系的思想是可持续发展的理论先导。可持续发展理论在全球环境问题凸显的背景下应运而生,标志着人与自然的关系走上了否定之否定的发展新阶段。马克

---

① 《马克思恩格斯选集》第 3 卷,人民出版社 1972 年版,第 517—518 页。
② 《马克思恩格斯选集》第 4 卷,人民出版社 1995 年版,第 383 页。
③ 《马克思恩格斯选集》第 3 卷,人民出版社 1972 年版,第 518 页。

思、恩格斯关于人与自然和谐发展思想是可持续发展理论的前提。可持续发展以人与自然的和谐共处为前提，以实现人与社会、人与人的和谐为最终目标，它强调人与自然、人与社会以及人与人的和谐发展，重视资源与环境对人类发展的影响和制约。可持续发展理论与马克思、恩格斯关于人与自然的和谐发展思想是相通的，他们的出发点都是出于对人类前途和命运的深切关怀，目标都是为了保护人类生存与发展所依赖的生态环境，强调人与自然的和谐相处。可持续发展理论是对马克思、恩格斯关于人与自然和谐思想的创新和发展。党的十六届三中全会提出了以人为本、树立全面协调可持续的科学发展观，把统筹人与自然和谐发展作为重要内容，充分说明我党深刻认识到了人与自然和谐发展对人与社会全面发展的重要意义。要更好地落实科学发展观，就必须更好地了解人与自然关系的发展变化，并深入研究人与自然和谐发展的必要性和紧迫性，从而为人与自然和谐发展建立理论基础。

第二，可持续发展思想是马克思、恩格斯关于人与自然关系思想的实践。马克思、恩格斯关于人与自然和谐发展的思想，对于我国构建社会主义和谐社会不仅具有深远的理论意义，而且具有重要的现实意义。经济的发展是全球各国追求的目标，我国同样如此。在当代这个没有硝烟的经济战场上，各国都在为经济增长想方设法、竭尽全力。我国改革开放30多年以来，经济发展突飞猛进，当我们陶醉于经济高速增长的喜悦中时，许多生态环境污染骤然严重起来，区域性、暂时性、潜在性的问题变成了全国性、长期性、公开性的问题，严重影响我国和谐社会的构建和发展。马克思、恩格斯关于人与自然和谐发展的思想是构建和谐社会的基础。构建社会主义和谐社会，必须妥善处理人、自然与社会之间的相互关系。经济的发展带有浓厚的功利主义色彩，但是，时代的发展要求经济的发展必须上升到人文境界，实现可持续发展的道路。可持续发展战略是指导我国现阶段人与自然关系的最优的发展战略，可持续发展战略的实施，已经并将继续为调试人类与自然的关系开辟现实途径。马克思、恩格斯关于人与自然和谐发展的思想，不仅为深入研究可持续发展理论提供了理论基础，而且将有助于我们更合理、更有效地处理好人与自然的关系，从而实现我国和谐社会的构建。

第五章 科学发展观的伦理思想

第一节 科学发展观伦理思想的内涵

发展是当代世界的主题,也是当代中国的主题。新一届党中央领导集体继承历史、立足现实、面向未来,在总结我国经济社会发展经验和探索建设中国特色社会主义内在规律的基础上,提出的科学发展观在阐明新的发展理念的同时,其自身具有重要的价值目标和伦理原则。科学发展观所倡导的坚持以人为本,树立全面、协调、可持续的发展观,促进经济社会和人的全面发展的精神,不仅蕴含着深厚的中国传统文化的精髓,而且也包含了马克思主义伦理思想的内涵。

科学发展观蕴含着丰富的伦理思想,它是在坚持马克思主义发展论的指导下,对我国传统优秀伦理思想的继承发扬,对西方伦理思想的批判借鉴以及对中国社会主义建设经验教训的总结,更是对现代伦理思想的集中反映。概括而言,主要包括科学发展观的价值目标、科学发展观的伦理原则、科学发展观的道德要求。

一 科学发展观的价值目标

党的十七大提出科学发展观以来,很多资深学者对其包含的丰富价值理念进行了深入和全面的研究。从总体上来说,科学发展观包含四大价值目标:科学发展观的经济伦理目标——全面建设小康社会;科学发展观的政治伦理目标——以人为本;科学发展观的文化伦理目标——人的全面发展;科学发展观的社会价值目标——构建社会主义和谐社会。

首先,科学发展观的经济伦理目标是全面建设小康社会。"贫穷不是社会主义,更不是共产主义"、"社会主义老是穷,总是站不住脚的"、"社会主义的特点不是穷,而是富,但这种富是人民共同的富裕"。关于科学发展观的经济学价值,学者李伟认为科学发展观包含着丰富的经济思想内容，发展必须以经济发展为中心，实现可持续发展是科学发展观的重要体现，转变经济增长方式是科学发展观的内在要求。① 王志伟认为经济学视角下的科学发展观应以人们社会福利的实质改进作为目标，来衡量经济发展的成果；它强调应从社会角度以全面的综合的效率为出发点，对经济效率加以衡量和评价。经济学视角下的科学发展观也强调兼顾社会上不同人群之间的公平程度，对于机会的平等和结果的平等，在主要强调机会平等的前提下，适当兼顾结果的平等。经济学视角下的科学发展观也应注意短期利益与长期利益相结合、应以经济内部的协调发展和社会有关方面的协调发展作为经常性的基本考虑。说到底，经济学视角下的科学发展观应该是从实际情况和条件出发的、开放的、辩证的、不断发展的理论体系。② 全面建设小康社会既有中国传统文化的精神，也符合马克思主义和社会主义的本质要求。21世纪以来，我国胜利实现了现代化建设第一、二步的战略目标，人民生活总体上达到了小康水平。全国进入了全面建设小康社会，加快推进社会主义现代化建设的发展阶段。科学发展观所要建设的社会就是这样一个经济更加发展、民主更加健全、科教更加进步、文化更加繁荣、社会更加和谐、人民生活更加殷实的小康社会；一个更高水平的、更全面的、发展比较均衡的小康社会。这就是科学发展观作为经济目标的伦理内涵。

其次，科学发展观的政治伦理目标是社会发展以人为本。科学发展观提出的"以人为本"作为政治伦理范畴，是科学发展观的一个重要价值目标。关于科学发展观的政治伦理目标，学者王毅认为马克思主义是人类第一个建立在科学方法论基础上的社会发展理论，科学发展观是马克思主义社会发展理论的继承和发展。注重研究政治功能，在马克思主义社会发展学说中显得十分突出。无论从科学发展观提出的现实背景、过程，还是核心和主题词来看，都有十分凸显的政治意蕴。尤其是"以人为本"，既承受了马克思人的自由和解放的命题，又突出以社会主义国家政权的力量来维护社会的平等和公正，科学发展观蕴含和展现的这一政治意蕴，是极为重要的和不可忽略的。③ 关于科学发展观的人学价值，学者吴静波、周正艳认为科学发展观在其贯彻和落实时，要时刻将"人"铭记于心，做

---

① 李伟：《科学发展观经济思想解读》，《中国市场》2008年第8期。
② 王志伟：《经济学视角下的科学发展观》，《内蒙古财经学院学报》2004年第3期。
③ 王毅：《科学发展观的政治意蕴》，《军队政工理论研究》2006年第5期。

到万物人为本、万事民为先。① 乔翔认为科学发展观是促进人的全面发展的基本途径和保证，它把人的全面发展与社会经济、文化等方面的发展以及实现最广大人民的根本利益紧密结合起来，确立了以人为本的价值观，充分体现了科学发展观的政治伦理目标。② 科学发展观所提出的以人为本，就是要通过人民群众当家做主的权利，通过保障人民群众的经济、政治、文化方面的利益，来发展人民民主、建设民主政治。当然，科学发展观中的"以人为本"中的"人"，不是抽象的"人"，而是现实社会生活中的广大人民群众。这正体现了科学发展观以最广大人民群众为本，把最广大人民的利益作为最高的价值追求，体现了共产党人全心全意为人民服务的政治道德，这也正是科学发展观的政治伦理思想的应有之义。

再次，科学发展观的文化伦理目标是人的全面发展。注重人的全面发展，是社会主义精神文明建设的核心内容，更是科学发展观提出的一个重要文化伦理目标。莫秋婵认为科学发展观既体现了以人为本的价值取向，又体现了人与人、人与社会、人与自然的和谐统一的辩证关系。③ 韦兆钧认为科学发展观的文化价值包括：科学发展观继承和发展了以人为本的马克思主义人学思想；弘扬了马克思主义人学关于实现人的全面发展的学说；彰显了把"现实的人"作为出发点的马克思主义人学理念。④ 学者王鹤岩认为传统的发展观认为依靠技术的发展，人类没有解决不了的问题。但是伴随着生态问题的产生和激化，使人们对以往一直视为不可动摇的价值信念、文明理念、生活准则进行了反思，在自然与人类的矛盾冲突中，人们开始寻求对自然界进行人文关怀的科学发展理念。科学发展观不仅是一种新的发展模式，而且也是一种新的发展观。它意味着一系列文化观和价值观的革命性变革。因此，探求科学发展观的文化和价值底蕴并突破原有观念的局限性，寻求科学发展观的内在文化价值，不仅对解决全球性问题具有重要的理论意义，而且对我国建设社会主义和谐社会也具有现实意义。⑤ 任海彬认为以人为本的科学发展观具有深厚的文化意蕴，指出可持

---

① 吴静波、周正艳：《科学发展观的人学思考》，《江淮论坛》2004年第6期。
② 乔翔：《科学发展观的人学意蕴》，《临沂师范学院学报》2007年第2期。
③ 莫秋婵：《科学发展观的人学意蕴》，《肇庆学院学报》2007年第4期。
④ 韦兆钧：《科学发展观是马克思主义人学理论的继承和发展》，《经济与社会发展》2008年第1期。
⑤ 王鹤岩：《科学发展观的文化价值探析》，《学术交流》2007年第11期。

续发展是对人与自然关系的文化阐释,全面发展是对人与人关系的文化解读,协调发展是人与社会关系的文化要义,以人为本则是在文化实践的基础上达到的真理原则与价值原则的统一。① 马克思主义认为,人一切活动的最终目的,社会发展的最终目标都是为了人,为了满足人们不断增长的物质文化的需要,为了实现人的自由而全面发展。我们党始终坚持以马克思主义为指导,在科学总结社会主义现代化建设的经验教训的基础上,进而提出了科学发展观,就是把最广大人民的利益作为一切工作的出发点和落脚点,不断满足人民经济、政治、文化等多方面的需要和促进人的全面发展。

最后,科学发展观的社会价值目标是构建社会主义和谐社会。发展是贯穿中国特色社会主义的红线和主题,推进中国特色社会主义伟大事业的进步,必须牢牢抓住这一主题不放松。科学发展观从和谐的角度求得更好的发展,而和谐社会的实现更要注重科学的发展。郑俊丽认为科学发展观的主体内容就是中国特色社会主义社会协调进步思想,它是以马克思主义经典作家的世界整体趋向论、社会协调发展论和历史进步主体论等发展理论为基础,结合中国创新的最新成果形成的以人本思想为核心的科学发展学说,科学发展观从哲学的高度审视了历史进步和主体发展的规律,是思考中国社会现实和着眼未来发展的科学理论。② 万是明认为科学发展观具有丰富的内在价值,突出了建立和谐社会的深远意义,它消除了传统发展观上经济和文化的对立,体现了社会主义建设的价值功能,坚持以人为本,促进人的全面发展,确立了人在发展中的主体地位,突出了文化建设的地位和作用,要求物质文明、政治文明、精神文明三者协调发展,全面营造和谐社会、经济社会保持均衡发展,为开拓社会主义建设事业提供更广阔的空间。③ 党的领导集体,在提出科学发展观的同时,高瞻远瞩适时提出构建社会主义和谐社会,正是对科学发展观精神实质的经典概述和高度总结。和谐是发展的基础,而发展也正是和谐的必然结果。科学发展观

---

① 任海彬:《略论以人为本科学发展观的文化意蕴》,《中共四川省委党校学报》2005 年第 3 期。

② 郑俊丽:《科学发展观的哲学视角透析》,《河南师范大学学报》(哲学社会科学版) 2005 年第 4 期。

③ 万是明:《论科学发展观的内在文化价值》,《河南师范大学学报》(哲学社会科学版) 2005 年第 3 期。

的精神实质包含着和谐发展的必然要求，它所强调的和谐是包括人文生态和自然生态在内的全方位和谐，是发展中的和谐，也是只能在发展中才能实现的和谐。

二 科学发展观的伦理原则

伦理原则是指一种根本性、指导性的伦理规则，它所要解决的是用什么样的根本规则来指导伦理选择，规范伦理行为。在我们解读科学发展观时，我们可以发现其中贯穿着一种内在的精神，那就是公平正义。公平正义作为一个社会的伦理原则，就其一般含义而言，是关于人与人之间关系的一种理想目标和价值准则，是人与人之间的一种合理关系以及体现这种合理关系的制度和规范。就其根本价值目标而言，公平正义是要为全体社会成员的幸福、自由和全面发展提供社会条件和社会保障。科学发展观的提出深化了我国经济体制改革的指导原则，它更赋予公平正义以丰富的经济伦理含义。建立在社会主义初级阶段和社会主义市场经济体制之上的公平公正，应该是社会主义社会最为基本的价值目标。党在十六届三中全会提出的科学发展观，不仅坚持了效率优先的基本原则和前提，而且特别重视公平正义的精神。其中，以人为本、全面发展、协调发展和可持续发展思想，就是在中国特色社会主义建设过程中为追求社会公平和公正所体现出来的基本伦理原则。

第一，以人为本原则。以人为本是科学发展观的伦理核心。自工业革命以来，为满足人类的物欲，传统功利性的发展观引领着社会经济的发展。西方工业的快速发展，创造了以往历史无法比拟的物质财富，极大地促进了生产力的发展。但由于在工业化过程中片面追求数量和对物的极端关注，这种只看物不看人的经济发展观对科技的发展产生了一定的负面影响，科技的价值理性被抬到了至高无上的地步，科技活动中弥漫着强烈的实用主义和功利主义。科学发展观始终坚持以人为本，就是要把人作为社会发展的根本目的，要以实现人的全面发展为目标，从人民群众的根本利益出发谋发展、促发展，不断满足人民群众日益增长的物质文化需要，切实保障人民群众的经济、政治和文化权益，让发展的成果惠及全体人民。以人为本，就是要求我们在社会发展中以满足人的需要、提升人的素质、实现人的全面发展为终极目标。树立和落实科学发展观，必须坚持以人为主体、以人为前提、以人为动力、以人为目的，要充分肯定人在经济社会发展中的主体地位和作用，同时要尊重人、解放人、塑造人。

第二，全面发展原则。全面发展是科学发展观的伦理要求。科学发展观所体现的全面发展的要求，从人与自然的角度而言，必然涉及环境保护、生态平衡以及人与自然和谐相处。正如恩格斯所强调的那样，人类每走一步，都要记住，我们统治自然界，绝不像我们人类统治异族那样，也决不像站在自然界之外的人那样，恰恰相反，人类连同自己的血、肉、头脑都属于自然界和存在于自然之中。也正因为此，产生了人对自然应有的责任和义务，这就是自然中的一切存在物都因其对人类的价值而应该获得人类的保护与道德关怀，人类对自然的存在和发展负有不可推卸的责任与义务。科学发展观中提出的全面发展思想，从国家的角度而言，中国作为发展中国家，发展经济、走向富强，这是当代中国的主旋律。但是，我们不能将发展理解为单纯的经济发展，而应该是包括经济增长、社会进步以及人类与生态环境的有机协调的发展。科学发展观所倡导的全面发展，就是以经济建设为中心，全面推进经济、政治、文化建设，实现社会的全面进步；就是要在不断完善社会主义市场经济体制，保持经济持续快速协调健康发展的同时，加快政治文明、精神文明的建设，形成物质文明、政治文明、精神文明相互促进、共同发展的格局。

第三，协调发展原则。协调发展，就是要坚持科学发展观所提出的"五个统筹"的原则。"五个统筹"原则是在总结我国社会主义建设的历史经验的基础上，适应社会主义现代化建设的新形势新任务而提出来的。协调发展就是要统筹城乡协调发展、区域协调发展、经济社会协调发展、国内发展和对外开放以及统筹人与自然和谐发展。"五个统筹"构成了我们在发展中需要把握好的各方面的关系，处理好这些关系是全面、协调、可持续发展的前提。"五个统筹"实质上就是统筹兼顾，就是要做到总揽全局、科学筹划、协调发展。简而言之，就是要使方方面面的关系协调好，使方方面面的利益矛盾解决好，进而使社会各个领域、各个要素之间由不协调变得协调、从紊乱变为有序，从而达到总体平衡与和谐。统筹兼顾是科学发展观的根本要求。

第四，可持续发展原则。可持续发展是在总结人类与自然相互关系经验和教训的基础上，重新选择的发展道路，是适应全球性的生态失衡和环境危机应运而生的一种新的发展观。这种发展观旨在系统解决人类所面临的生存和发展中的一系列问题，使社会经济增长与社会发展以及同资源开发和环境保护相协调，其目标是不仅要满足当代人的需要，而且也要满足后代人的需要，从而实现发展的经济持续性、生态持续性和社会持续性。我国改革开放以来，经济得到快速发展，但我国的现实国情：人口多、资源少、环境问题日趋严重、利用方式不合理等，都使得我国这样一个发展中国家，在实现社会主义现代化过程中，面临更大挑战，既要加快发展经济又要保护环境，实现人与人、人与社会、人与自然的协调发展。可以说，这是人类以新的价值观和道德观审视道德主体行为善恶而做出的理性选择，表现出当代人对自然、对后代人的伦理关怀。

三　科学发展观的道德要求

科学发展观的提出和贯彻实施，反映了我们党对中国特色社会主义现代化建设的规律总结和深化，同时，在实践方面必然提出相应的伦理道德要求。

第一，必须坚持以经济建设为中心不动摇。党提出的科学发展观理念，蕴含了丰富的道德意蕴，它所坚持的以经济建设为中心的发展观充分体现了马克思主义伦理学的基本立场。科学发展观以发展为前提，而且是一种以经济建设为中心的社会和人的全面发展，即把经济发展、先进生产力发展作为发展最首要和最基本的要求，从而作为社会其他方面发展的物质基础，这样的发展理念也充分体现了马克思主义伦理学辩证唯物主义的基本立场。"仓廪实，而知礼节，衣食足，则知荣辱"，这是我国古代朴素的唯物主义伦理观。中国共产党历来非常重视保护和发展生产力，一直把经济的发展当作社会主义道德建设的物质基础。生产力的发展、经济的繁荣是中国特色社会主义道德建设的基本诉求，因此，要求我们党的各项工作都要符合生产力发展的重要要求，要求国家和政府毫不动摇地坚持以经济建设为中心，集中力量努力发展我国经济，为政治文明、精神文明、生态文明提供强有力的物质保障。

第二，努力缩小贫富差距，遏制两极分化。贫穷不是社会主义、两极分化也不是社会主义，努力缩小贫富差距，避免两极分化，才能更好地促进我国经济的发展。科学发展观在认识和处理人与人之间的关系问题上，坚持效率和公平有机统一的原则和理念，提倡共同富裕的思想。科学发展观要求始终坚持共同发展、共同分享、共同富裕的原则。以共同富裕为目标，扩大中等收入者比重，提高低收入水平，调节过高收入，取缔非法收入，从而为缩小贫富差距，避免两极分化提供了指导思想和制度保障。同时，科学发展观所强调的"五个统筹"，即统筹城乡发展、统筹区域发展、统筹经济社会发展、统筹人与自然和谐发展、统筹国内发展和对外开放，与全面协调可持续发展是一致的，也体现了共同发展、共同分享、共同富裕的要求。

第三，重视教育，努力提高国民素质。百年大计，教育为本。教育和科学作为经济发展最强大的动力，同时也是提高人的素质、推动整个社会道德进步的重要条件。当今世界经济不断发展，世界各国日益重视教育和提高国民素质，以此来提高国家自身的综合国力和国际竞争力。我国作为世界最大的发展中国家，如果不采取积极有效的措施，来改善我国目前十分落后的国民素质状况，必将给我国社会主义现代化建设事业的发展带来沉重的负面影响。因此，要使得科学发展观能够更好地贯彻实施，必须始终坚持科教兴国、人才强国战略国策。不仅要加大教育科技的投入，尊重知识和脑力劳动者，通过全国的普及教育，提高我国国民的整体素质，而且，要大力宣传科学、宣传唯物主义，培养我国国民崇尚科学的理性精神。

第二节　科学发展观伦理思想的特点

科学发展观所蕴含的伦理道德价值对建设和推进我国社会主义精神文明建设具有重要的现实意义。科学发展观的提出，是对传统发展观价值理性缺失的积极回应和调整，它为我国社会主义现代化建设的发展活动实现价值重构提供了新的契机。

一　科学发展观奠定了以人为本的发展价值观

以人为本是科学发展观的核心内容，是马克思主义关于人本思想的理论创新和发展，它的提出为社会主义伦理观奠定了人本的基础。科学发展的这一核心内容，不仅体现了马克思主义历史唯物主义的基本原理，而且体现了中国共产党全心全意为人民服务的根本宗旨。以人为本作为社会主义本质的根本体现，是中国共产党的执政理念，但他的历史源远流长，它源于中国传统文化中的"人伦文化"和西方古代文明中的"人本气息"以及马克思主义关于"人的解放学说"。中国共产党在革命、建设和改革的实践过程中，不断总结、提炼作为理论指导的伦理原则，为中国特色社会主义现代化建设奠定了坚实的伦理基础。

科学发展观是在立足社会主义初级阶段基本国情，总结我国社会主义现代化发展实践，借鉴国内外发展经验，适应中国特色社会主义现代化新的发展要求提出的。为适应我国社会主义现代化建设的新形势和新要求，我们党高瞻远瞩提出"以人为本"统筹发展的发展价值观和发展理念，正是实现人的全面发展的时代体现。因此，以人为本的思想始终坚持了马克思主义历史唯物主义的基本立场和根本观点，是对马克思主义人本思想新的发展和概括，更为我国社会主义现代化建设新时期的伦理观奠定了坚实的思想基础。科学发展观提出的"以人为本"中的"人"指的是最广大的人民群众，而"本"则是指最广大人民群众的根本利益，这是党和政府一切工作的出发点和落脚点。"以人为本"就是要以最广大人民群众的根本利益作为最根本的基点，是党"为人民服务"这一根本宗旨内容的新体现和新发展，更为社会主义伦理思想的发展提供了根本的宗旨。

贯彻以人为本的发展价值观，首先必须要培育和确立人民的利益是至高无上的价值观，社会主义的本质要求就是要实现和保障最广大人民的利益，在共同利益一致的基础上，形成一种良好的全国上下互动的和谐的状态。同时，要调动和发挥最广大人民群众的最大积极性和创造性，让他们能够真正认识到自己的利益所在，并且能够看到自己利益的实现。其次要全面贯彻以人为本的发展价值观，必须要始终坚持以人民为主体的伦理观，时刻强调发展要依靠最广大的人民群众。科学发展观只有突出人在发展中的主体地位和能动作用，才能解决发展的最终目的这一根本性的问题，也可以最大限度地开发社会各方面资源优势，为发展形成一种持久有效的推动力量。总之，人作为经济社会发展的着眼点、立足点以及出发点和归宿点，而且由于人民是社会发展的动力，所以更需要不断地提高人的素质、激发人的潜能、发挥人的创造精神，尊重广大人民群众主人翁的地位。同时，因为保障人民群众的最根本的利益是社会发展所追求的更高价值目标，所以必须要保障人的基本生活、尊重人的自由权利、维护人的尊严、实现人的幸福，进而推进人的自由而全面的发展，这样才可以真正体现科学发展观的发展价值和目标。

二 科学发展观蕴含了公正公平的伦理价值观

公正作为伦理学说的一个极其重要的范畴，它指的是在特定的社会历史时期和特定的人群中，被人们公认为是最佳的或者说与别的规则相比不得不选择它的用于评价社会合理与否的价值尺度。在社会伦理关系中，公正作为社会伦理道德原则、社会法律体系、社会政策体系、社会舆论氛围等，一起维护和保证人们在社会生活中享有平等的经济社会地位。在社会主义社会里，公正具有根本性的意义，它的出发点就是实现社会公正。一般而言，传统的发展观在认识和处理人与人的关系的时候，往往只注重效率，而忽视地域性、资源性和政策性等原因造成的社会不公正、不公平等现象和结果。科学发展观的伦理思想中蕴含了深厚的公正思想，同时，在发展方法上，科学发展观要求我们党要正确科学地处理我国现代化建设过程中的一系列重大关系问题，要着力注重综合平衡、不能顾此失彼。同时，科学发展观要求统筹兼顾，强调进一步协调城乡之间、区域之间、经济社会发展之间、人与自然之间、国内发展和对外发展之间的关系，它强调要竭力协调处理好各方面的利益关系，最广泛、最充分地调动一切积极因素为我国社会主义现代化建设更好地服务。

在中共十七大报告中，明确指出：实现社会公平正义是中国共产党人的一贯主张，是发展中国特色社会主义的重大任务。要按照民主法治、公平正义、诚信友爱、充满活力、安定有序、人与自然和谐相处的总要求和共同建设、共同享有的原则，着力解决人民最关心、最直接、最现实的利益问题，努力形成全体人民各尽其能、各得其所而又和谐相处的局面，为发展提供良好社会环境。这一发展理论为我国建设中国特色社会主义提出了新的道德要求和更高要求的伦理规范。自有人类社会以来，公平与正义问题一直就成为社会制度的主题，成为评价社会结构、制度运行的道德标准。其中，公平应该是社会道德的基本价值和规范，它指的是社会阶层和公民的权利与义务在社会分配构成中的合理的确认。一般而言，可以分为形式和内容两个层次，形式上包括经济制度、政治制度、法律制度等；内容上包括实质公平和程序公平。公平问题主要解决的是分配程序和结果问题，但同时也会带来因实施公平而出现的种种问题，诸如，地域差别、两极分化以及贫富差距悬殊等问题。因此，要更好地促进社会主义现代化建设，还必须注重实施科学发展观提出的正义的目标，促进社会的可持续发展和全面发展。科学发展观提出的统筹发展、协调发展的战略思想，正是正义的本质要求的体现。

科学发展观涉及的公平公正问题，主要涉及经济与政治、文化、社会的关系、城乡关系、区域关系、人与自然的关系。正确处理这些关系，必须坚持社会公平公正原则。同样，要实现人与自然之间的和谐发展，必须把代际公正放在一个十分重要的位置，既要保证当代人的生存发展需要，也要为保证后代人的生存和可持续发展保留足够的资源和良好的环境。党的十七大报告中指出，"合理的收入分配制度是社会公平的重要体现。初次分配和再分配中都要处理好效率和公平的关系，再分配更加注重社会公平"。社会公平，一般意义而言，是指社会权利的合理分配，另一层次是指经济利益的合理分配。公平作为最基本的一种权利，它也是经济权利的基石。但是如果一味坚持平等权利的广泛性，就必须将平等权利具体化到各个生活领域，这样势必将提出经济利益分配的合理性问题，同时给经济领域中的利益分配确立一个最基本的价值评价标准。而公平则包含着自由、公正和平等等诸多方面的内容，主要包括机会均等、利益分配均等，即利益的初次分配以按劳分配为主，其他分配方式并存，而利益的再度分配，则要防止贫富悬殊的目的，努力把人们的利益差距控制在社会普遍接受的合理范围之内，这一伦理精神也恰恰是科学发展观所一直追求的精神境界。要实现科学发展观所提出的社会公平，首先要依据市场效率原则进行利益的初次分配，实现多劳多得，合理拉开收入差距，以促进劳动者的积极性和主动性。其次，通过政府对国民收入的再分配，发挥税收、社会福利保障制度等财政金融杠杆的作用，降低高收入者的收入，缩小收入差距，使社会成员的生活水平都有相对的提高，以实现现阶段生产力水平下的结果上的平等，即体现社会公平。按劳分配为主体、多种分配方式并存的分配，从经济层面上研究，是物质利益的分配问题，但如果从人与人之间的关系而言，涉及的则是人与人之间复杂的伦理关系问题。科学发展观所体现的伦理思想凸显了公平与效率相统一的经济伦理诉求，在科学发展观指导下的社会主义市场经济中，既要注重利益，又要讲求效率，更要兼顾公平。

三 科学发展观包含了和谐共生的伦理发展目标

党的十七大报告指出："深入贯彻落实科学发展观，要求我们积极构建社会主义和谐社会，社会和谐是中国特色社会主义的本质属性。"[①] 科

---

① 中共中央宣传部：《科学发展观学习读本》，学习出版社 2008 年版，第 57 页。

学发展观所倡导的以人为本、树立全面、协调、可持续的发展观理念，为最终促进经济社会以及人的全面发展提供了指导思想和社会发展的伦理目标和宗旨。在伦理学中，伦理的"伦"指的应该是社会人伦关系，而"理"则侧重于"应当"的理念和道理，伦理强调的则是人与人、人与社会关系的应有状态。科学发展观所提倡的和谐社会，就是要把我国建设成为一个经济、政治、文化、社会协调发展的社会，促进人与人、人与自然、人与社会整体和谐。因此，和谐共生的思想理念应该就是科学发展观所追求的最高的伦理发展境界和目标。

科学发展观的发展理念中蕴含着人与自然和谐共生的生态伦理思想，科学发展观强调人与自然的和谐、人与人的和谐。和谐共生是资源节约型和环境友好型社会发展的重要目标。改革开放30多年，我国社会主义现代化建设取得了突破性进展，社会发展到一个新的发展阶段。然而，在这一发展阶段中，各种利益关系更加复杂，利益冲突更加明显，科学发展观所提倡的和谐共生的伦理发展目标正是基于人类无限的需要和自然资源的有限性这一现实矛盾而提倡的战略思想。"科学发展观的根本方法就是统筹兼顾，这一方法深刻体现了唯物辩证法在发展问题上的科学运用，而且深刻揭示了实现科学发展、促进社会和谐的基本途径，反映了坚持全面协调可持续发展的必然要求。"[①] 改革开放以来，中国社会经济发展取得了举世瞩目的辉煌成就，社会财富急剧增长，但我们必须清醒地认识到，虽然社会财富总量有了突破性的增长，但是社会财富增加严重不平衡，城乡之间、区域之间的差距不断扩大。同时，经济增长方式还存在高投入、高消耗、低效率等一系列问题。因此，从科学发展观的经济社会和谐发展的伦理目标出发，统筹城乡之间、区域之间、经济社会与人之间的共同发展，才能为经济发展和社会的全面发展注入强大的动力和支撑。

"把经济社会发展看作动态过程，深刻认识平衡是相对的，不平衡是绝对的，把握经济社会发展中平衡与不平衡的辩证关系，既善于调动各方面发展的积极性，鼓励抓住机遇加快发展，又努力实现均衡发展，注重发展的协调性和稳定性。坚持因地制宜，因人制宜，因时制宜，不强求一律，不搞齐步走、一刀切，防止顾此失彼。正确认识和妥善处理重要利益

---

① 中共中央宣传部：《科学发展观学习读本》，学习出版社2008年版，第46页。

关系，充分考虑不同地区、不同行业、不同群体的利益要求，善于把握各方利益的结合点，使各个方面的利益和发展要求得到兼顾。"① 因此，努力协调人与人、人与社会的各种利益关系，把握统筹兼顾的方法，从而力争经济社会的全面、协调、可持续、和谐稳定的发展是目前我们面临的最大的政治经济问题，也是中国特色社会主义现代化建设应追求的伦理目标。

科学发展观所提倡的和谐共生发展伦理目标，要求社会发展注重人与自然之间的和谐共生。以胡锦涛总书记为核心的党中央领导集体，提出了构建和谐社会的战略目标，要求把我国建设成为一个民主政治、公平正义、诚信友爱、充满活力、安定有序、人与自然能够和谐相处的社会。科学发展观中把人与自然的和谐相处，作为社会主义和谐社会的重要特征之一，这既是对人与自然关系的准确定位，而且也是对社会主义社会特征的一种全新认识。科学发展观的发展伦理目标，要求人类不仅承认和尊重自然万物自身的存在价值和生存发展的权利，而且要求人类像爱护和保护同类那样去对待自然万物，尊重生物的生存权和发展权。人类作为自然界的一部分，应该像爱护自己身体的一部分去爱护大自然的万物，同自然界的万物同生同长，共生共荣。人类在处理人与自然的过程中，要严格按照自然的规律办事，人类的劳动实践不是随心所欲，而必须受到大自然固有的、客观的规律的制约和限制，违背自然界的客观规律，破坏生态系统，势必受到自然界的报复。科学发展观所提倡的人与自然和谐共生的发展理念，要求人们充分认识生态自然对人类生存的价值，努力将生态系统纳入人类生存与发展的空间，以求得经济、社会、资源、环境四大系统之间和谐共存、协调发展，建立起包括自然界在内的新的伦理道德秩序。

科学发展观所提出的和谐共生的发展目标，不仅包括人与自然、人与社会的和谐共生，而且也包括人的全面发展，这是马克思主义的理想社会目标，也是共产主义的道德理想和伦理目的。人如果要获得自身的全面发展和自我完善，达到一种人自身的和谐共生目标，必须在改造客观世界的同时，不断地改造自身的主观世界。物质基础的满足是精神生活满足的基础条件，但如果没有精神生活的极大丰富，即没有人的全面发展，我们的社会生活也不算是和谐共生。因此，"通过私有财产及其富有和贫困——

---

① 中共中央宣传部：《科学发展观学习读本》，学习出版社2008年版，第52—53页。

物质的和精神的富有和贫困——的运动，生成中的社会发现这种形式所需的全部材料；同样，生成了的社会，创造着具有人的本质的这种全部丰富性的人，创造着具有丰富的、全面而深刻的感觉的人作为这个社会的恒久的现实"①。所以，我们可以看出，马克思主义关于未来共产主义社会的设想，就是要实现人的自由全面的发展。科学发展观所提出的人与人之间的和谐发展，就是努力追求所谓的生态人文，这是科学发展观重要的一个伦理发展视角，科学发展观蕴含着一种伟大的情怀：对生命的爱护、对自然的感激，这种情怀有助于诠释人们对自身利益的过分关注，这种永恒的东西和伟大的过程就是生命的生生不息和绵延不绝，就是大自然的完整、稳定和美丽，就是和谐共生的伦理目标，就是科学发展观所提倡的发展伦理目标和理念。

科学发展观的提出是党中央领导集体，从新时期的新实际出发，在充分肯定我国发展成就的基础上汲取人类关于发展的积极成果，对发展的内涵、本质、目的等做出的科学的探索和回答。科学发展观的伦理特征就在于它以新的视野审视包括资本主义国家发展理论和发展实践在内的新世界，以新的理论框架凝练了中国共产党对中国发展认识的一切重要成果，科学发展观把传统模式与鲜活的时代要求紧密结合起来，从而形成了一系列关于发展的新观点、新理论、新思想，进而形成一套具有中国特色的发展理论。科学发展观从更高层次上为当代中国的发展提供了系统而又明确的坐标。进入21世纪以来，中国特色社会主义的发展面临一个深刻而迅速的变革，错综复杂的新旧矛盾依旧挥之不去。研究科学发展观中的伦理思想的特征，能够有效指导我们制定价值标准和行为规范，并依据这些标准和规范进行价值评判。伦理作为社会关系的应然性的认识，就是要达到社会的和谐与发展，和谐与发展的最终目标就是人的自由全面发展。对人类走向自由全面发展的状态的追寻是伦理的生命和本质所在，也是科学发展观的目标和任务。

第三节　科学发展观伦理思想的评析

科学发展观强调以人为本的全面、协调、可持续发展，也强调科技、

---

① ［德］马克思：《1844年经济学哲学手稿》，人民出版社1985年版，第83页。

人口、资源与环境的协调一致。科学发展观更注重强调经济的增长、科技的进步、生活质量的改善以及人文精神的提高和系统发展，这种发展观是符合科学精神、尊重自然规律和关切人类幸福的思维方式和发展理念，体现了伦理思想精神的力量。

21世纪以来，日新月异的科技革命、信息革命等席卷全球，形成了一股世界性的时代潮流，冲击着以往的劳动方式、社会结构、生活方式、道德心理等多方面的全面变革，促进了社会经济、政治、思想文化等多方面的协调发展。随着现代科学技术广泛运用于生产过程，不仅对社会个体的道德责任提出了新的要求，而且在发展中产生的新的社会问题也迫切需要道德加以关注、调适和解决。发展和道德之间是既紧密联系同时又是相互促进相互影响的，新的知识、方法和活动的规范不仅会影响道德的观念，而且能够使得道德理念发生新的变化，焕发新的时代气息。科学发展观的伦理思想作为一种新的发展道德理念和精神力量，对我国社会主义现代化建设意义重大。

一 科学发展观伦理思想的伦理视域

发展问题不仅仅是一个地域或一个国家的话题，而是整个世界性的目标，科学发展观的伦理思想孕育着丰富的特定的伦理视域。

第一，利益主体之间的关系，是科学发展观伦理思想中不可忽视的对象。发展的主体有个人主体、集团主体、集体主体以及类主体等，不同的利益主体出于自身的考虑会有不同的价值观念，与之相对应就有不同主体的利益之别和不同主体的道德要求，因而，也会影响发展的方向、速度和效果。科学发展观不仅仅强调社会的整体利益、集体利益、人类的共同利益，而且提出了以人为本的核心发展思想，要促进人的全面发展。这样的发展伦理思想更体现了发展对个人利益的关注以及对人的价值的提升。没有个人利益就没有社会利益，社会"就是组成社会之所有单个成员的利益之总和"，"不了解个人利益是什么，而奢谈社会利益是无益的"[①]。任何发展理念都应该首先关照人类个体的利益，而不能随便损害人的利益。诸如，基因技术和生物技术给当代伦理带来的巨大挑战，德国著名哲学家、美学教授斯罗特戴克（Peter Sloterdijk）于1999年提出：是否可以通

---

① 《十八世纪法国哲学》，商务印书馆1979年版，第230页。

过基因技术来设计人类的特征,从而实现人种培育及人种"选择",从而彻底扭转和根除人类的野蛮状态——被称作"德国地震"①,其中所涉及的也就是个体间及人类的利益问题。解决此类问题、判断是非的标准就是:是否损害了个体、人类的利益。因为,任何个人都是社会中的"关系之我"(self-in-relation),"如果我们生活在一个孤岛上,孑然一身,我的生活中就没有什么罪恶和道德了。我在那里既不能表现道德也不能表现罪恶"②。此外,集团利益是一种新型的利益形式,这就要求集体要有一种公共意识和普遍认同的伦理观念来支撑这样的发展理念,既要考虑个人,又要考虑社会资源的配置和共同责任的承担。因为集体的伦理思想更多的是强调普遍共识基础之上的共同思想和行动,因此,它为类的伦理思想的培育打下了坚实的基础。类伦理则是基于整个人类的共同考虑,代表人类的共同利益的价值评价体系,将为解决世界范围的发展进步提供新的价值导向。科学发展观的伦理思想,强调全面协调和平衡社会利益主体之间的相互关系,争取做到利益主体的均衡发展,共同促进社会的更好更快发展。

第二,人、自然、社会是科学发展观伦理思想不能脱离的环境。"无家可归状态成了世界的命运"。海德格尔在他的《关于人道主义的书信》中的忧虑不是没有理由的,科技沙文主义、控制主义已经使得人类陷入了自然生态危机和全球性的生态恶化过程中。这样的警示恩格斯很早就警告过我们:"我们不要过分陶醉于我们人类对自然界的胜利。对于每一次这样的胜利,自然都对我们进行报复。"③ 一旦人类行为破坏了自己赖以生存和发展的环境,也就意味着损害了自己的利益。人类作为整体的、自然的存在物,面对伤痕累累的大自然,唯一的选择就成为了一个哈姆雷特式的问题———生存或毁灭(to be or not to be)。毋庸置疑,工业化的急速发展,为我们带来了经济和财富的巨大增长,但我们也必须清醒地认识到,工业化也导致了人类精神的极度迷茫和颓废的社会现实。失去了思想归宿,没有了伦理道德的人们,只能将就地在失去意义的世界里不带信仰地生活。精神的空虚、信仰的缺失、道德的危机都已经表明人类对于自身存在、生活的意义以及价值和目标都产生了根本的、严重的、普遍的质

---

① 甘绍平:《应用伦理学前言问题研究》,江西人民出版社 2002 年版,第 61 页。
② [苏] 普列汉诺夫:《唯物论史论丛》,人民出版社 1953 年版,第 67 页。
③ [德] 恩格斯:《自然辩证法》,人民出版社 1984 年版,第 304—305 页。

疑，这是一种典型的现代颓废主义的突出表现。正如法国社会学家艾德加·莫兰所指出的："发展的危机，同样也是对我们自身发展进行控制的危机。我们自以为控制了经济，但是 1973 年出现的危机向我们显示，战后一些年里对经济的控制不仅是有缺陷的，而且也是暂时的。我们自以为控制了技术。但是，正是这种技术以失控的方式，控制着我们的经济和社会过程，而且我们没有能力来控制由信息技术、计算机技术和电子技术所导致的巨大变化。我们从来没能控制世界的变化，而且这一变化向来就是危机的、混乱的、跌跌撞撞的、疯狂的。正如我经常说过的那样，我们正处在'全球化的铁器时代'和'人类精神的史前时代'。"[①] 科学发展观不是一个孤立的目标，它的发展受到现实的经济、政治、社会等多重因素的影响，它的发展是一个系统性的发展过程。诸如，资源的稀缺问题，放眼未来，人类必将永远面临资源稀缺问题，要解决诸如这样的问题和困难，必须要把科学的发展观置于制度性的保障之中，而这种制度性的保障不是某一个国家的，而应该是共同的，是全世界乃至全人类的。人类依靠科学技术的发展来克服资源稀缺问题固然是一个非常好的办法和解决途径，但这样的发展思路也是离不开其他手段的调节，离不开制度性的保障。科学发展观所关涉的环境因素既有自然的，又有社会的。总之，科学发展观只是系统中的一个动力因子，科学发展观的伦理思想视域不仅仅是局限于人或自然或社会，而是包括了人和自然以及社会三者在内的全部环境的均衡共同发展。

第三，文化背景是科学发展观伦理思想不能超越的背景。20 世纪以来，人类的思想演进有一个突破性的标志就是普遍的文化反思和批判：如东方传统文化的理论资源的挖掘，西方工具理性与价值理性的分析，科学危机的文化反思，从文化形态史观的角度对西方文化危机的批判等等。具体而言，从东方传统文化来看，既有整体主义视角的天人合一，强调了人与自然和谐统一的人文精神，又有经验和实用性的工具主义的特征。古代中国在科学技术等领域都取得了举世瞩目的辉煌成就，诸如数学领域有《九章算术》、力学理论，技术有《天工开物》，农业领域方面有《齐民要术》，以及被马克思称为"预告资本主义社会到来"的三大技术发明——

[①] ［法］艾德加·莫兰：《社会学思考》，阎素伟译，上海人民出版社 2001 年版，第 466—467 页。

火药、指南针和印刷术，但是，中国古代科技始终未能走上理论性的研究道路，而只专注于实际的应用和经验的留存，作为"人类文化早熟"的中国文化，在以后的发展中未能提供一种理性的支持。而从西方文化的主流对发展的反思和批判而言，其主要特点：一是对科学危机的担忧。诸如，现象学的创始人胡塞尔在关于欧洲科学危机的文化分析中认为，随着现代科学技术的发展，人类的发展过分追求物质的享受，而忽视了精神的需求，这样势必造成人类生存价值意义的丧失和迷茫。"在19世纪后半叶，现代人让自己的整个世界观受实证主义科学支配，并迷惑于实证科学所造就的'繁荣'。这种独特现象意味着，现代人漫不经心地抹去了那些对于真正的人来说至关重要的问题。只见事实的科学造成了只见事实的人。"① 其次，西方文化中有着对技术奴役的批判。马尔库塞曾认为资本主义进步的原则实际上就是：技术进步＝社会财富的增长＝奴役的扩展，他在《单向度的人》中说："技术进步持续不断的动态变得为政治内容所充满，技术罗格斯被转变为持续下来的奴役的罗格斯，技术的解放力量——事物的工具化——成为解放的桎梏；这就是人的工具化。"② 考察历史，辨析现实，我们既要看到中国发展的不足之处，当然也不能邯郸学步，照抄照搬西方的科学技术，而应在发展的过程中多一些理性思考，继承中国传统文化中的宝贵资源，坚决反对文化霸权，剔除西方文化中的糟粕思想，力求在我国社会主义现代化建设过程中突破和创新。当然，这势必会涉及一个文化际的协调问题，即现代与传统文化之间的协调、发达国家与落后国家文化之间的协调，只有全面协调这些诸多关系，才能建构更具有浓厚文化底蕴的科学发展观的伦理思想和发展理念。

第四，科技工作者的责任是科学发展观伦理思想中不可回避的问题。早在1919年马克斯·韦伯就已经提出了"责任伦理"这一概念。虽然科学工作者的任务是努力探求真理，但在这一过程中，却不能违背普遍的道德约束，也不能无人道地对待被研究的客体，诸如实验的动物、基因胚胎等。科技良心应该成为一切科学工作者的基本素质，因为科技成果会直接而且有力地影响到社会的发展进程。很多认为科学技术是中立的、科学技术无对错的态度是很荒谬甚至是错误的，因为科技的创造者和施用者是人

---

① ［德］胡塞尔：《欧洲科学危机和超验现象学》，张庆熊译，上海译文出版社1988年版，第5—6页。

② ［德］马尔库塞：《单向度的人》，湖南人民出版社1988年版，第136页。

类，而且它所产生的效果也将直接作用于人类，比如会产生相应的价值判断、伦理效应等一系列的反映。马克思曾经说过"科学是在历史上起推动作用的、最高意义上的革命力量"①。如果我们再加上科学工作者强烈的责任感，马克思的这一句话将会变得更富有时代感。正如爱因斯坦所强调的："在我们这个时代，科学家和工程师担负着特别沉重的道义责任。"② 他告诫自己的学生"如果想使你们一生的工作有益于人类，那么你们只懂得科学本身是不够的，关心人本身，应当始终成为一切技术奋斗的主要目标"。③ 科学发展观所要追求的目标是全面、协调、可持续的发展，这样的发展理念更需要科学工作者在科学研究的过程中，能够具有强烈的责任感，能够具有强烈的责任伦理，才能在探求真理的道路上，更好地为社会服务，为人类服务，这样的科学技术才是真正适用于人类发展的科学，这样的发展理念才能更好地促进社会的和谐。

二 科学发展观伦理思想蕴含的伦理维度

科学发展观之所以是科学的发展理念，落脚点应该体现在社会各领域发展过程中应有的价值取向和道德意识，既要有伦理责任又要有未来的发展眼光。

首先，科学发展观的伦理思想蕴含人道主义的维度。关心人、尊重人、保护个体权益以及把民主、自由等价值理念作为人类最宝贵的精神财富，这是人道主义的一贯主张。人道主义维度的主要特点有：第一，强调把人的生存和未来发展作为首要目标。西方的文艺复兴中高扬人性，贬低神性，冲破了神学对人性的禁锢，人的主体地位得以确立，但之后，人的理性和人的力量被抬高到超越现实的高度，科学主义的泛滥最终使得人类再度迷失了自我。如今，全世界、全人类都面临着巨大的挑战，经受着严峻的考验，我们必须把追求生存和未来发展作为首要目标，这也是科学发展观伦理思想的发展目标。第二，人道主义强调发展中的主体性原则，反对人类中心主义思想。主体性原则就是以人类为中心，肯定人作为主体的中心地位而不否认人与物质系统之间应该保持协调关系，坚持以人类利益为根本前提，相信人的理性，尊崇人的力量。而人类中心主义，则是把以

---

① 《马克思恩格斯全集》第 19 卷，人民出版社 1963 年版，第 372 页。
② 《爱因斯坦文集》第 3 卷，许良英等编译，商务印书馆 1979 年版，第 287 页。
③ 同上书，第 73 页。

人类为中心的观念绝对化的极端表现，认为人类的需要和利益是决定非人类自然物是否存在的价值尺度。人类无视自然规律和生态系统平衡，体现的是人类对自然的"沙文主义""统治主义""控制主义"。第三，后现代主义反对人道主义是对"人性"的真正呼唤。后现代主义从反对理性权威的角度看待人，试图对依然没有主体性的人的现状进行反思和批判。它以不同方式论述了人的"主体的消亡"，认为，"人并不是存在者的主人，而是存在的看护人"（海德格尔）；个人不是社会过程的基本要素，人不是影响社会进程的主体，而只是它的"承担者"或"效应"（阿尔都塞）；人通过社会文化而"成为主体"的过程同时也就是"服从""从属化"的过程（福柯）。我们需要强调的是，后现代主义反人道主义并不是非人道主义，而是对真正的主体性的人的呼唤。海德格尔认为反人道主义与人道主义的"这种对立并不意味着这种思想在反对人道并鼓吹非人道，不意味着它在吹捧非人道而贬斥人的尊严"①。尽管后现代主义宣称"人的死亡"（福柯）很大程度上是指资本主义制度下被理性主义所淹没的不自由的、机器般的人的死亡，但是，人道主义就其本意而言，是一种将人类从野蛮中唤回的活动，关心人、尊重人、维护个体权益、追求民主、自由仍然是现实人们努力的方向。尤其在科技力量极大张扬、人的主体力量相形见绌的时代，人道主义没有过时，"恰恰相反，我们现在比以往任何时候都更需要人道主义"（霍内菲尔德）②。那种夸大了"结构""语言""权力"等事物的决定性而否定人的主观能动性甚至连同人本身一起否定掉的观点和做法，在人类社会发展中是绝对难以想象的。科学发展观的发展理念和伦理精神都特别强调人的价值核心地位，要求以人为本，促进人的全面发展，提升人的全面素质和能力，同时，它强调发展不仅要满足当代人的生存发展需要，而且要满足后代人以及子孙后代的生存发展需要，最终实现社会的全面、协调、可持续发展，促进人与自然、人与人、人与社会的共同发展。

其次，科学发展观的伦理思想蕴含主客体统一的维度。马克思曾经为发展的理想状态（共产主义）预言："人与自然之间、人与人之间的矛盾的真正解决，是存在和本质、对象化和自我确证、自由和必然、个体和类

---

① ［英］凯蒂·索帕：《人道主义与反人道主义》，廖申白等译，华夏出版社1999年版，第3页。

② 甘绍平：《应用伦理学前言问题研究》，江西人民出版社2002年版，第61页。

之间的斗争的真正解决。"① 第一，发展是主客体的双向运动。主体的客体化是指主体的能力通过改造活动向客体转化，充分展示了人的生命活动的特点，确证了主体的能动性、选择性、主动性、创造性。客体的主体化指的则是在认识、创造活动中客体的属性、规律性被主体所掌握，从而为发展创新准备了相应的条件。第二，主客统一的过程是主体不断提升的过程。西方的"逻辑主义"强调孤立的"先验个体"，把主体看成具有形而上学意义上的独立存在的实体，具有极端个人主义倾向；胡塞尔的先验主义强调"先验自我（个体）"，强调"自我中心主义"；哈贝马斯则以交往哲学中的"社会化主体（交往主体）"对抗胡塞尔的先验主体，人的主体性走向"主体间性"，实现了集体主体的回归；库恩则以"科学共同体"的集体活动否定了"先验个体"。而真正的主体只有在主体间的交往以及相互承认和尊重中才可能是存在的。处于交往关系中的人的主体性是一种"构成主体性普遍网络的交互主体性"，也只有这样，主体才称得上是一种共同的主体。第三，在发展过程中，主客体的统一过程是一个不断完善的过程。无论是从伦理观、文化观的层面，还是从价值观、世界观的层面，人的主体地位、主体利益与自然界的协调都是一个多层次、多角度的动态过程，需要一个长期的过程。

再次，科学发展观的伦理思想蕴含公平正义的维度。科学发展观的发展目标必须维护利益的公平，发展的公平不仅指贫穷地区和富裕地区、穷国与富国之间的利益公平，不仅应该减少贫富差距的悬殊，让贫富的两极都能公平地享受现代社会发展所带来的所有成果。科学发展观的发展理念是以不损害贫困地区、掠夺贫困地区的资源为代价去支持局部的进步。但在我们的现实生活中，发达国家和地区利用发展中的优势地位，对发展中国家进行资源、科技、人才等多方面的掠夺，而且把很多环境恶果转移到了发展中国家和落后国家。因此，针对这一现实问题，发展中国家以及一些落后国家和地区一方面应该立场坚定，具有长远眼光，应有选择、有主见地引进先进国家和发达国家的一些科学技术；另一方面要紧密地与国际社会以及一些地区性联盟密切合作，共同呼吁、创造公正性的发展环境。同时，科学发展观所关注的公平维度，还包括了上代人和下代人之间的利益公平，发展不能损害下一代人、几代人的利益，这是科学发展观中人类

---

① 《马克思恩格斯全集》第42卷，人民出版社1979年版，第120页。

已达成的共识。此外，科学发展观的公平维度强调的不仅仅是公平，而且也注重维护公平和效益的关系。实践证明，一个国家、一个社会的公正原则可以得以贯彻实施，才能产生很好的效率。而没有效率，我们人类将失去所有的经济性的物质利益，无法满足人类的生存和发展需要，更不可能享有崇高、精彩的生活。科学的发展观将为社会效率的提高注入新的活力，效率的提高也将会为促进公平提供更为坚实的物质基础。

最后，科学发展观的伦理思想蕴含真、善、美统一的维度。从实践角度而言，科学发展观的伦理思想首先是求真的，必须是以经验事实、严格论证、客观判断、认识活动的真实性为前提。善以真为前提，从广义上来说，一切能够使人快乐、给人幸福的东西都可以称之为善。发展正是为了满足人们日益增长的物质生活和精神生活的需要和主体性提高的目的的，因此科技的进步一定程度上正是一种善的理念和向往。科学发展观所提倡的发展要求我们除了要满足人们日益增长的物质文化生活的需要之外，也需要创造许许多多的文化产品、娱乐产品，为人们日益增长的精神享受提供必要的保障。发展的过程从其最终的目的来说就是一种创造美的过程，人类的发展活动是一种有意识的生命活动，是主客统一的、自由的活动。美的尺度就是人的尺度，同时美的尺度和规律就是发展的尺度和规律，它将为科学的发展观的进一步发展开辟了更为广阔的天地。

科学发展观的伦理思想有着特定的伦理视域，遵循着人道主义、主客统一、公平正义和真、善、美统一的维度。它的伦理思想是中国化马克思主义及其理论家回应实践、回到实践的理论产物，并为中国特色社会主义发展实践提供了更为广阔的思想舞台和理论空间。深入探析科学发展观的伦理思想，有助于我们更好地理解科学发展观的丰富内涵，促进我国社会主义现代化建设持续、快速、健康地发展。

第六章　以科学发展观为指导的伦理思想培育

科学发展的伦理之维是由我国现代化建设过程中出现的经济、社会、环境、科技诸方面与伦理的矛盾的客观要求决定的。社会的发展进程实际上是一种涉及经济、政治、社会、文化、科技、价值观等多方面的综合性、整体性的过程，单一的视角是无法解决当今时代发展所面临的复杂矛盾的。因此，按照系统论的观点，构筑以科学发展观为核心，以科学发展观内涵的伦理精神为主线，培育科学发展伦理规范体系，为科学发展提供精神动力和伦理支撑，使发展沿着科学的方向发展，更好地体现了科学发展观以人为本、促进社会和人的全面发展、实现可持续发展、社会公正与协调发展的伦理精神。科学发展的伦理培育包括主体性伦理规范、制度伦理规范、经济伦理规范、社会伦理规范、文化伦理规范、科技伦理规范等的培育，这是贯彻和落实科学发展观的重要举措。

第一节　主体性伦理规范

一　传统发展观主体性伦理的危机

人类进入近代以来，尤其是20世纪以后，征服自然的能力随着科学技术的迅猛发展而取得了长足进步。科学技术的不断创新和发展，使主体威力得以彰显，促使主体对自然的占有欲愈加膨胀。人类在"欲望的痴迷"中，希望把整个地球都控制在自己超凡的力量之下。当"人类中心论"把人在自然界的位置推向极致时，人类就开始从过去被动服从自然的地位上升到支配自然的地位，并开始强迫自然服从于人类。然而，当人类把自己置于世界万物的"绝对中心"时，几乎完全无视"自然"，并最终使主、客体呈现出对立和分裂的状态，使人与自然的关系走向失衡、走向对立。

现代社会的消费主义、拜金主义、物质主义文化盛行，道德堕落和精神困惑、贫富分化加剧、社会不公以及环境恶化带来了人类生存的诸多危机。随着发展困境和发展危机的不断出现，主体性的黄昏开始降临。由于人取代了上帝的地位，"成了一个无所不能的狂妄的主体、无所不欲的贪婪的主体、无所不可的疯狂的主体、无所不做的野蛮的主体"①。主体性的片面发展出现了主体性危机。

人类中心论是一种认为人是宇宙中心的观点。因为人是宇宙的中心，人就可以征服、利用和统治自然界。后来，这种观点发展为人统治自然的思想。这种思想的核心是一切都以人为尺度，主张自然环境不仅是人的活动条件，同时还是被人能动改造、被人所加工的客体；片面强调只有人才是能动的、自然是受动的观点。如为了满足人类不断的追求享乐的物质需求，传统的掠夺环境型生产体系在对环境进行掠夺性开发的同时，生产了大量破坏环境的废弃物，给世界带来了地球变暖、酸雨、臭氧破坏、热带雨林的损毁等环境问题。现实的环境危机使人类认识到自然绝不仅是受动的客体，而是有着自身内在规律并通过这一规律作用于人、给人以影响的自立的客观世界。还比如，人类发展科学技术，是为了了解自然的奥秘从而找到征服和统治自然的途径和手段；人类发展经济的唯一目标是利用自然取得经济增长，等等。这种以人为中心的价值观点推动人们同自然界作斗争，取得对自然界的伟大胜利。但是，由于他忽视自然界而遭到自然界的报复。当前人类面临世界环境退化的严重形势是这种以人为中心的价值观念的一种后果。为了摆脱这种生态危机的后果，必须否定人类中心论的价值观念，培育科学的发展主体的道德规范，建立人与自然和谐发展的世界观。

二 发展主体伦理危机的认识论根源

过分强调"主体性原则"是"人类中心主义"的认识论根源。正是因为通过主客二分的思维模式在宇宙中确立了"人"的地位。从此，人成为主体，而一切其他的存在物则被看成是客体或对象。这种主客二分和对象性意识造成了人与世界的对立和以人为中心的哲学理念。人成为世界

---

① 刘福森：《西方文明的危机与发展伦理学——发展的合理性研究》（前言），江西教育出版社2005年版，第11页。

的中心，自然界失去了自身的存在价值，它们不过是为了人而存在的奴仆。到了19世纪的哲学，人的理性成为决定一切的本质，成了认识实践中的绝对主体。与此相适应，自然存在沦为满足人的无限欲望的对象。这种理性主义彻底堵塞了人类通向自然的伦理之路。绝对的主体性哲学从根本上扭曲了人与自然的关系，造成了"主体的疯狂"和"对物的遗忘"①。

面对如此严重的人类生存危机，主体性的哲学理念并没有能力化解危机，这就在客观上要求产生一种超越主体性理念的新的理论，找到人之主体性的实现和发展之合理性的限度，重新审视人与自然的关系并找到一条通向解决矛盾的途径。科学的发展观的宗旨就是要找到这一限度，重新评价、规范和约束人的主体性活动，给主体和主体活动划定一个合理的界限，为社会的发展提供一种伦理评价规范。把人的社会发展和人的主体性活动限制在自然生态系统的自我修复范围之内，以保持自然生态系统的稳定和平衡，保持人与自然的和谐共生。

三 发展主体伦理规范的重要意义

一个社会，社会成员的主体性意识越强，主体性越受到重视，就越有利于发挥每个社会成员的积极性、主动性和创造性，继而使整个社会的发展充满活力，推进人类和社会的进步。可以说，社会成员主体性是一个社会具有活力的重要力量源泉。

不重视主体性道德人格的社会，往往导致千人一面。每一个社会成员都说一样的话，像机器人一样按照统一的指令做事情，那么社会内在的潜力发挥不出来，也谈不上社会的进步和发展。当今社会所确立的人的主体地位，强化了个人的为我性，过分强调了个人的影响和作用。一方面带来了物质财富的快速积累和增长，对社会经济、政治发展起到了积极的作用；另一方面也往往使人唯利是图，造成了人际关系冷漠，不利于社会的和谐和国家的长治久安。

良好的社会倡导的主体性道德人格，主要表现在个人主体性得到了充分的发挥，在与自然、社会和他人的关系中，确证自己、实现自己，个人的创造性和活力不断增强，得到社会和他人的尊重，最终达到个人和社会

---

① 孙莉颖：《发展伦理学的哲学基础》，《自然辩证法研究》2005年第3期。

的有机和谐统一，从而使国家创造的活力、潜力增强，也有利于社会公平正义的实现。

四 科学发展的主体伦理规范培育

近代以来，"主体性"代替了中世纪上帝的地位，成为知识、道德与价值的立法者和终审者。然而长期以来人们却恰恰遗忘了对"主体性"自身的反省和批判。事实上，"主体"并不如它设定的那样是一个独立、自因、透明的实体。它并非知识的根据，相反，它是知识话权的产物；它并非人与社会的规范性源泉，而是社会规范规训的结果。

科学发展观主体伦理规范培育的马克思主义原则应该有以下几个方面。

1. 实践原则

马克思主义哲学在科学实践观基础上，批判继承了西方哲学史上唯物主义和唯心主义关于主体性学说合理性的内容，实现了主体观上的唯物主义与辩证法的统一，科学规定了主体和客体，揭示了主体性原则。马克思指出："从前的一切唯物主义——包括费尔巴哈的唯物主义——的主要缺点是：对事物、现实、感性，只是从客体的或直观的形式去理解，而不是把它们当作人的感性活动，当作实践去理解，不是从主体方面去理解，所以，结果竟是这样，和唯物主义相反，唯心主义却发展了能动的方面，但只是抽象地发展了。因为唯心主义当然是不知道真正现实的、感性活动本身的。"[①] 马克思在这里批评了旧唯物主义只是把客观事物作为外在于主体人、与人的实践活动没有关系的直观对象，而不是将其当作感性的人的活动，当作实践去理解。"对象、现象、感性"是在"感性的人的活动"中形成的，不是以直观的形式出现，应该从人及其实践活动出发来说明和理解物质世界。直观唯物主义即旧唯物主义不懂得主体人的实践活动在改造和认识客观世界中的作用和意义，不懂得主体能动性的特点。与此相反，唯心主义却片面、抽象地夸大了主体的能动性。唯心主义把精神和思维的东西看作主体，外部世界只是人的思维或某种精神主体的产物或表现形式。主体的能动性就是意识的能动性、精神的能动性。马克思批判了费尔巴哈，强调了主体的创造性。指出，这种活动，这种连续不断的感性劳

---

① 《马克思恩格斯全集》第 1 卷，人民出版社 1972 年版，第 16 页。

动和创造，也即这种生产，正是整个现存的感性世界的基础，哪怕它只断一年，费尔巴哈就会看到，甚至他本身的存在也会很快消失。因为"他周围的感性世界决不是某种开天辟地以来就已存在的、始终如一的东西，而是工业和社会状况的产物，是历史的产物，是世世代代活动的结果"①。在科学实践观的基础上，马克思提出了一条从实践出发去考察、理解自然、社会、人以及人的认识的新唯物主义哲学路线。马克思指出："哲学家们只是用不同的方式解释世界，问题在于改变世界。"② 这是在坚持唯物主义的基础上，重视主体人在实践活动中的能动性、创造性的实践唯物主义。马克思主义哲学确立的主体性原则就是实践原则，即主体人在实践活动中能动认识和改造客体的原则。它的目的就是主体人在实践活动中，能够正确发挥主体能动性，做到人与自然、人与社会的和谐，实现人的全面自由和解放，最终实现共产主义。

2. 主体原则

马克思所讲的主体是有意识、有目的的从事实践活动的现实的人。"社会历史领域内进行活动的，是具有意识的，经过思虑或凭激情行动的，追求某种目的的人；任何事情的发生都不是没有自觉的意图、没有预期的目的的。"③ 主体原则曾一度扭曲成"人类中心主义"——人是世界的主人，自然是人的奴隶，人类为了自身的目的可以任意征服自然，这种思想给人类带来很大的危害。诸如全球气候变暖、水土流失、土地沙化、生物物种多样性的减少、空气污染等生态环境恶化状况，这些都印证了恩格斯早已作出的论断：人类如果不尊重自然就会遭到自然的报复。"人类中心主义"还包括人的"单向度化"，科学技术对人的广泛奴役和控制以及"孤独个体"的出现，人与自然关系的恶化，不仅是自然单方面的破坏和毁灭，同时也包括人自身的破坏和毁灭，因此人类必须在科学实践观的基础上，尊重客观规律，正确发挥主观能动性，合理利用自然。人类离不开自然，人类欲望的对象是作为不依赖于他的对象而存在于他之外的，但这些对象是他的需要的对象，是表现和确认他的本质力量所不可缺少的、重要的对象。因此作为发展的主体的人类必须坚持正确的主体原则，用科学的思维去认识自然、改造自然。

---

① 《马克思恩格斯选集》第 3 卷，人民出版社 1960 年版，第 48 页。
② 《马克思恩格斯选集》第 1 卷，人民出版社 1972 年版，第 19 页。
③ 《马克思恩格斯选集》第 4 卷，人民出版社 1972 年版，第 243 页。

3. 历史主义原则

马克思的唯物史观科学地说明了人与历史的关系以及人在社会历史中的作用，实现了历史观的变革。社会历史不是某些英雄人物的意愿支配的历史事件的偶然堆积，在表面上是偶然性起作用的地方，实际上是受内部的必然性的规律支配的。马克思揭示了历史发展的客观规律，即生活资料的生产和再生产是人类社会生存和发展的决定性条件，是人类历史发展的最终动力。生产力和生产关系、经济基础和上层建筑的矛盾是人类社会的基本矛盾，是社会发展的基本规律。恩格斯说："历史是这样创造的，最终的结果总是从许多单个的意志的相互冲突中产生出来的，而其中每个意志又是由于许多的生活条件，才成为他所成为的那样，这样就有无数相互交错的力量，有无数力的平行四边形，而由此产生出一个总的结果，即历史事变，这个结果又可以看作一个作为整体的、不自觉地和不自主地起着作用的力量的产物。一个总的合力，然而从这一事实中决不应作出结论说，这些意志等于零，相反地，每个意志都对合力有所贡献，因而包括在这个合力里面的。"① 唯物史观既肯定了社会历史发展的客观性，又肯定了人类主体的能动性。人类社会历史最终要从必然王国走向自由王国，自由王国的到来就是共产主义的实现。共产主义是私有财产即人的自我异化的积极扬弃，是彻底消灭私有制以及同私有制相联系的一切不平等的关系，从而使人获得真正的历史主导地位，进而全面实现自己的主体地位，成为自己历史的真正创造者和主人。

4. 真理原则

马克思主义哲学的最终目的是追求人类的自由与解放，它的真理观就体现了这种精神。马克思主义的真理观不同于以往的旧哲学的真理观，它是从实践出发，强调实践真理的具体性，是主客观的统一、科学原则与价值原则的统一、辩证的、具体的实践真理观。马克思曾在《黑格尔法哲学批判》导言中对真理观作了经典描述：彼岸世界的真理消失之后，历史的任务就是确立此岸世界的真理。人的自我异化的神圣形象被揭穿以后，揭露非神圣现象中的自我异化就成为哲学的迫切任务。这样，对天国的批判就变成对尘世的批判，对宗教的批判就变为对法的批判，对神学的批判就变成了对政治的批判，因而整个人类历史的真理就是通过对尘世的

---

① 《马克思恩格斯选集》第4卷，人民出版社1972年版，第479页。

批判来确立现实的幸福。真理已不再是一个思辨的认识论问题，而是一个实践的问题。"人的思维是否具有客观的真理性，这并不是一个理论的问题，而是一个实践的问题。人应该在实践中证明自己思维的真理性，即自己思维的现实性和力量，亦即自己思维的此岸性。关于离开实践的思维是否具有现实性的真理，是一个纯粹经院哲学的问题。"[①] 马克思强调要从"实践"意义来理解真理的客观性，因为实践的观点是马克思主义认识论的首要的和基本的观点，真理反映的是主客体之间的一种关系，即主体的认识同客体的本质和规律相符合或相一致。一切理论学说之所以是真理，就在于它们正确反映了客观事物及其规律，是同客观实际相符合的认识。马克思主义哲学还强调，真理是绝对和相对的统一。在马克思主义哲学中，绝对真理是指主客观的统一，其内容具有客观性，其发展具有无限性，它包括"第一，任何真理都是客观的一定的具体的统一，而不是分裂和对应，是主观向客观的接近而不是背离，……""第二，就人类的本性来说，主观思维向客观世界接近的方向是不可逆转的，……""人的实践和认识每前进一步，都是超越以往的局限，都是向着无限的物质世界的接近，……"而相对真理，"即真理的条件，有限性，即人们在一定条件下对世界的正确把握是具体的，近似的"。相对真理包含两方面含义："第一，人对客观世界的把握总是对无限世界的一部分或一些片断的接近或符合"；"第二，对任何具体事物的把握也总是近似的，即只是对它的一定方面，在一定程度和水平上的符合"。[②] 任何真理都是绝对和相对的统一，二者相互依存相互制约，没有抽象的真理，真理总是具体的。马克思批评了旧真理观中唯智主义传统，认为真理的实现离不开理性，但又不能只凭理性本身来获得。思想从来也不能超越旧世界秩序的范围，思想根本不能实现什么东西。为了实现思想，就需要有从事实践活动的人。实践是检验真理的唯一标准，人的思维的真理性应在实践中证明自己的现实性和力量，从而能动地服务于对世界的改造。马克思真理观是对传统真理观的扬弃，既保留了其理想性的维度，又找到了通向现实的途径。

5. 理性原则

马克思的理性批判思想是从现实的物质实践出发，通过阐述生产力与

[①] 《马克思恩格斯选集》第1卷，人民出版社1972年版，第19页。
[②] 肖前：《马克思主义哲学原理》，中国人民大学出版社1994年版，第651—652页。

生产关系、经济基础与上层建筑的矛盾运动来揭示人类社会发展的基本规律，揭示了狭隘社会分工导致人的非理性、片面性，在科学实践观的基础上形成了新的理性思想。马克思从实践出发来解释观念、理性的形成。生产力、社会交往形式的总和，是哲学家们想象为"实体""绝对理性"和"人的本质"的东西的现实基础，是他们神化了的并与之斗争的东西的现实基础。社会的一切非理性现象的消灭，不能通过"自我意识"或化为"幽灵""怪影""怪想"等来消灭，只能通过实际地推翻唯心主义谬论所赖以产生的现实社会关系才能消灭。与"批判的武器"相比，马克思更重视"武器的批判"。马克思认为理性是历史的产物，普遍理性是根本不存在的，它总是随着实践的发展而发展。马克思抨击了"真正的社会主义者"，认为真正的社会主义者标榜一种以理性为基础的理想的真正社会。因而，这种社会是以社会的意识、思维为基础，真正的社会主义者甚至在表述方法上也和哲学家没有区别了。但是他们忘了，不管是人们的内在本性，还是人们对这种本性的意识即他们的理性，向来都是历史的产物；甚至当社会在他看来是以外界的强制为基础的时候，他们的内在本性也是与这种外界的强制相适应的。从工具理性和价值理性的视角来看，马克思认为资本主义生产活动是一种鼓吹工具理性、忽视价值理性的活动。资本主义生产使自然科学从属于资本，并且把所有自然形成的关系都变成货币关系。科学技术的资本主义使用是科学技术理性沦为工具理性、沦为人的异己物的秘密。"科学通过机器的构造驱使没有生命的机器肢体有目的作为自动机来运转，这种科学并不存在于工人的意识中，而是作为异己的力量，作为机器本身的力量，通过机器对工人发生作用。"[1] 科学和技术"只表现为剥削劳动的手段，表现为占有剩余劳动的手段，因而，表现为属于资本而同劳动对立的力量"[2]。而这种剥削剩余劳动的科学理性和技术理性则沦为工具理性。为什么造福人类的科学和技术却走向反面？马克思认为这些矛盾和对抗不是从机器本身产生的，而是从机器的资本主义应用产生的。马克思还指出，现代工业的分工促进了生产力的发展，产生特长和专业，但同时也把工人作为局部的人、单面的人、畸形的人，使工人变成了机器的奴隶，沦为机器的附属物，使活劳动

---

[1] 《马克思恩格斯全集》第46卷，人民出版社1986年版，第208页。
[2] 《马克思恩格斯全集》第26卷，人民出版社1986年版，第421页。

变为死劳动。对剩余价值的追逐所驱动的技术革命，不断地使社会内部的分工发生革命，把大量资本和大批工人从一个生产部门转到另一个生产部门，破坏了工人生活的安宁、稳定，使工人不断地面临着被机器排挤的危险，所以说，资本主义的技术变革中既是生产者的殉难历史，也是科学理性和技术理性张扬与价值理性失落的历史。马克思还对资本主义启蒙理论进行了深刻批判，指出18世纪的启蒙思想家按照理性尺度建立起来的资产阶级国家并不是一个理想的自由王国，只不过是一幅令人失望的讽刺画。工人们实际上更不自由，是机器的附属物，是机器的奴隶，他们比以往任何时候更加屈从于物的力量，贫富差距比以往任何时候更加悬殊。启蒙思想家所倡导的理性的发展，所带来的不过是工人奴役的增强，道德和价值理性的衰落，商业的日益欺诈，贿赂的盛行，金钱代替刀剑成了社会权力的第一杠杆。因此按照这些启蒙学者的原则建立起来的资产阶级也是不合理性和非正义的，所以也应像封建制度等一切更早的社会制度一样被抛到垃圾堆里去。

现阶段中国正处于现代化的进程中，还不同于进入后工业社会的西方发达的资本主义国家，人和社会的发展处在马克思讲的"以物的依赖性为基础的人的独立性"阶段。努力弘扬主体性原则，大力培育人的主体意识，促进人的全面发展，是目前我国社会发展的主要任务之一。社会主义市场经济是一种主体性经济，市场经济行为的主体是人。提高个体主体的素质，发挥其积极性、主动性和创造性，对于生产力的发展和社会进步将起到积极作用。我们要运用马克思的主体性原则，克服西方主体性原则的局限和在实践中避免其巨大代价，加快现代化建设的进程。

主体性道德人格是社会发展的需要，也是道德教育现代化的要求。主体性道德人格教育，就是培养个体在道德认识上，个体必须拥有自由意志，能按照自己的意愿自主地进行道德判断，独立主宰自己的命运；在道德选择上，要有体现社会和时代价值的善恶标准，个体对于自己的道德选择能够自觉地承担道德责任；在道德行为上，个体的良心自觉，即个体的自我反思与超越的能力，要使自身的活动有益于自己、有益于他人、有益于社会。主体性道德人格的培养有利于社会成员的全面自由发展，同时也是时代和社会发展的需要。

主体性道德人格培育任务总体上应该包括以下几方面的内容。

1. 发展主体基本道德观念的培育

主体性在现实生活中表现有好有坏，有积极的也有消极的，如果没有一种正确的价值观念加以引导，主体性培养就会出现问题，所以必须要重视对个体内在的价值引导。对基本德性发展方面的价值引导就是让社会主体具备公民应具备的道德、基本的做人的要求以及为善的要求。主要体现在主体性以及一些基本的道德心性上，包括自由意识、自主意识、选择意识、独立意识、责任意识、自觉意识以及诚实、爱心等道德的基本元素。只有当一个人能够如他所期望的那样从一开始就自由地行动时，我们才能对实际上发生的事情追究责任。也就是说，自由意味着责任，责任必须要以自由为前提。道德意志的自由意识、自主意识是道德选择的前提和基础，没有道德意志的自由和自主，也就没有道德选择，更不会有正确的道德认识和道德行为，最终道德责任感也将丧失，而道德责任感的丧失会导致道德行为自觉的弱化，诚实、爱心等等道德基本要素也必将受到影响和制约。经验表明，随着个人道德实践经验的丰富，道德选择自由度会相应增大，道德责任感也就越强，道德行为自觉性也将提高。

2. 发展主体价值选择方面的引导

注重主体对价值选择多元化合理性的认识，引导主体对多元化问题进行分析、比较，从中辨别出什么样的选择是值得的、合理的。价值引导并不是将单一、现成的价值观念和是非善恶标准强加给个体，而是在自由、民主的氛围内将现实存在的多元的价值观念呈现在社会主体面前，并进行比较，社会主体依靠自己的道德经验和道德基础对其进行选择，并在自己的道德实践中逐渐地深化认识，再选择、再实践，最终生成适合自身个性特点的道德。这不是一蹴而就的过程，而是一个动态发展的过程，也是一个逐步完善的过程。

3. 发展主体的社会环境的优化

优化主体的社会环境有利于形成主体性道德人格发展的和谐社会氛围。主体性道德人格的塑造，需要一个安定团结、公平合理、人与自然和谐相处的社会环境。社会像一个大杂烩，在将一个五彩缤纷、无限多样的物质图景展现在人们眼前的同时，也把所有有关是的和非的、善的和恶的以及美的和丑的文化价值观念推到了他们的面前，所以，优化社会环境，形成有利于主体性道德人格发展的和谐社会氛围非常重要。

在市场经济条件下，道德仅仅依靠人的内心信念已很难维持，我们要避免人的主体性对道德的伤害，就必须把伦理落实在制度上，而不是仅仅落实在人的主体性上，要用制度来承诺道德。因此，我们认为，制度伦理的建设是社会转型时期道德建设的重要部分,制度伦理有助于制度本身的健全和完善,有助于更好地发挥道德对人行为的约束功能,引导人们自觉的道德行为,建立良好的社会道德秩序,使之有利于培养和提高人的素质,更有利于人的个性的自由全面发展。

第二节 制度性伦理规范

制度伦理问题在每一个历史时代、每一种社会制度中都存在,中西方的历史传统中都有关于制度与伦理关系的探讨。制度伦理不是一个新概念,但作为现代意义的制度伦理概念,在西方和我国都是在20世纪提出来的。"制度作为一种规范乃至规范的体系,是人类社会实践活动的产物,伴随着社会制度的产生,就一定有制度伦理问题的存在。所以,不能说现代市场经济社会才有制度伦理,而只能说制度伦理在市场经济的现代社会更为突出和重要。"[①] 当代中国,制度伦理的兴起与社会主义市场经济的发展密切相关。

一 制度伦理规范

当代中国正处于社会转型期,随着市场经济的深入发展,社会上出现了经济发展与人们的道德不相适应的现象。一方面,道德权威被打破,社会秩序、公共道德出现虚无化危机;另一方面,人的内心道德信念被消解,信仰迷失,生活中无契约、无承诺、无规则的行为时有发生,利己主义、拜金主义、享乐主义盛行,欺诈、权力腐败等现象也屡见不鲜。正如经济学家们所指出的,"市场是无心的,没有头脑,它从不会思考,不顾及什么","因而不能指望市场自身能够自觉地意识到它带来的严重的社会不平等,更不能指望市场自身来纠正这种不平等"。[②]

面对市场经济条件下出现的各种伦理道德问题,传统的伦理形式显示了其软弱性,客观上提出了建立一种与市场经济相适应的新的制度伦理形式的要求,制度伦理应运而生,制度伦理日益成为学界讨论和关注的热点问题。我国目前对制度伦理的研究主要集中在以下几个方面:一是制度伦

---

① 倪愫襄:《制度伦理思想的传统溯源》,《伦理学研究》2005年第5期。
② 夏伟东:《市场经济是道德经济》,《新观察》1995年第3期。

理概念的界定；二是制度伦理的社会功能；三是制度伦理的原则。尽管目前对制度伦理的研究仁者见仁，智者见智，尚未形成统一的观点，但这种研究有深入探讨的必要。因为对制度伦理问题的深入研究既能为制度建设提供理论指导，又能为伦理道德建设指明实践方向。

（一）制度伦理的概念

关于制度伦理的概念，学界还存在分歧。主要有以下三种代表性观点：一是制度中心说。持这种观点的学者以制度为参照系，认为制度伦理就是一种制度化的道德规范和原则，主张道德立法，即伦理道德的制度化。由此称制度伦理为伦理制度，把它作为与经济制度、政治法律制度相并列的独立的制度体系，这种观点是为了强调当前中国社会伦理道德的建设途径问题。二是伦理中心说。这种观点以伦理道德为参照系，认为制度伦理是指制度伦理化，强调制度本身的伦理性、合道德性。制度的设立要依据特定的伦理原则、道德要求和人们对制度的正当、合理与否的伦理评价两个方面来考察制度伦理的内容的，强调制度的建设问题。三是双向互动说。这种观点认为制度伦理是存在于社会基本结构与基本制度中的伦理要求和实现伦理道德的一系列制度化安排的辩证统一。换言之，制度伦理既包含制度的合道德性，又指人们把一定社会的伦理原则和道德要求提升、规定为制度。它凝结了制度评价和道德实现两个问题，体现了两者的辩证关系。这是在综合前两种观点的基础上提出的"制度伦理观"。[①] 笔者赞同第三种观点，制度伦理是人们从制度系统中汲取的道德观念和伦理意识与人们把一定社会伦理原则和道德要求提升、规定为制度，即制度伦理化和伦理制度化两个方面双向互动的有机统一，是社会基本结构和基本制度中的伦理要求和实现伦理道德的一系列制度化安排的辩证统一。它们统一并联结于制度伦理范畴，是制度伦理的两个不可分割的方面。在制度与伦理的双向互动过程中，要求社会制度本身应是合乎道德要求的，而实现这种道德要求则需要通过一系列的规范化、制度化和法律化的措施。因而，制度伦理建设包括对制度的道德合理性问题的解决和道德的制度化、法律化两方面内容，二者对道德建设起着重要作用，同时也是道德建设的重要内容。任何强调一方面而忽视另一方面，割裂二者关系的做法不仅在理论上是不完善的，而且对我国的现实的制度和道德建设也是非常有

[①] 施惠玲：《制度伦理研究述评》，《哲学动态》2000年第12期。

害的。

（二）制度伦理的重要性

制度是一个社会具有强制性的行为规范体系。制度不仅告诉人们该做什么、不该做什么，该怎么做、不该怎么做，而且公开告诉人们违反制度将要受到什么处罚，承担什么责任和后果。制度具有较强的道德效应。但是，制度的道德效应具有正负两种情况——良好的制度可以规范人的行为，可以引导和鼓励人们自觉地"抑恶扬善"，而不合理的制度则可以放纵人的行为，为人的不道德行为创造一个制度环境，为"从恶"提供方便、创造条件。所以，一个社会要进行道德建设，避免道德堕落、促进社会道德状况的改善，必须要通过良好的社会制度安排。也只有当社会能为其成员提供合理的道德的制度体系，并保证其落到实处时，才可能有一个良好的社会道德状况。制度缺乏合理性与道德性，是人们不道德行为发生的重要原因，是社会道德状况恶化最重要的根源。我国要建设高度文明的社会，同样必须加强制度体系以及制度伦理的建设，这正如邓小平所指出的："最重要的是一个制度问题。"① 在现代化的社会转型过程中，工业化、商业化所形成的人与世界的物化关系，使人们在追求个人利益最大化时达到合乎社会要求的利益最优化，就不能仅指望对行为者道德自觉的诉求，而应进行相关的制度设计，通过制度安排把个人利益的最大化和社会要求的最优化统一起来，让违背社会要求的个人利益最大化行为付出较高社会成本，"诱逼"行为者在利益权衡中舍弃见利背义的行为。"没有基本制度的伦理性，就很难在社会上形成讲道德的风尚，没有制度化的道德措施，也很难使基本制度所规定的伦理原则转化为现实社会的道德行为"②。

制度伦理的社会功能和重要性表现在以下几个方面。

1. 制度伦理促使制度和伦理相互补充、相互促进

我国社会主义市场经济的发展存在的问题是：一方面，市场经济体制运行的制度化、规范化、程序化程度比较低，阻碍市场经济优势的发挥；另一方面，社会公共道德失范，诚信危机，虚假现象严重，市场中充满矛盾和冲突。应付和解决这些问题就需要从制度和伦理两方面入手。从制度

---

① 《邓小平文选》第 2 卷，人民出版社 1994 年版，第 297 页。
② 梁禹祥、南敬伟：《诠释制度伦理》，《道德与文明》1998 年第 3 期。

与伦理的紧密关系来看，制度伦理必然包含"制度的伦理"和"伦理的制度"两个方面。伦理和制度是相互促进、辩证统一的关系。首先，二者都是属于上层建筑的范畴：前者属于思想上层建筑，后者属于政治上层建筑，都由一定的经济基础决定，并为其服务，都是一定的阶级为了实现自己的阶级利益，维护和实现自身统治，用来控制和协调与被统治阶级之间关系的一种手段，具有共同的经济和阶级基础。其次，二者是互不分离紧密相连的。一方面，制度本身具有伦理意义，一定的伦理可能是一定的制度产生的观念先导，具体制度的设立也往往受一定伦理观念的支配，而制度的更改和创新也可能直接源于伦理观念变化的要求；另一方面，具有隐含性的道德规范、伦理原则也可能被纳入制度范畴，从而成为明示的、具体的规则。通过外在的、强制的制度形式，更有力地体现并倡导诸如公平、正义、人道、诚信等伦理道德观念，调节人们之间的伦理关系和伦理行为。最后，二者是相互补充、相互促进的。道德为制度的实施提供价值支持，只有具有深厚的道德基础，制度才能被人们认可，由外在的他律转化为内在的行动自觉，制度才能更好地发挥作用。同时，一定的道德规范和道德原则通过制度的明文、强制形式，强行地贯彻到人们的行动中，通过制度的强化，转变成为行动的自觉，实现软约束为硬约束，从而使道德得到有效的贯彻和实施。

2. 制度伦理促进经济发展和推动制度创新

市场经济本质上是制度经济，成熟的市场经济运作，离不开各种完善的制度。我国的市场经济只有通过制度将人们的经济观、效率观约束在基本社会制度的范围内，才能健康发展。而且，由于市场经济是以市场主体在市场上的规范活动为保障的，因此，只有依靠制度强有力的保障，才能使市场活动符合市场既定的秩序和标准。解决市场经济条件下的道德问题，既要依靠制度性力量，又要发扬道德的力量，更要立足于二者在整体上的协调互补。因此，制度伦理作为制度和道德结合的理论，兼具二者的优势，是发展社会主义市场经济的需要，对强化人们的道德意志，提高人们抵御私欲膨胀的能力，正确处理利益关系，规范市场行为起着重要的作用。

制度伦理对道德建设的作用最主要的就表现为制度的创新，它使制度在设立的过程中不得忽视伦理价值的存在和影响，使得最终的制度应适应社会的伦理道德要求，并且制度的修改和创新应遵循伦理道德的依据。在这一过程中，不仅会使形成的制度更有效，更重要的是能够解决一定的道德问题，从而推进道德建设的步伐。

3. 制度伦理对社会道德建设具有显著功能

加强制度的伦理道德问题的研究，是当前我国道德建设的关键和突破口。制度伦理的研究从人类社会有序化、规范化发展目标中揭示制度蕴含的伦理学意蕴，用以调节人们的政治、经济、文化活动及其利益关系，促进人的全面发展，从而能极大地推动社会主义市场经济条件下的道德建设。制度伦理在道德建设方面的显著功能表现在，它以制度的形式使得某些伦理道德规范被强制化，其所带来的客观结果就是展示了具体的、明确的、系统的道德要求，使得社会道德具有了可操作性，并且通过相关的奖惩措施保障符合伦理道德规范的行为。对于那些尚不具备足够的道德自觉性的个体来说，伦理制度的约束可以在一定程度上导致客观的道德效果。由于个体总有一个从不自觉的道德到自觉的道德的发展过程，因此制度设计和安排的道德合理性对人们的价值选择和价值取向有着重要的导向作用。因而，伦理制度化就成为道德发展的起点，是道德建设的初始环节。

4. 制度伦理建设有利于健全各项制度和防治腐败

当前我国市场经济体制改革面临的严峻问题在于：一方面市场经济运行的制度化、规范化、秩序化程度低，另一方面社会公德失导、失范、虚无化现象相当严重，这是两种制度软弱无力的恶性循环所致，有待于政治体制改革、经济体制改革进一步深入，需要依靠市场经济制度、伦理制度、政治法律制度建设的同步进行和良性互动来解决。同时，人们关注的腐败和社会公平显失这两大现象，其产生原因固然是多方面的，但制度缺陷是一个至关重要的因素。正是由于制度不健全，权力缺乏有效约束，公民正当权益缺乏有效保障，腐败者才有机可乘，社会公平才遭受破坏。鉴于此，有的学者认为，制度伦理的弘扬，制度道德合理性的加强，有助于制度本身的健全和完善，而健全的制度恰是治理腐败、促进社会公平的关键之一。

（三）制度伦理的基本规范

制度伦理在社会发展中的独特的社会功能，使得制度伦理的建立与发展不仅可能而且必要。于是许多学者各抒己见，设计出许多方案，同时也提出许多具体的原则。

在制度伦理建设的目标上，有学者主张在崭新的制度伦理的基础上重塑德性伦理，使人成为真正的道德主体，使外在的他律、强制、束缚逐渐转变为内在的自律、自觉。在制度伦理建设的途径上，有学者认为在市场经济条件下，道德运作方式是以制度伦理为主，辅之于个人伦理，而制度伦理又可划分为法律与职业道德两大类，所以，市场经济条件下的道德建设须从法律建设、职业道德建设和个人伦理建设三个维度展开。也有人从社会主义市场经济体制建设与伦理制度建设的内在关联入手，提出制度结构制衡的新思路，认为市场经济制度、民主政治制度和现代伦理制度作为维护、约束现代化社会秩序的三种基本力量各有自己的行为原则、价值尺度和社会功能，三者应形成制度的互补与制衡。在制度伦理建设的环节上，有人认为应当特别重视伦理制度的建设，因为伦理制度建设是道德建设的薄弱环节，又是伦理学学科建设的一个新的课题和新的领域，需要边研究、边宣传、边建设。有学者认为一方面加强道德立法的力度，另一方面加强行政性伦理制度建设。另有学者认为一方面通过制度安排有效地维护社会的公平、正义和秩序，另一方面要通过制度安排保证具体的不道德行为要付出代价。在制度伦理建设的原则上，许多学者分别提出关于制度伦理、市场经济制度创新及道德立法等方面的具体原则。有人提出制度伦理所要满足的基本原则有三个：公正性原则、普遍性原则和历史性原则。有的学者则把公正、平等、诚实、守信看作发展市场经济过程中制度伦理的基本准则。还有人提出社会主义市场经济条件下建设制度伦理的三个基本原则：平等优先于效益的公平原则、效益优先于平等的公正原则和最少受惠者最大利益优先的分配原则。也有人将制度创新的原则归结为一致性、低成本和公正等具体原则。还有学者提出道德立法者应遵循的原则：视任何市场行为主体为平等统一的主体，不得预设对某些行为主体有利或不利的市场行为规则和规范，公平性原则和全面、缜密的原则。[①] 学者们对制度伦理建设的原则的诸多探索无疑对制度伦理的建立做了大量基础性理论工作，也为制度伦理的深入研究奠定了基础。

笔者综合和借鉴以上经验，提出以下关于制度伦理原则规范建设的探索建议。

1. 公平正义是制度伦理的首要标准

在一个社会中，社会制度是人们行动的指南。制度是一个社会具有强

---

① 覃志红：《制度伦理研究综述》，《河北师范大学学报》（哲学社会科学版）2002年第2期。

制性的行为规范体系,对社会行为和个人行为具有前提性的作用。个人总是按照制度指示的方向、限定的范围,在制度的规范下形成自己特定的行为方式、实施自己的行为。一个社会要进行道德建设,避免道德堕落、促进社会道德状况的改善、形成良好的道德风气,必须要通过良好的社会制度安排。正如英国经济学家亚当·斯密所说:"良好的社会制度和政治制度将能够给那些既有益于个人完善又有助于他人幸福的品质提供培养和发挥作用的环境。同时,又能够有效地控制那些损人利己的恶劣品质和行径。"① 而美国著名的哲学家、伦理学家罗尔斯则认为:"作为公平的正义是社会制度的首要价值,正像真理是思想体系的首要价值一样。一种理论,无论它多么精致和简洁,只要它不真实,就必须加以拒绝或修正;同样,某些法律和制度,不管它们如何有效率和有条理,只要它们不正义,就必须加以改造或废除。"② 所以,只有始终坚持制度的存在和发展应合乎正义精神,才能创造出合理的优良制度。合理的制度安排所形成的良好利益格局,既能避免一些不必要的利益冲突或减弱人们之间的利益摩擦,也能使社会大多数成员成为利益的受益者,客观上有利于促进各尽其能、各得其所而又和睦相处的和谐社会的建设。相反,一旦制度有悖社会公正原则,利益偏向社会上的少数人,导致权利和义务的非对等关系,就会消解社会的凝聚力,对社会的稳定造成极大的危害,此种情形下,制度就会成为制造社会恶行的孵化器。正像美国学者萨拜因所言:"当人们处于从恶能得到好处的制度下,要劝人从善是徒劳的。"③ 显而易见,在我国社会深化改革的矛盾凸显期,统筹各种利益关系,实现社会转型的平稳过渡,在很大程度上与公正制度的设计、安排、实施密切相关。

当代社会,对于不正当、不公平状况的处置,道德的软弱使人很无奈。其实一个社会,使人们的行为合乎正当的规范,主要有三种制裁力:一是促动个人的良心、信念使其自律;二是宗教信仰的"终极存在"使人们产生敬畏与信服;三是以国家机器作为惩罚迫使人们而为。从我国当前的情况来看,道德与宗教的制裁力比较软弱,无法应对社会转型期利益矛盾的尖锐性和复杂性,急需制度的强力支撑。与宗教和道德相比,制度

---

① [英]亚当·斯密:《道德情操论》,商务印书馆1997年版,第263页。
② [美]约翰·罗尔斯:《正义论》,何怀宏等译,中国社会科学出版社1988年版,第3页。
③ [美]萨拜因:《政治学说史》(下),商务印书馆1986年版,第492页。

对社会成员行为的普遍约束，不仅是强制的，而且对违规者的惩处是直接的、明显的，即国家通过强制手段制裁违法者，剥夺其行动自由、政治权利乃至生命，或使其经济受损失等。因为"制度安排的主要目的是制止、惩罚人们违背特定价值与利益的行为。……所以，禁止、惩罚的否定性作用方式在制度安排中占据主导地位"①。制度通过强制性的惩罚手段，实现的是一种"矫正公正"（亚里士多德语），即对那些违反制度而侵夺他人或损害社会利益的行为，通过"惩罚和其他剥夺其利得的办法，尽量加以矫正，使其均等"②。这种通过惩治实现的事后公正，虽是制度协调利益关系的一种消极调控，但它彰显出的违法成本和风险，体现的是一种社会公平，是社会和谐的重要表现。相反，假如一个社会，对于破坏合理利益的行为，没有相关的制度对其进行严厉的惩治或因缺乏制度平等而使一些人可以逃避制裁，这种有悖社会正义公理的现象，则是社会不公正、不和谐的表现。

和谐社会的正当性就是它的公正性。追寻公正是它的精神底蕴和价值向度。社会公正是保证经济和社会协调发展的关键，是社会得以科学发展的前提条件。社会公正以政治公正和制度公正为保证、以经济公正为表现。社会公正作为人类的一种永恒追求，是以制度公正为标识。人们的生活状况、价值观念、道德意识和行为方式等无不受制度的作用和影响。正如邓小平同志所说："制度好可以使坏人无法任意横行，制度不好，可以使好人无法充分做好事，甚至会走向反面。"③ 制度公正是通过一定规范和准则，对社会权利和义务进行公平分配和安排，培养公民的公正意识和道义品质，从而维护社会秩序的稳定，保障社会的正常运转，是科学发展的制度保证。④ 制度公正是实现人的发展的制度保障和现实途径，也是构建社会主义和谐社会的必由之路。努力建设新的公正制度体系，为人的发展提供一个良好的社会环境和制度保障。

2. 制度与伦理的辩证统一应是制度伦理的标准

制度伦理中的制度与伦理不是两张皮，而是一个有机整体，是"制度的伦理"和"伦理的制度"两个方面各有侧重、互为补充、相互促进

---

① 檀传杰：《论道德建设与制度安排的互补关系》，《现代哲学》2001年第1期。
② ［古希腊］亚里士多德：《政治学》，商务印书馆1965年版，第95页。
③ 《邓小平文选》第2卷，人民出版社1994年版，第333页。
④ 唐秀华、王婷婷：《科学发展观的伦理诉求》，《科学社会主义》2011年第6期。

的辩证统一，因此，制度伦理的设计和安排应始终坚持制度和伦理的辩证统一，充分发挥制度和伦理的优点，充分考虑制度安排、制度设计如何体现其道德性、合理性和可操作性。制度及其运行对人们的价值选择和价值取向的影响，从而完善各项制度和加强社会道德建设，促进社会的和谐发展。

制度伦理是指人们从制度中汲取的道德观念和人们把一定社会的伦理原则、道德要求提升规定为制度，即制度伦理化和伦理制度化两个方面双向互动的有机统一，是社会基本结构和基本制度中的伦理要求和实现伦理道德的一系列制度化安排的辩证统一。它们统一于制度伦理范畴，是制度伦理的两个不可分割的方面。任何强调一方面而忽视另一方面，割裂二者关系的做法不仅在理论上是片面的，而且对我国的现实的制度和道德建设也是有害的。制度伦理包含的制度伦理化和伦理制度化这两个方面既是相互联系的，同时又是有所区别、各有侧重、缺一不可的。制度的伦理的目标是基本制度及各种制度安排，通过对制度的诘问来制约不合理的制度，优化制度的选择和安排，为人的生存和发展提供良好的社会环境。因而，制度的伦理功能和作用，是从社会的公共政策、公共管理等宏观方面，使制度能够促进人与社会的和谐发展，保证整个社会沿着道德的、正义的方向发展。而伦理的制度则是伦理的制度化、法律化，使制度伦理能以制度的形式，确立起一系列明确的规范，为社会个体或团体自觉地践履道德提供有力的制度和法律保证，告诉人们什么是应当做的和不应当做的，什么是可以做的和不可以做的，合乎伦理道德的行为给予激励，违背伦理道德要求的个体作出惩罚，从而减少非道德的行为，从而提高个体的道德觉悟，强化个体的道德意志，帮助个体确立正确的价值观。简言之，制度的伦理与伦理的制度的最大区别就是前者追究的是制度的合理性问题，而后者关涉的则是个体行为的合道德性问题。[①] 总之，坚持制度和伦理的辩证统一是制度伦理建设应该始终遵循的准则。

3. 人的自由全面发展是制度伦理的最高诉求

社会制度的发展既是"自然人"摆脱其原始本能的动物存在而不断拓展其社会性的过程，社会制度的发展又是主体社会属性的一种物化形式，是社会关系的整合机制。社会制度一旦形成，那么它既成为人的社会

---

① 施惠玲：《制度伦理研究论纲》，北京师范大学出版社2003年版，第28—29页。

发展的社会客观条件，又成为实践主体运用社会客观条件的主要方式。可以说，它体现和满足了人类存在和社会全面发展的需要，是人类全面发展自己，全面完善自己，不断满足自己多种需求的结果。为此，制度的建立与选择、变革与创新，它是否与人类社会发展的根本目标即人类全面而自由的发展相符合，这就取决于人类主体自觉能动性、自由创造性，尤其是看人类主体是否掌握了社会发展的必然规律，这就成为制度伦理评价的根本目的和意义所在。

此外，制度伦理的设计和安排还应考虑它与政治、经济等社会其他方面的关系；制度设计以什么伦理价值观作为参照系；制度安排以社会还是以个体为本位的问题等。比如在经济领域中把促进生产力发展作为衡量制度伦理的一个基本标准，因为社会主义的本质规定着社会主义最根本的任务就是发展生产力；社会主义制度是以生产资料公有制为主体，因而在评价经济利益时要既重视个人的利益又强调集体的、社会的利益，同时重视以人为本，强调人与社会、人与自然的和谐发展。经济体制中的产权伦理、公平竞争、平等交易的伦理观念、信用观念、契约观念也是当前市场经济条件下急需培育的观念。又如政治体制中民主原则（包括公众的政治参与程度和对政府官员的有效监督）、自由、平等原则，广义上的人权原则、权利义务原则、行政公正原则等也是现代政治制度安排时所应包括的价值理性。

二 经济伦理规范

随着我国社会主义市场经济的深入发展，经济发展的同时，造成了环境污染、社会的不公、物质金钱至上、人际关系冷漠、不择手段地追求效率、竞争的野蛮和残酷、各类假冒伪劣商品泛滥、商业欺诈屡见不鲜、商业信用任意践踏、不良消费比比皆是、不同形式的经济腐败久治不绝等经济领域的道德失范现象，人们对以往的道德价值判断产生困惑和怀疑，整个社会陷入了道德迷茫状态。由此可见，现代经济生活所引发的诸多伦理问题，如效率与公平、人与自然、人与物、人与人、人与社会、义与利、竞争与合作的矛盾等问题，经济学本身已无法单独处理，社会主义市场经济呼唤经济伦理。

（一）经济伦理的含义

经济伦理学作为一门新兴的交叉、综合学科兴起于 20 世纪 70 年代，我国的经济伦理学研究则始于20世纪80年代初，关于它的研究对象学术界争议较大。代表性的观点有：

一种是三层次说。"三层次说"以许启贤教授、周中之教授等为代表。他们从经济领域的视角对经济伦理学进行分类，认为经济伦理学的内容可分为三个层面：宏观、中观和微观。宏观层面主要研究经济制度、经济体制、经济政策的伦理评价和整个社会经济活动的道德价值导向问题；中观层面研究的伦理问题，实质是企业的伦理问题，包括企业的社会责任、企业内部的管理伦理和企业外部关系中的伦理问题；微观层面研究的伦理问题，主要是个体在社会经济活动中承担的职业伦理角色问题、个体对消费的伦理评价以及消费道德规范等。

一种是四个环节说。王小锡教授主张，经济伦理学应当以生产、分配、交换、消费四个环节的道德现象为研究内容。因为经济伦理是经济生活客观存在和运行规律的反映，是引领、规范人们经济行为的道德价值准则，而经济活动又主要表现为生产、分配、交换、消费四个领域。

一种是三层次和四个环节的统一说。夏伟东教授在全面分析前两种观点的基础上，认为把"三层次和四个环节统一"起来是比较科学的。[①] 主张在四个环节的框架内，以宏观、中观、微观三个经济层面的道德现象作为经济伦理学的重要研究内容。

一种是从经济伦理两个视角。这与以上三种分类观点不同，认为经济伦理学的研究应从两大方面展开研究，一方面是从伦理学的角度研究经济问题，分析和论证经济活动的价值及其合理性；另一方面是从经济学的角度研究伦理问题，涉及经济效率与公平等范畴以及个人消费等经济行为的价值判断问题。

综合以上观点，它们各有其合理性，社会经济发展的复杂性使得上述几种分类方法交叉结合研究应该更好。而依据我国的国情，适应社会主义市场经济的经济伦理建设在基本原则上应遵循经济和伦理两方面的基本规则，因为经济和伦理各有其规范，经济效率是经济学的基本原则，社会公平是伦理的基本原则。经济伦理的含义是探讨经济效率与伦理道德的关系，需要从两个方面来考量：一是经济制度是否合乎道德规范；二是道德规范是否促进经济效率。因此经济伦理应遵循的基本原则绝不是个人伦理

---

① 夏伟东：《经济伦理学研究什么》，《江苏社会科学》2000年第5期。

的"毫不利己,专门利人",也不是一味追求经济利益的最大化,而是由"经济效率"和"经济公平"所决定的利己与利人的统一。经济伦理能够实现人类及其经济生活、经济行为达到一种既具有道德伦理的正当性,又合乎经济理性的有效性的理想状态。对于社会主义市场经济伦理则是既要体现社会主义的伦理本质,又要体现市场经济的原则,"效率优先,兼顾公平"是我国当前的经济伦理的基本原则。而关于我国社会主义市场经济伦理的基本规范则应从宏观、中观、微观三个经济层面和生产、分配、交换、消费四个环节中寻求适宜的具体的经济伦理规范。经济主体接受经济伦理原则和规范,绝不是为了用经济伦理来约束自己的利益追求,而是因为经济伦理能够为主体求得正当的、最大化的利益。因此经济伦理就是指调节和规范人们从事生产、交换、分配和消费等经济活动的一系列伦理原则和道德规范,是与人们的经济活动密切结合在一起并内在于人们经济活动中的伦理道德规范。

(二) 经济伦理原则及规范

1. "效率优先、兼顾公平"的原则

市场经济是以追求利益最大化为目标的经济,而人类道德生活本身也并不排斥人们追求正当的经济利益。追求正当的经济利益本身就是人的一种基本的道德权利,是合乎道德所提倡的价值行为。市场经济与伦理道德并不是如某些人所说是水火不容的。亚里士多德曾指出,道德是引导人们寻求幸福生活的智慧,是使人们活得更加幸福的生活艺术。从这个意义上说,追求正当的经济利益就是追求美好生活的价值基础。

在宏观层面上,坚持科学发展观的"以人为本"的价值导向,必须强调经济伦理对经济制度进行伦理评价,就是经济制度的设计和安排必须坚持效率与公平的统一,并更加注重公平。反对只讲效率、忽视公平的经济制度安排,主张在效率中必须注入公平。因此"效率优先、兼顾公平"作为我国当前社会主义经济伦理的基本原则,体现了追求效率的经济原则,也体现了社会公平的道德原则。社会主义初级阶段的国情要求我们必须把发展经济放在首位,坚持效率优先。社会主义制度的本质又要求我们必须把公平作为最重要的价值选择。因为社会主义只有发展生产力,提高经济效率,才能满足人民群众日益增长的物质文化生活需要。因此,"效率优先、兼顾公平"是社会主义市场经济伦理的基本原则。从本质上来说,社会公平是社会主义的目的,而经济效率则是实现社会公平的手段。

《公民道德建设实施纲要》就指出:"坚持注重效率与维持社会公平相协调,要把效率与公平的统一作为社会主义道德建设的重要目标,在全社会形成注重效率、维护公平的价值观念,把效率与公平结合起来,使每个公民既有平等参与机会又能充分发挥自身潜力,促进经济发展,保持社会稳定。"

2. 企业的社会责任和伦理规范

理论界关于企业社会责任的界定,主要分为内涵式和外延式两类。其中内涵式有广义和狭义之分。广义的包括经济责任、法律责任和伦理责任;狭义的仅指伦理责任。国外学者采用内涵式分类大致分为两派:一派是美国学者卡罗尔的"企业(公司)社会责任金字塔"理论,他将企业社会责任分为四个层次:第一层经济责任是基本责任,位于金字塔的底部;第二层是法律责任,即企业必须在社会制定的法律范围内运作;第三层是伦理责任,指为社会所期望但尚未形成法律条文的做法,如公平、公正、道德、规范等;第四层是慈善责任。另一派则是把企业社会责任视为包括经济责任、法律责任、道德责任,因而几乎与公司责任相类似的概念。[①] 企业作为市场经济和经济全球化的重要载体和承担者,企业伦理也就成为经济伦理学的核心。企业伦理是企业在处理内外部关系时所应当遵守的道德准则和行为规范。因此,企业的道德责任或应遵循的伦理准则可以从两个方面加以论述,一是企业作为独立的生产者或法人的道德责任,即企业整体的道德责任,企业与外部发生关系时所承担的经济责任、环境责任和道德责任等;二是企业内部各成员为履行企业的职责所承担的道德责任。在市场化和经济全球化的进程中,建构具有中国特色的企业伦理,就要努力做到经济性与道德性的有效协调。所谓企业社会责任,是指企业在谋求利益最大化的过程中,所负有的维护和增进社会公共利益的责任和义务,即对公众的社会责任、对消费者的社会责任、对员工的社会责任、对债权人的社会责任、对环境资源的保护与合理利用的责任、对所在社区经济社会发展的责任以及对社会福利和社会公益事业的责任等。

首先,企业作为生产者要为自己的产品对消费者负道德责任。企业是社会的产物,企业生存发展的理由就在于能高效率地为社会提供产品和服务。企业与消费者的关系是一种平等交易的契约关系:企业提供质量合

---

① 卢代富:《企业社会责任的经济学与法学分析》,法律出版社 2002 年版,第 71—77 页。

格、价格公平的产品,消费者依此付款。这种契约要符合经济公平的原则以及遵循不损害对方的权益和平等互利的原则。(1)企业提供的产品和服务不能侵害顾客的基本权益,不能危害顾客的生命和安全。(2)企业对顾客要做到诚实不欺,信守承诺,商品必须有充分的说明,包括产品的用途、使用方法、质量、生产日期或保质期等,商品的质量必须符合说明,而且商品必须有一定的耐用性,质量担保必须明确并得到兑现,已有所损坏的商品或二手商品出售必须予以注明,如此等等,因为消费者拥有充分的信息并使他们的合理预期得到实现是公平交易的必要条件之一。(3)按照平等互利的原则,企业提供的产品和服务的价格不应过高,不以谋取暴利为目标。

其次,企业要为自己的行动对一般公众或社会负道德责任。企业作为社会的成员,不仅要面对与它发生直接交易关系的其他企业或消费者,而且要面对与发生间接交易关系的一般公众,调整好它与社会整体的关系,必须遵循不侵害社会利益的原则。(1)企业要负有不污染环境的道德责任。例如,它所造成的空气污染、水污染和噪声污染必须达标以不危害他人;它所排放的有毒或有腐蚀性的废弃物也不能危害他人。因此它必须承担起维护环境的责任。

最后,企业还应对其员工负有道德责任。企业除了要处理外部关系外,还应处理内部关系,亦即企业内各种成员相互之间的权益分配问题,因为企业是由员工所组成并且依赖员工的协作发挥作用的整体。解决这个伦理问题应遵循机会均等的原则和按贡献分配的原则,这样才能保持企业的生机和活力。

3. 市场主体的伦理规范

规范市场经济主体,不仅要求在经济上讲求效益,而且要在道义上讲求正义,在政治上讲求法制,在道德上讲求诚信。只有具备了规范的市场经济主体,才能有规范的市场经济活动,才能促进市场经济的健康发展和和谐社会的建设。

市场经济的伦理基础是由市场经济的本质与特征决定的。市场经济的伦理要求主要包括五个方面:市场主体应承认双方在交易中的利益动机;交易双方地位平等;互惠互利;诚实守信;勤劳敬业、勤俭兴业、开拓创新。

平等互利是市场经济的第一伦理原则。独立自主和平等待人是平等交易方式的根本前提和要求。市场主体的独立自主是平等交易的首要条件，因此凡进入市场的主体，不论是个人还是企业，都应自主作出经济决策，独立承担经济风险。市场交易本来就是互通有无的一种权利交换，互惠互利是平等交易的基本内涵，因此，市场经济体制不仅要求所有的成员在交易中的地位一律平等，而且要求每个成员都要平等待人，相互尊重对方的权利和意愿。

市场主体在交易中应当做到诚实无欺。如上所述，平等交易的原则是互惠互利的等价交换，平等交易需要尊重对方的权利和意愿。如果在交易中为了自己的利益故意歪曲信息，欺骗对方，以次充好，短斤少两等等，那就不仅违反了等价交换的原则，还侵犯了对方的利益，也是不尊重对方权利和意愿的表现。市场主体还应在交易中做到信守诺言。市场交易中，平等交易一般是通过双方订立、执行契约而完成的；如果订立了契约后又违背承诺，不执行契约，那么不仅交易不成，而且还会使对方遭受损失。这种行为严重地侵犯了对方的权利和意愿，违背了平等交易的原则，其破坏市场经济体制的作用不亚于欺诈。因此，信守诺言也是市场经济体制所必然要求的行为准则之一。

独立自主、平等待人、诚实无欺和信守诺言是处理人与人之间关系的规范，它们符合经济公平的伦理原则，其实质是"平等互利"。这类行为规范及准则与"平等交易"的市场体制的本质要素紧密相关，不可分离。如果没有平等交易这个原则，那么这些行为规范就会失去意义而不被人奉行；反之，不遵循这些行为规范，平等交易的原则也将不复存在。从这个意义上，等价交换、互惠互利、公平竞争、自愿选择这些规范和准则是市场体制的本质要求，是市场经济秩序的基石，如果失去这些基石，市场体制就会崩溃。

此外，认真负责、勤俭节约、创新进取、大胆谨慎是适用于一切经济制度和更加基本的行为准则，它们虽不是市场经济本身的要求，但市场经济特有的竞争压力却使它们带有特殊的含义，即它们是市场经济对体制成员的必然要求，任何体制成员如果不奉行这些准则，就必然会被市场竞争所淘汰。从这个意义上说，它们仍是市场经济的基本行为准则。

4. 科学文明的消费规范

科学消费伦理是人类生活方式运动的必然结果。马克思认为，物质生活的生产方式制约着整个社会生活、政治生活和精神生活的过程。生产、分配、交换、消费是社会再生产的全过程，消费是社会再生产的重要环节，它们之间互相联系，互相制约。马克思认为，消费从两个方面影响着生产：一方面产品只有通过消费才成为现实的产品，消费是产品成为产品的证明和路径；另一方面是消费创造出新的生产需要。"消费在观念上提出生产的对象，作为内心的意向、作为需要、作为动力和目的。"① 生活方式的内在矛盾推动着消费伦理的价值选择。消费伦理是指个体道德价值观念和社会道德风尚对人们消费行为的影响及人们应当遵循的消费道德规范，它对调节人们消费行为的价值取向有着重要的影响和作用。科学消费伦理对于建设和谐社会具有重要的理论和现实意义。

科学发展观坚持"以人为本"的全面协调可持续发展战略，要建设资源节约型、环境友好型社会和建设生态文明型社会。消费绝不是个人的私事，也不是一个纯经济的范畴，人们的消费行为在客观上存在一个道德评价问题。培育科学文明的消费方式，必须具有正确的消费观，具体来说应该坚持如下的消费原则：

一是坚持发展生产力，合理提高人们消费水平的原则。科学消费应是以理性为主导的消费，应依据经济发展水平科学合理地引导人的需要。在消费态度上要走出节欲消费与纵欲消费两种极端。因为从经济发展的角度来看，节欲消费会导致有效需求的不足，不利于经济的发展；纵欲消费虽然会刺激经济的增长，但会受资源环境有限性的制约而影响经济的可持续发展。从人的发展的角度来看，节欲消费是对人的需要的压制，而纵欲消费则扭曲人的需要，导致物质消费与精神消费的失衡。科学消费伦理既不主张对人的正常需要的压制，也不赞成人的需要天然合理的观点，更不支持为了经济增长而刺激人的畸形需要。

二是坚持可持续发展，遵循适度消费的原则。因为资源是有限的，因此必须坚持可持续的发展观。在社会主义市场经济条件下，消费方式上必须坚持"可持续的""适度消费"的消费伦理原则，反对那种非可持续性的"高消费"和"超前消费"，反对那种把追求享乐作为人生目标的人生价值观。

三是树立公平的消费观，坚持合理消费原则。公平是人类追求的一种社会价值，公平反映在消费领域就是消费的公平。公平的消费观包括以下

---

① 《马克思恩格斯选集》第2卷，人民出版社1995年版，第94页。

两个方面：（1）同代人的公平。任何人自身的消费不能危害到他人的生产和发展的消费能力。（2）代际间的公平。人类只有一个地球，作为利益共同体，当代人在满足自身需要的同时，不应该对子孙后代满足其需要的能力构成威胁，应该尽可能给子孙后代留下更广阔的生存发展空间，实现代际间的可持续发展。如果我们只顾当代人的眼前利益，采取"杀鸡取卵""竭泽而渔"的方式，这种"吃子孙饭，断子孙路"的做法是违背社会公正的。

四是树立消费文明观，贯彻理性消费原则。在消费主义、享乐主义价值观的影响下，西方发达国家呈现出非理性的过度消费或高消费的社会现象。中华民族在消费领域应发扬崇尚节俭、反对浪费的传统美德，它将有利于优化消费资源配置，提高全民消费水平。当今社会，消费者还在大众媒介的诱导下以及对"符号价值"的追捧中完全迷失了自我，完全跟风消费，人们在这种消费中已经异化了，丧失了理性、判断力、意义价值和创造力，丧失了消费的自主性，变成被操纵的消费机器。由于媒体宣传对人们生活的影响是直接的、全方位的和深刻的，所以应加强对媒体舆论宣传的监督管理，加大对虚假宣传的惩治力度，从而发挥它们对人们的生活消费和生产消费的积极健康引导作用，引导人们重视物质消费与精神消费的和谐统一，注重精神生活的丰富、情感的和谐和道德上的完善，不断实现人的全面发展。

五是树立生态消费观，贯彻和谐消费的原则。生态环境的保护是世界各国面临的一个严峻的全球性问题。施里达斯·拉夫尔认为："消费问题是环境危机问题的核心，人类对生物圈的影响正在产生着对于环境的压力并威胁着地球支持生命的能力。从本质上说，这种影响是通过人们使用或浪费能源和原材料所产生的……对自然资源的透支和对自然生态的污染，正在日益造成家园的失落，成为我们生存的巨大危险和缺憾。"[①] 良好的生态环境不仅是人类生存和社会发展的基础，也是社会文明的标志。科学消费伦理的建构必须彰显人类对环境的道德责任，呼唤人们的"生态良心"，营建人们消费行为的理性自律。人类必须有责任、有义务为生态和谐做出积极的努力，通过消费体制的约束规范及消费者主体的生态消费意

[①] ［圭亚那］施里达斯·拉夫尔：《我们的家园——地球》，夏堃堡等译，中国环境科学出版社 1993 年版，第 13 页。

识的培养，积极探索人与自然和谐的伦理规范行为，选择符合生态伦理的人类发展途径，做到经济和社会活动生态化，不断完善生态消费体系，实现经济—生态—人—社会的协调发展，使消费遵循有利于人和自然的良性循环格局。只有这样，自然界才会成为永久保护人类的屏障，人类也才会成为自然界长久的保护者。

经济全球化背景下经济行为的广泛性、长期性和复杂性对当代经济伦理学又提出了新的挑战。经济全球化对经济伦理会产生什么影响，面对不同的社会制度、经济形态以及各种不同的市场群体和贫富差距不断拉大的局面，主导全球化的伦理规范和价值尺度是否符合全人类的要求，是否能够获得全球化品格的内在支撑，这些都为经济伦理学的发展指出了新的方向。

第三节 道德性伦理规范

一 社会伦理规范

社会主义社会是全面发展、全面进步的社会。2005年10月党的十六届五中全会提出我国社会发展的总体布局是经济建设、政治建设、文化建设和社会建设"四位一体"。在中国特色社会主义建设中，经济建设提供物质基础，政治建设提供政治保障，文化建设提供精神动力和智力支持，社会建设提供有利的社会环境和条件。

社会建设在狭义上是指与经济、政治、文化相并列的社会事业建设。社会建设主要包含三个层面：一是通过促进社团、中介等新兴社会组织的自身发育，协调政府、市场、社会和个人之间的关系，达到社会团结或社会整合的目标；二是通过建立和完善社会救助体系、社会保障体系和社会保险体系等，实现对社会财富的"第三次分配"，协调社会成员的利益关系；三是通过建立健全公共安全预测与防护体系、社会危机处理体系、环境保护体系以及突发事件应急处理机制，以达到社会风险危害最小化、增强社会安全与稳定的目标。我国在30多年的改革开放和现代化建设中，经济社会取得了长足发展，但同时存在着"经济发展一条腿长，社会发展一条腿短"的突出问题，经济社会发展不协调已成为我国全面发展的重要制约因素。因此，大力加强社会建设，是建设惠及全体人民的小康社会、促进社会和谐与进步的重要举措和迫切要求。

随着改革开放和社会主义现代化事业的蓬勃发展，社会主义精神文明建设呈现出积极健康向上的良好发展势态，体现中华民族的传统美德与时代精神相融合的新的道德观念，成为我国道德建设发展的主流。但是，社会的一些领域和一些地方道德失范现象大量存在，比如是非、善恶、美丑界限模糊，拜金主义、享乐主义、极端个人主义盛行，见利忘义、损公肥私行为时有发生，不讲信用、欺骗欺诈成为社会公害，以权谋私、腐化堕落现象十分严重。这些问题如果不能及时有效解决，必然影响正常的经济和社会秩序，危害改革发展稳定的大局，加强社会道德建设应当引起全社会的高度重视。

(一) 社会公德的基本规范

1. 社会公德的内涵

社会公德（social ethics；social morals）简称"公德"。是指在人类长期社会实践中逐渐形成的、要求每个社会公民在履行社会义务或涉及社会公众利益的活动中应当遵循的道德准则。[①] 在本质上是一个国家，一个民族或者一个群体，在历史长河中、在社会实践活动中积淀下来的道德准则、文化观念和思想传统。它对维系社会公共生活和调整人与人之间的关系具有重要作用。与"私德"相对，这里的"公德"是指与国家、组织、集体、民族、社会等有关的道德。中共中央《公民道德建设实施纲要》中关于公德的含义也是从社会生活概括的。"社会公德是全体公民在社会交往和公共生活中应该遵循的行为准则，涵盖了人与人、人与社会、人与自然之间的关系。在现代社会，公共生活领域不断扩大，人们相互交往日益频繁，社会公德在维护公众利益、公共秩序，保持社会稳定方面的作用更加突出，成为公民个人道德修养和社会文明程度的重要表现。要大力倡导以文明礼貌、助人为乐、爱护公物、保护环境、遵纪守法为主要内容的社会公德，鼓励人们在社会上做一个好公民。"而"私德"则指个人品德、作风、习惯以及个人私生活中的道德。

社会公德作为人类社会生活中最起码、最简单的行为准则，是和广大人民群众的切身利益密切相关的，是适应社会和人的需要而产生的。它对人们的社会生活具有特殊且广泛的社会作用。每个社会成员都应该自觉遵

---

① 中国伦理学界一般把公德看成是公共生活中的道德，如朱贻庭主编的《伦理学大辞典》（上海辞书出版社2002年版）及徐小锦、温克勤主编的《伦理百科辞典》（中国广播电视出版社1999年版）关于"公德"的定义。

守社会公德。

（1）遵守社会公德是维护社会公共生活正常秩序的必要条件。社会公德是维护公共场所正常秩序和安定环境、维护现实社会生活的最低准则，是人们现实社会生活稳定发展的基本条件。

（2）遵守社会公德是成为一个有道德的人的最基本要求。社会公德发挥着维护现实的稳定、公道、扬善惩恶的功能，在社会生产和生活中起着强大的舆论监督作用和精神感召作用。社会公德的这种作用体现在：一方面肯定、维护和促进一切有利于或有助于社会和个人生存、发展和完善的思想和行为；另一方面否定、抑制和阻止一切有碍于或有害于社会和个人生存、发展和完善的思想和行为。这主要是通过社会公德的规范方式来促进社会和个人弃恶扬善，扶正祛邪，从而指导人们的思想和行为，非强制性地调节和规范着社会生活中人们的言论和行动，维护社会公共生活秩序，有效地为满足社会与社会成员的需要服务。

（3）社会公德建设是精神文明建设的基础性工程，也是精神文明程度的"窗口"。社会公德是社会道德的基石和支柱之一，社会公德对社会道德风尚的影响稳定而深刻、广泛而持久。社会道德又是社会精神文明的重要组成部分，所以从人们实践社会公德的自觉程度和普及程度，可以看出整个社会精神文明建设的状况。因此，如果社会公德遭到了践踏和破坏，整个社会的道德体系就可能会瓦解，整个社会的安定团结也将被破坏。社会的精神文明当然包括多方面的内容；但在一定的历史发展阶段，社会的道德风尚通常是衡量一个社会的精神文明发展水平的重要标志，是整个人类社会精神文明发展的一种反映和体现。因为，一个地区或一个国家的精神面貌总是先从社会风尚中表现出来。总之，在一定意义上说，社会主义社会的社会公德是社会主义运行的基础，是现代社会必须高扬的基本道德。每个社会成员都应该增强社会公德意识，自觉地以社会责任感考虑自己的行动，遵循体现社会群体利益和他人利益的公共规范。

社会公德是社会道德体系的基础层次，在每一个社会都被看作是最起码的道德准则，是为维护社会公共生活的正常进行而提出的最基本的道德要求。遵守社会公德，是对社会生活中每个人的最低层次的道德要求，在此基础之上还有许多更高的道德标准和道德要求。社会公德水平的高低又昭示着一个社会道德风气好坏的程度。

2. 社会公德的基本规范

社会公德的内容是对公共生活中的方方面面提出的基本规范和要求。

在我国现代社会中，社会公德的主要内容如下：

（1）文明礼貌。社会公共生活中人与人之间应该和谐相处，举止文明以礼相待。自觉杜绝说脏话、随便猜疑、欺骗他人等恶习。这是处世做人最起码的要求。

（2）助人为乐。助人为乐，见义勇为是社会成员在公共生活交往中用以调整相互关系的最一般的行为规范之一。在公共生活中，人与人之间应该团结友爱，相互关心，相互帮助。爱人者人恒爱之，信人者人恒信之。现实生活中不可能人人都时时快乐、事事顺心，难免会遇到这样和那样的困难和问题，总有需要人帮助、救济的时候。这就需要人们之间互相帮助，扶危济困，乐善好施，以助人为乐。对不法行为，每个公民都应当分清是非，挺身而出，智斗勇斗，见义勇为，都有责任和义务自觉维护社会治安。

（3）爱护公物。爱护公共财物是社会公德极其重要的内容。尤其在公共场合更要注意这一点。要爱护国家及公共财产不受侵犯。

（4）保护环境。为了保持社会公共生活的环境整洁、舒适和干净，保障社会成员的身体健康，每个公民都应当讲究公共卫生、保护生活环境，这也是社会公共生活中人们应当遵循的最基本的行为规范。讲究公共卫生，造成优美环境，是人身心健康的重要保证；是社会风尚的一个重要方面，体现出一个民族的文明程度和精神面貌。

（5）遵纪守法。法律是对公民行为的必要约束及规范，是对道德的补充。自觉遵守法律法规、纪律，是社会公德最基本的要求。公共生活中人们要能顺利地进行社会活动，就必须要有规矩可循，就必须遵循一定的行为规范。每个社会成员既要遵守国家颁布的有关法律、法规，也要遵守特定公共场所的有关规定。人们只有依照法律、法规及纪律的有关规定行事，才不妨碍他人的正常活动，也保障自己所要从事的某项活动；才不会给社会和他人造成损失和伤害，保持社会公共生活相对稳定和和谐，并保证社会的健康发展。遵纪守法反映了人们的共同要求，体现了人们共同的利益。每个社会成员都应自觉提高法律意识、增强法纪观念，自觉用法纪来指导和约束自己的行为，自觉履行法纪规定的义务，敢于并善于运用法律武器同各种违法乱纪现象作斗争，并能正确运用法纪手段保护自己的合法权益不受侵犯，真正做到知纪懂法，遵纪守法。

（二）家庭道德的基本规范

和谐家庭建设对和谐社会建设具有重要意义。和谐家庭创建与营造和谐社会密切相关。首先,和谐家庭是和谐社会的重要组成部分,是社会稳定的基石。家庭是社会的细胞,是构成社会的有机组成部分;家庭是否和谐及其和谐的程度,是衡量社会是否和谐及其和谐程度的一个重要尺度。没有千千万万家庭的和谐就没有社会的和谐。其次,和谐家庭是和谐社会建设的内在要求和基础。家庭是构成社会的基础,社会是家庭的扩大,家庭是社会的缩影,家庭的和谐人际关系模式能够扩展到社会成为实现社会和谐的起点,因而家庭面貌直接影响着社会的面貌。最后,家庭和谐是社会稳定与发展的重要内容。和谐的家庭是化解家庭内部矛盾和社会矛盾的减震器。家庭和谐可以化解家庭内部的矛盾,避免将家庭的矛盾推向社会以进一步激化矛盾,从而避免因此产生的不稳定。和谐的家庭还可以使家庭成员舒缓紧张压力,得到身心放松和调整,并为人们从事社会活动提供强大的精神动力。

改革开放以来,随着市场化道路的进展和现代化步伐的加快,西方的伦理价值观念也伴随着"全球化"进程进入了人们的日常生活,特别是个人主义、自由主义以及享乐主义观念的影响,我国家庭观念出现了多元化趋势,传统的婚恋观、家庭观发生裂变,家庭成员的价值观、道德取向发生转变。家庭伦理问题频繁出现,诸如婚姻家庭的不稳定、子女教育问题、家庭养老问题等,这些不和谐现象的出现已经严重影响到家庭的稳定和社会的稳定。和谐家庭的建设是和谐社会建设的基础,和谐家庭的建设离不开家庭成员的良好道德素质,因此家庭美德的培育至关重要。①

1. 家庭道德的含义及重要性

家庭美德属于家庭道德范畴,是指每个公民在家庭生活中应该遵循的基本行为。它涵盖了夫妻、长幼、邻里之间的关系。家庭美德包括关于家庭的道德观念、道德规范和道德品质。家庭美德的规范是调节家庭成员之间,即调节夫妻、父母同子女、兄弟姐妹、长辈与晚辈、邻里之间,调节家庭与国家、社会、集体之间的行为准则,它也是评价人们在恋爱、婚姻、家庭、邻里之间交往中的行为是非、善恶的标准。家庭美德的规范是家庭美德的核心和主干。家庭美德还包括在家庭生活中,在道德意识支配指导下,按照家庭美德规范行动,逐渐形成的人们的道德品质、美德。

社会主义的家庭美德,是社会主义道德在家庭生活中的具体体现。众

---

① 唐秀华、彭朝花:《创建和谐家庭营造和谐社会》,《西北人口》2010年第6期。

所周知，为人民服务是社会主义道德的核心。它在家庭生活中的表现，就是每个家庭成员都要履行自己的道德责任和道德义务，都要有奉献精神，都要为他人服务，一人有难，全家相助，形成一个相互关心、相互帮助的和睦家庭。集体主义是社会主义道德的基本原则，在家庭生活中，每个成员都要关心家庭这个集体，共同治理好家庭，个人利益服从家庭的整体利益。"五爱"，即爱祖国、爱人民、爱科学、爱劳动、爱社会主义是社会主义道德的基本要求，每个家庭成员都必须以"五爱"规范自己的行为。实行革命人道主义是社会主义的重要道德，每个家庭成员都要多一份爱心，要尊重人、爱护人，要尊老爱幼，男女平等，邻里团结，和睦相处。总之，每个家庭成员都要加强社会主义道德修养，才能建立美满、和谐、幸福的家庭，即建立真正具有美德的家庭。

家庭美德具有重要的作用：第一，家庭美德对于社会安定团结有着极其重要的作用。第二，弘扬家庭美德是加强社会主义道德建设的需要。第三，家庭美德是美满幸福生活的力量源泉。

2. 家庭道德的基本规范

家庭美德是每个公民在家庭生活中应该遵循的行为准则，是调节家庭内部成员和家庭生活密切相关的人际交往关系的行为规范。涵盖了夫妻、长幼、邻里之间的关系。个人生活的幸福与否，不仅与社会的文明进步相关，还与是否拥有一个和睦、温馨的家庭密切相关；家庭担负着培养教育下一代的责任，家风直接影响着儿童和青少年的健康成长；家庭生活还与社会生活有着密切的联系，正确对待和处理家庭问题，共同培养和发展夫妻爱情、长幼亲情、邻里友情，不仅关系到每个家庭的美满幸福，也有利于社会的安定和谐。

《公民道德建设实施纲要》中关于家庭美德的基本要求是：尊老爱幼、男女平等、夫妻和睦、勤俭持家、邻里团结。

（1）尊老爱幼。我国自古以来就倡导"老有所终，幼有所养"，形成了尊老爱幼的良好家庭道德传统。谁不孝敬父母、善待子女，谁就会被世人唾骂为"缺德"，情节严重的还会受到法律的制裁。因此，尊老爱幼，不仅是每个公民必须遵守的道德准则，也是每个公民应尽的社会责任和法律义务。尊敬老人，孝敬父母，爱护幼年子女和全社会的少年儿童，关心下一代，这是我国自古以来就十分推崇的一项家庭美德，也是社会主义家庭美德的重要规范。

尊老的基本要求是赡养，同时也要注重老人的精神愉悦。父母对子女的爱，是最伟大、无私的。为了抚养和教育子女，父母总是倾注全部心血。"谁言寸草心，报得三春晖"，对父母的养育之恩，做子女的当知报答，而且无论如何也是报答不尽的，况且我们每个人也都会老，"善待老人，就是善待明天的自己"。所以，赡养老年父母，是子女必须承担的法定义务，也是社会主义家庭美德的起码要求。但是，也有极少数家庭，子孙锦衣玉食，老人无人赡养，有的还硬把繁重的家务加到老人身上，有的甚至想方设法索要老人钱财，并且认为是天经地义的，与前者相比，就显得太"缺德"了。有的家庭尽管在物质生活上承担了赡养老人的义务，但是对长辈缺乏爱心，冷冰冰地挤出点钱便一了百了，不闻不问，使父母"端着碗不觉饭香，用到钱心感隐痛"。做晚辈的要多与老人交流、沟通，除照顾他们的物质生活外，还应在精神上给予更多的关心和体贴，使他们充分享受天伦之乐，特别是对丧偶或离异的长辈。

婆媳矛盾，是一些家庭中的老大难问题。我们常常可听到"婆婆难当""媳妇难做""十对婆媳九不和""婆媳、婆媳，一对天敌"的感叹。其实，在现实生活中，绝大多数婆媳关系还是处理得很好的。婆媳关系的融洽需要双方努力，儿媳应真心实意地孝敬婆婆，婆婆也要实实在在地疼爱儿媳。双方以诚相待，是婆媳相处得好的关键。媳妇要多与婆婆讲讲知心话，从老年人的心理角度多为婆婆着想；婆婆也应理解媳妇，多从年轻人的心理状态考虑问题。一旦发生矛盾，婆媳双方要多作些换位思考，多一些宽容。婆媳间产生矛盾时，儿子（丈夫）要积极主动地做好调解工作，既要帮助母亲了解媳妇，又要帮助妻子理解老人，这样，矛盾自然会得到妥善解决。

爱幼要讲究艺术。目前，普遍存在对子女爱护过度的现象，特别是三代同堂、四代同堂的家庭，独生子女好似"小皇帝"，捧在手里怕摔了，含在口里怕化了，"饭来张口，衣来伸手"。俗话说："严是爱，宠是害。"如果一味娇惯宠爱子女，无原则地迎合、满足孩子的要求，就会使子女形成任性、放纵、骄横、自私、冷淡、孤僻、怕失败、怕挫折等不健康心理素质，影响孩子的成长。因此，对子女应当做到爱和严相结合。当然，严格要求并不等于体罚。有的家长仍信奉"棍棒之下出孝子"，容易导致孩子产生逆反心理。必须针对孩子的心理特点，启发诱导孩子纠正错误，改正缺点，逐步养成良好的行为习惯。

（2）男女平等。男女平等是指男女在政治、经济、文化和社会生活以及家庭生活等方面享有同等的权利、履行同等的义务。在我国，这不仅是一项家庭美德，还是一项基本国策，充分体现了社会主义制度的优越性。要摒弃"重男轻女"的传统思想，使家庭中的男女享有教育、就业及财产等方面的同等权利。特别是在生育观上，要真正做到"生男生女都一样"，切勿生儿子兴高采烈，生女儿懊丧不已，甚至溺弃女婴。要实现男女平等，当然需要男性的理解、支持和尊重，妇女自己也应当努力做到"自尊、自爱、自信、自立、自强"。要摆脱传统女性角色的束缚，自我确立生活目标，自我选择生活道路，自我驾驭生活航船，自我主宰个人命运，以巾帼不让须眉的豪情，去学习、去拼搏、去创造，实现自我，做一名既是"生活主人"、又是"事业强者"的时代新女性。

（3）夫妻和睦。夫妻是家庭的重要成员，夫妻和睦，志同道合，共同进步，是维护整个家庭和谐、融洽的关键，也是家庭生活中应该遵守的重要的行为准则。夫妻是家庭关系的核心，夫妻和睦是家庭幸福的重要前提和保证。夫妻关系应以平等互爱为基础。夫妻之间不存在谁侍候谁、谁主宰谁的问题，"大男子主义""妻管严"等倾向，都是要不得的。许多家庭夫妻不和，实际上都是由一些"小事情"引起的，例如一方很少做家务或根本不做家务，或者一方在家务事上很少与另一方沟通等。作为夫妻，应该努力做到互敬、互爱、互信、互帮、互谅、互让、互慰、互勉。

近年来，离婚率持续上升成为社会关注的热点。婚姻自由固然是社会主义婚姻家庭制度的基本原则。但是，如果把婚姻自由看作可以轻率地结婚和离婚，这是十分错误的。那种朝三暮四、喜新厌旧，对妻子（丈夫）、子女和社会不负责任的所谓"自由"，是不符合我们所说的婚姻自由原则的，必须坚决反对。

要保持夫妻和睦，还必须不断巩固、培养夫妻之间的感情，使爱情之树常青。有的夫妻结婚以后，发现身边的配偶与理想中的丈夫（妻子）大相径庭，因此夫妻感情日益淡薄，继而发生"婚姻是爱情的坟墓"的感叹。其主要原因是夫妻间对婚姻、对对方的期望值过高。期盼婚姻永远像爱情故事一样充满浪漫是不现实的，日常生活是平淡琐碎的，男女双方经过恋爱浪漫期之后步入婚姻组成家庭，应学会在平凡的日常生活中巩固、培养感情。要在互相适应对方的同时，经常寻找夫妻双方都感兴趣、都愿为之努力的共同点，使两人有共同的生活目标，使家庭生活生动、活跃起来，充满活力和乐趣。只有这样，才能避免婚姻枯燥、乏味，"婚姻危机"也就很难出现了。

（4）勤俭持家。勤俭持家，是我国家庭的传统美德。我国民间流传着许多勤俭持家的格言，如"勤是摇钱树，俭是聚宝盆""俭以养德""一粥一饭当思来之不易，半丝半缕恒念物力维艰"等。改革开放以来，人民生活水平逐步提高，我国大多数家庭生活已从"温饱型"向"小康型"转变，但是我们仍应该珍惜劳动果实，继承和发扬勤俭持家的传统美德。勤俭持家是文明健康家庭的重要标志。勤俭即勤劳节俭。勤劳是指不要懒惰，要努力劳作，不怕辛苦，尽力多做事。只有凭自己的双手和智慧，通过辛勤劳动，才会获得经济收入的增加和生活条件的改善。节俭是对消费要加以合理节制，不要浪费，不要奢侈。勤俭持家、勤劳致富，是中华民族的传统美德，是家庭兴旺的保证。

勤俭持家并未过时，我们所说的勤俭持家是以"量力而行、量入为出、勤俭节约、适度消费"为原则的。勤俭持家就是要精打细算，科学合理地安排家庭经济生活，避免浪费。勤俭持家就是要树立具有现代文明的消费观。第一，不盲目攀比，不追求高消费。在坚持量入为出原则的基础上，根据现代生活消费特点，适度的"超前消费"也不为过。但是，切忌盲目攀比，追求不合实际的高消费，"别人有汽车，我家也得有"，"别人有别墅，我家也要有"等思想要不得。第二，适当增加精神消费的比重。现在有一些家庭，各式家电一应俱全，居室装修得富丽堂皇，就是看不到报刊、书籍。单纯考虑物质上的满足容易引起精神上的空虚。在物质条件得到基本满足之后，我们应该及时调整消费结构，把精神消费提到重要地位，把一部分资金投放到购买书籍、家庭成员继续教育上，以丰富家庭文化生活。

（5）邻里团结。良好的邻里关系对人们的生活、工作、学习等各方面都大有益处。我国劳动人民一贯重视邻里关系，民间流传着许多名言，如"邻里好，赛元宝""远亲不如近邻"等。"孟母三迁"的故事更是妇孺皆知。然而，近年来，人们发现，随着科学技术的飞速发展，特别是信息时代的到来，我们与世界各地人民的联系越来越近，相反，与自己对门而居的邻里关系似乎越来越远了。现实生活中特别是在城市，住在同一小区、同一幢楼，相互之间不了解、不熟悉的人并不少，有的甚至门对门住了好几年，也不知邻居姓甚名谁、在哪里工作，真可谓"鸡犬之声相闻，老死不相往来"。

邻里之间是一种地缘关系，既无血缘关系，又无法定关系，但朝夕相处，在日常生活中有广泛的联系。邻里关系处理得好，可互为助手、互为依靠，有益于各家生活；处理不当，既会影响街坊邻里的安定，又会败坏社会风气。所以，邻里团结不仅有利于全社会的精神文明建设，也有利于每个家庭的安定幸福。

加强邻里团结，建立良好的邻里关系，着重要做到"四互"：一是互尊。互尊就是要尊重邻居的人格，尊重邻居的生活方式和生活习惯，切忌搬弄是非。还要尊重邻居的合法权益，如看电视、听音乐、唱卡拉OK等声音要适当，浇花、养鸟等不要给邻居带来麻烦。二是互助。互助要破除"各人自扫门前雪，休管他人瓦上霜"的旧观念，视邻里的事情如自己的事情，视邻里的困难为自己的困难，从小事做起，积极主动地为邻居做好事，例如，收捡好邻居晾晒的掉在地上的衣服，扶老人或小孩上楼梯，协助邻居换煤气罐等。另外，还要主动搞好公共区域的卫生工作。有的家庭内部装潢像宾馆，一尘不染，楼梯过道垃圾成堆，不堪入目，曾有人戏曰："进入家门要赤脚，出了家门要跳脚"，这与现代社会文明显然是极不相称的。三是互让。邻里之间长时间相处，难免会有磕磕碰碰的时候。一旦因生活琐事发生了矛盾，双方都不必斤斤计较，要讲风格、讲谦让，能解释的就解释清楚，不能解释的就让一步，互相让一让就过去了。邻里相争往往是进一步"狭路相逢"，退一步"海阔天空"。只有我们以"让"字去调剂邻里关系，就一定能使邻里和睦相处。四是互谅。互谅要了解邻居的生活习惯，理解邻居的职业，谅解邻居的苦衷。对邻居要少一点抱怨，多一点宽容；少一点指责，多一点赞扬；少一点品头论足，多一点相互学习；少一点斤斤计较，多一点热忱关怀。

家庭美德要做到"十要"，即夫妻平等要恩爱，孝敬父母要贴心，婆媳相处要宽容，教育子女要重德，兄弟姊妹要谦让，亲友邻里要互帮，持家立业要勤俭，有事共商要民主，生活文明要守法，社会建设要尽责。关于家庭美德中国有句古语："百善孝为先。"意思是说，孝敬父母是各种美德中占第一位的。一个人如果都不知道孝敬父母，就很难想象他会热爱祖国和人民。孟子说："老吾老，以及人之老；幼吾幼，以及人之幼。"我们不仅要孝敬自己的父母，还应该尊敬别的老人，爱护年幼的孩子，在全社会造成尊老爱幼的淳厚民风，这是我们新时代的责任。

二 文化伦理规范

我们每一个人都不能脱离一定的文化环境。我们每个人都是文化的产物，人创造了文化，文化也创造了人。文化"化人"——文化能把自然人"化"成社会人，能把不道德的人"化"成道德的人。文化"化人"的途径就是教育、宣传、新闻媒体等。文化、教育、宣传、新闻媒体等对人的道德的形成具有极其重要的影响，社会道德正是通过这些途径被人们所接受。

道德作为社会思想上层建筑的一部分，随着社会经济的发展，道德变迁是一个客观的趋势。当今社会，日新月异，各种新思想、新观念以及新行为、新生活、新道德层出不穷，这就非常需要我们有一种宽容的文化精神和道德宽容。"我们的古老民族，我们的现实社会，我们的当今时代，需要建设一种宽容的精神文化，或者说需要一种宽容的文化精神。只有宽容的文化精神，才能容许并激励文化的繁荣、思想学术的探索、科学的发展、技术的革新、经济的发展、制度的创新。并使人权得到尊重，人性得到发扬，人格得到提升。"①

随着文化全球化的发展，世界各个国家、地区和民族间的接触逐渐增多，不同文化的差异明显地凸显出来，不同的价值观发生着猛烈的碰撞，伦理冲突由此发生。中国的文化伦理建设有着自己特殊的历史背景：一方面中国正处于社会转型期，以农业为主要特征的传统文化模式同现代工业文明、市场经济所要求的理性的、法制的、自由的和创造性的文化模式相冲突，导致人们行为方式与价值观念发生了深刻变化。另一方面，中国的这种社会转型与西方发达国家的现代化存在着巨大的时代落差，即我们是在西方工业文明业已高度发达，以至于出现自身的弊端和危机，并开始受到批评和责难而向后工业文明过渡之时才开始向工业文明过渡的。"文化伦理"，作为人们在文化生产和文化生活中所必须遵循的处理人与人关系、人与社会关系的行为规范及其内在必然性的总和。至今尚未引起人们足够的重视，通常被当作一般的"文化现象"来看待和处理。由于没有将之上升到道德、特别是"伦理"的高度来认识，所以现实中所存在的各种违背社会主义文化伦理的行为，未能得到及时和有效地克服。因此，

---

① 朱厚泽：《中国需要提倡宽容的文化精神》，《炎黄春秋》2008年第5期。

文化论理的建设势在必行。

(一) 文化伦理的内涵

"文化伦理"一词，一是指文化与伦理之间的必然联系，二是指文化发展的价值追求。20世纪50年代之后，西方社会逐渐开始了文化发展的伦理转向；作为对"现代性"的反思和批判成果，伦理或道德价值成为西方社会追寻的基本目标。在我国，文化伦理经历了"从手段到目的"的命运转折：道德价值和伦理关怀摆脱了纯粹作为政治和经济生活附属品的工具意义，使自身显现为目的。我国文化发展由此开始了一个新的时代，一个超越了纯粹的政治目标和经济目标的时代，一个尊重人的价值与尊严、维护社会公正与平等的时代，一个追求人与人、人与自然关系和谐的伦理时代。由此，我国文化发展被内在地嵌入了道德价值的指针，道德进步也因此具有了文化必然。

"文化伦理"的存在前提是"文化"与"伦理"的存在。文化与伦理之间的内在联系，使"文化伦理"成为一个整体。作为研究对象，"文化伦理"不仅具有客观基础，而且具有学理的合法性。此处的"文化"是广义文化，包括物质文化、制度文化与精神文化三种形态；"伦理"是广义伦理，与"道德"通义。所谓文化伦理，一是指文化与伦理之间的必然联系，二是指文化发展的价值追求。作为概念，"文化伦理"是对现象世界的把握方式，表达伦理存在；作为逻辑，"文化伦理"蕴含着"文化"与"伦理"二者之间的内在联系，显示伦理必然；作为价值，"文化伦理"则向往超越，表达伦理自由。文化伦理宣称，当伦理在文化母体中找到存在的根据后，文化就具有了人格和责任，它必须对人类的现在和未来负责，为人类承担无法解构、不可拒绝的道德义务。

(二) 文化伦理的基本规范

文化也如同一个产业链，依据我国文化伦理的现状，同时考虑社会主义未来发展的趋势，构建社会主义文化伦理规范，应着重加强以下几方面的工作：

首先，文化生产伦理规范。文化生产，人们以往总是将之简单归结为经济性的生产。但是，文化生产虽然也有一个创造经济效益的问题，但它毕竟具有自己的特殊性。因为文化生产的主体主要不是以物质状态存在，而是以精神状态存在；文化生产的产品不是物质产品，而是各式各样满足人们文化生活需要的精神产品；文化生产虽然也服从于一般生产发展的客观规律，但很重要的还受文化生产所特有的规律的支配。在社会主义文化伦理建设中，我们一定要根据文化生产中处理人与人关系、人与社会关系行为的特殊性，进一步健全文化伦理规范。诸如：提倡诚实劳动，反对剽窃行为。无论是文艺作品还是学术论著，现在都时有发生剽窃现象；至于在音像制作上，盗版侵权行为相对更为严重。此类事可以说是久禁而难止。国家和地方的有关部门，曾经从加强法制上采取一系列措施予以打击，但仍屡屡发生。同时，应强调重在创造，反对低层次重复生产，这是提高文化生产水平的重要伦理规范。创造性，这是文化生产的最显著特征之一。可是，现在有一些人出于种种原因，比较关心出产品、出"成果"，而不够注意是否有创造，甚至在低水平低层次上重复生产。这在影视音像制作等方面，还是比较严重的；连出版著作和发表论文，也存在类似的低层次重复现象。过去，人们往往忽视了这里还有一个伦理或道德问题。最后，文化伦理的生产必须坚持科学和健康的原则，反对制作和生产消极、颓废的东西等等，这是文化生产坚持把社会效益摆在第一位的重要体现。在市场经济条件下，文化市场非常活跃，但相对也比较混乱。一些作者或文化生产者往往迎合某些消费者的低级趣味，出版或制作一些不健康的书刊或者音像产品，客观上给社会或他人的身心健康造成极为不良的影响。这是根本违背社会主义文化伦理的不道德行为，应该通过加强规范予以严厉制止。

其次，文化流通伦理规范。"文化流通"，是由"商品流通"引申并拓展而来。它是指人们以货币为中介的文化商品交换活动，以及非商业性的文化服务活动。在文化流通中，同样有一个要遵守一定的伦理规范问题。特别在市场经济条件下，文化流通会更加频繁，人们由此而发生的相互关系乃至矛盾也会更多、更复杂，所以尤其要重视制定文化流通的伦理规范。文化流通的伦理规范，其最高原则，就是要坚持以经济效益服从于社会效益，并坚决反对以任何理由把经济效益凌驾于社会效益之上，为谋取经济效益而牺牲社会效益。根据我国当前文化流通领域的实际情况，我们更应极力关注诸如文化商品广告的伦理规范、经销文化商品的伦理规范、关于经营影视、录像播放和歌舞厅的伦理规范等方面。从文化商品广告的伦理规范来说，通过新闻媒介推销文化商品，在现代文化流通中是一种比较常用也比较有效的推销方法。但在实际操作中，文化商品的广告还存在着许多问题，特别是违背社会主义文化伦理要求的现象时有发生。针对这种不足，我们一方面要对文化商品广告加强正面规范，即要求文化商品的生产者或推销者，在电视、广播或各类书刊乃至自制印刷品上作推销文化商品的广告时，必须讲求真实、健康；另一方面，我们还要强化对违反文化伦理要求的商品广告的惩治性规范。关于经销文化商品的伦理规范，这里主要包括以下两方面的要求：一是经销文化商品者必须自觉维护消费者的正当权益，要坚决反对向消费者出售劣质文化商品。一方面，经销者不能推销对人们身心健康不利的文化商品。这在市场经济条件下，尤其要加强规范。对于只顾赚钱而无视社会效益的行为，应该予以取缔。另一方面，经销者不能推销"冒牌货"或以劣充优的文化商品。二是经销文化商品者必须自觉维护文化商品生产者的合法权益。现在，社会上侵犯版权和知识产权现象仍然非常严重。其中，经销者所起的推波助澜作用是不容忽视的。关于经营影视、录像播放和歌舞厅的伦理规范。这也是比较薄弱的环节，而且存在的问题还不少，急待通过加强伦理规范来解决。不仅要切实加强影视录像厅经营的伦理规范，而且要切实加强歌舞厅经营的伦理规范。

再次，文化传播伦理规范。在现阶段，文化传播的途径很多，也很复杂。其中，比较基本的文化传播途径有三条，一是学校教育，二是舆论媒介宣传，三是日常社会交往影响。无论以哪一种方式进行文化传播，都有一个是否符合社会主义文化伦理的问题。在市场经济条件下，文化传播的途径相对更多样，其所产生的后果也会更加复杂，因而尤其要注意加强伦理规范。从学校的文化教育来说，要规范教育工作者"师德"。无须讳言，由于受到市场经济负面因素的冲击，有一些教师赚钱意识趋浓，不能尽心尽力地向学生传播文化知识，甚至以自己不健康的、非科学的思想来影响学生。所以说，加强教师、特别是青年教师的师德教育和培养，就显得非常重要。同时，规范学校文化教育的指导思想，以大力弘扬为祖国和人民办教育、做奉献的精神，彻底摆脱金钱诱惑，坚决反对把学校文化教育变成以赢利为目的的商业性行为。此外，舆论媒介作为实现文化传播的重要途径。当前，最重要的是应该加强规范这种文化传播的伦理导向。现在，文化宣传相对更加自由，而且具有更明显的多样性。这本来是一件好事，但如果不够注意明确伦理导向，其中也难免会产生一些负面影响。从日常社会交往影响来说，它在文化传播中也占有重要地位。其中影响最大的有两方面：一是家庭交往中的文化传播，由于家庭交往是经常性的行为，所以这种文化传播也是经常性发生的。人们在家庭文化传播中扮演什么角色和起什么作用，同样涉及伦理关系问题，从而也要加强相应的伦理规范。二是职业交往中的文化传播。在职业交往中，人们要同各式各样的人打交道，不但会受到各种各样的文化影响，而且自己也在以自己的言行，不断地对别人产生各种各样的文化影响。如果我们能够在职业交往方面加强相关的伦理规范，就有利于促进人们从道德高度加强责任感，从而在职业交往中自觉地相互鞭策、相互提醒、相互引导，发挥着经常性的、积极的文化传播作用。

最后，文化消费伦理规范。人们的文化消费往往是在一定的文化伦理观念支配下实现的。不同的文化伦理观念，会导致不同的文化消费行为；而不同的文化消费行为，也往往体现着人们相应的文化消费观念。所以，加强文化消费的伦理规范，有利于引导人们合理地、健康地安排和实行文化消费，而且可以避免因不合理和不健康的文化消费而引发各种各样的社会伦理问题。当前，加强文化消费的伦理规范，要注意正确处理文化消费同实现人生价值的关系、文化消费中学习和消遣的关系、文化消费和本职工作的关系、文化消费和经济实力的关系。

第一，正确处理文化消费同实现人生价值的关系。文化消费从根本上说，就是为了使人们能够获得生理和心理乃至知识和能力的调整，促进人们更充分地实现人生价值。在文化消费中，每一个人都必须牢牢坚持这一最高原则。任何违背这一原则的文化消费，都应该坚决反对。

第二，恰当处理在文化消费中学习和消遣的关系。文化消费往往同时具有这两个功能，但是真正有益于实现人生价值的文化消费，首要的应该是一种学习，是一种长知识和增本领的机会。现在有许多人，特别是青年人缺乏这种观念，往往以为文化消费纯粹是一种松弛性的消遣，从而很难充分发挥文化消费的应有作用。所以，我们固然要反对以消遣功能否定学习功能，同时也要避免以学习功能排斥消遣功能，而应该提倡把充分发挥学习功能和合理利用消遣功能有机结合起来。

第三，切实协调文化消费和本职工作的关系。这二者之间虽然不是绝对统一，但我们应该善于避免使二者相互排斥或相互对立。此中的关键，就是要使文化消费成为本职工作之余的身心休整，成为本职工作的补充，成为实现一专多能的合理调节。

第四，灵活处理文化消费和经济实力的关系。文化消费内容和方式的选择，首先取决于人们全面发展的需要，同时还要充分考虑实现的条件和可能性。好的东西，我们不一定马上都要享受到；而未消费过的东西，也未必就不是人们所向往和追求的。在文化消费中，我们要坚决反对那种摆"阔气"和讲"派头"的奢侈消费方式，更要避免超越自己经济承载力的无度消费。

文化是一个民族的灵魂，民族的独立，国家的强盛，人民的幸福生活要靠文化的繁荣与发展作为支撑。在中国的历史上，曾创造了辉煌灿烂的中华文明。在当今时代，我们不仅要创造出前所未有的物质文明，还要创造出前所未有的精神文明，书写更加绚烂的精神文明史。改革开放以来，我国的文化建设取得了巨大成就，在现代化建设中发挥了不可替代的作用。作为社会主义国家，我国要想实现国家的富强、民族的振兴，要想在激烈的国际竞争中占据主动，就必须大力发展文化，占据文化发展的制高点。2011年10月中共中央通过了关于深化文化体制改革推动社会主义文化大发展大繁荣若干重大问题的决定，总结我国文化改革发展的丰富实践和宝贵经验，研究部署深化文化体制改革、推动社会主义文化大发展大繁荣，进一步兴起社会主义文化建设新高潮。这是适应我国当前发展需要制定的重大战略决策，是顺应了世界的发展趋势；这是满足人民群众日益增长的精神文化需要的重要举措，是实现国家富强民主文明和谐的内在要求，是夺取全面建设小康社会新胜利的奋斗目标。兴起社会主义文化建设新高潮，就要大力发展先进文化，加强社会主义核心价值体系建设，增强社会主义意识形态的吸引力和感召力；就要建设中华民族共有精神家园，增强民族凝聚力和向心力，提高我国的文化软实力；就要建设和谐文化，保障人民的基本文化权益，满足人民的文化需要；就要深化文化体制改革，走文化创新之路，使文化发展更加充满活力。让我们以更加深刻的认识、更加开阔的思路、更加有效的举措，高举中国特色社会主义伟大旗帜，开创社会主义文化建设繁荣发展的新局面。

关于文化伦理规范，人们充其量还处在初步探索阶段，尚未形成比较系统的认识或理论。笔者在此只想也只能算是提出问题，开个话头，但愿能引起理论界的关注，并进而开展更加深入的探讨，以促进社会主义文化伦理规范的健全和完善。

第四节 科技性伦理规范

一 科技伦理的争议

当今时代科学技术的迅猛发展及对人类社会的深远影响,向人们提出了许多事关人类生存与发展的重大问题,科技伦理随之成为目前的理论热点。西方学术界对科技伦理的存在的必要性认为是无法否认的问题,只是存在各种模型与理论的纷争。从哈贝马斯的"交流伦理"到罗尔斯"正义论",从尤纳斯的"责任原理"到贝亚茨以技术对人的生育的干涉为例而提出的"共识模式",从毕恩巴赫的"做还是不做"到伦克对责任类型的详细分析,这些现象表明,一个有理论基础同时又在实践中可行的技术伦理从全球的角度看还在探索之中,科学技术中的伦理问题已经进入公众意识,原因是这个问题已不容忽视。

对于是否存在科技伦理的问题,国内学界还存在着比较多的争议。比较典型的有以下两种分野:

一种观点是持否定态度。认为科学技术具有价值中立的特点,只追求客观真理,而不判断道德上的善恶。持这种观点的人中也存在意见分歧:如有的学者认为,"科技异化"是科技应用所造成的,而不是科技本身所造成的,所以科技与伦理无关。也有学者认为,即便是科学技术涉及伦理道德问题,也不过是科技工作者个人的职业道德问题,而非科技伦理的独有问题。还有学者认为,由科技应用的负面效应所带来的伦理道德问题,不纯粹就是科技工作者和科学技术本身的问题。因为科技成果的应用是一个复杂的社会问题,受到政治集团和各种利益群体的制约,是整个社会的一种集体性、团体性行为,同时科技成果的未来效应也存在难以预测的情况,这些问题都不是科学工作者所能完全承担的。

一种观点是持肯定态度。认为科技发展对我们现有伦理道德提出了严峻挑战,科技伦理是事关人类生存与发展的重大现实问题。有的学者认为,近现代科学技术早已不再是纯思辨的理论知识,科技探索也不仅仅与客观真理相关,科学技术已经是一种对社会具有深远影响的实际行为。因而,科技活动应受到伦理的规约。也有学者指出,科技伦理决不是说科技成果本身有什么伦理,也决不是指传统意义上的科技工作者的职业道德问题,而是指科技研究、科技探索和科技应用中的伦理问题。还有学者认为，科技工作者必须预见并为其科技成果的应用负起一定的社会责任。因为今天的科技作为一种间接的生产力主要是由经济界和国家来资助的，是满足社会的某种经济需求、具有特定应用价值的活动。

综合以上的观点，坚持科技发展不受伦理道德的规范与约束的观点，实际上是一种无视科技发展向人类的生存与发展所提出的严重挑战的盲目乐观。现代科学技术的迅猛发展及其所带来的一系列负面效应，已经越来越明确地告诉我们科学技术是一把"双刃剑"，为了遏制科学技术的负面效应，从而使其更好地服务于人类及其社会的发展，我们将不得不重视科学技术活动中的伦理道德问题，我们将无法漠视科技伦理的存在。

二 科技伦理规范的必要性

科学技术是一把"双刃剑"。长期以来，科学万能论和科学至上主义却将人们引入歧途。人们只关注科学技术的工具价值，而忽视了科学技术异化的负面后果。这种缺乏伦理规范的科技应用如同一匹脱缰的野马任意践踏人类的家园。纵观科学技术的异化，集中表现在科学技术对自然的异化、对社会的异化和对人本的异化这三个方面。在自然方面表现为环境污染、物种灭绝、生态失调、资源耗竭、能源危机等；在社会方面表现为人口膨胀、交通事故频发、技术统治、技术殖民、技术专制等；在人本方面表现为人际关系疏远与隔阂、人格分裂、心理畸形、道德沦丧、精神空虚等。科技异化表现在日常生活和生产中成为奴役人甚至迫害人的异己力量，往往还成为战争的帮凶。二战时期，战争场面所呈现的史无前例的惨烈以及损失的严重、破坏的剧烈，都与科技在战争中的运用分不开。

实际上，科学技术本身并无善恶，它被应用是造福人类还是祸害人类，是行善还是作恶，并非由技术本身决定，而是由人决定。现代科技发展史也表明，科技发展中的"二律背反"不可能单靠科技自身的发展来解决，科技万能论被证明是错误和有害的。因为科技异化的深层原因在于人的自然观、技术观、道德观、价值观发生错位和扭曲。由此可见，科学技术上能做到的事情未必都应该去做。究竟哪些事情该做，哪些事情不该做，哪些事情永远不能做，以及什么条件下应该，应该用于什么目的等，都需要伦理道德对技术主体的科技行为进行价值评价和规范。科技不会自动造福人类，要使科技造福于人类，"人类必须把对科学技术的运用置于正确的伦理控制之下。否则,科学只能成为把我们推向灾难深渊的帮凶"①。

科技异化的伦理规范不仅是必要的而且是可能的,因为科学技术具有社会属性,科学技术的目的和运用过程都是人的本质力量的外化。"作为人类的创造,技术离不开人的活动和社会。作为人的能动的活动过程,技术不仅是人类活动过程的成果的器物,还渗透着政治、制度、价值观等因素。技术的发明和发展、评价和选择的每一个环节有着丰富的特定价值内涵。"② 因此,对科学技术进行伦理控制和道德约束就显得尤为重要。

三 科技伦理规范的内容

科技应用往往可能产生难以预料的社会后果,人类应尽量用伦理道德来规范、制约和防止科技异化造成的恶果。著名思想家弗洛姆曾对科技发展的两个错误的指导原则提出质疑。这两个原则是:(1)凡是技术上能够做的事情都应该做;(2)追求最大的效率与产出。第一个原则迫使人们在伦理上做无原则的退让,第二个原则可能使人沦为总体的社会效率机器的丧失个性的部件。为了使科技服务于造福人类及其生存环境这一最高的善的价值目标,我们必须使科技从根本上摆脱这两个可疑的原则。我们应将伦理作为一种重要的尺度来衡量科技的开发、应用,用伦理道德制约科技。

所谓科技伦理是指通过倡导社会价值导向和技术道德标准,引导人们在科学技术的研究、生产、分配和使用等一系列活动中做出价值判断、价值评价和行为选择,不仅考虑技术的可能性,而且考虑其目的、手段和结果的正当性,以协调人与社会、人与自然、人与技术之间的关系。伦理规范调控的对象是掌握科学技术的人的目的和行为,其核心在于实现"人对自身欲望和行为的自我控制"③。保证科技行为不损害人类的生存环境和生命健康,以促进人类社会的可持续发展。可见,科学技术的伦理规范实际上是对科技主体的伦理规约。任何社会经济、政治秩序的建立都离不

---

① 范虹:《一柄悬在人类头顶的达摩克利斯剑》,《湘潭大学学报》(哲学社会科学版)1997年第5期。

② 张弘政:《从技术的二重性看技术异化的必然性与可控性》,《科学技术与辩证法》2005年第5期。

③ 戴艳军、刘则渊:《技术的道德控制初探》,《科学学与科学技术管理》2005年第7期。

开伦理道德秩序的基础,技术秩序的建立同样也需要伦理道德调节的"软控制"机制。在高科技时代,人们只有确立了伦理道德观念,在现代技术的应用中融入伦理意蕴,自觉地从生态伦理、环境伦理的道德准则来约束和支配自己的行为,使技术合乎人性、合乎人类的长久生存和发展,才可能缓解技术负面效应带给人类的危机,最大限度地抑制科技异化,才可能使技术的发展和应用有利于人类的根本目的和长远利益,从而使现代技术更好地造福人类。

实现技术异化的伦理控制主要通过技术主体"自律"和"他律"两种途径。一方面要加强科技伦理教育,以增强技术主体的道德自律。伦理教育的内容应主要包括三个方面:

一是培育科技主体的科技道德规范和准则。通过教育,增强人们的科技伦理意识,树立正确的伦理道德观念,塑造不求虚名、不图钱财、不谋权位,追求真理的道德人格。只有思想道德素质提高了,科技异化的消除才有思想上的保证。

二是培育科技主体的人文精神。科学技术这把钥匙,究竟是用来开启天堂之门,还是用于通向地狱之路,完全在于人文精神的引导。通过引导技术主体遵循人与自然协调发展的价值原则,坚持"以人为本,以追求真善美等崇高的价值理想为核心,以人自身的全面发展为终极目的"[①]。从而实现科学技术的协调发展来造福人类。

三是培育科技主体的社会责任。主要是指培养科技主体对人类社会生存和发展承担义务的责任,自觉以人类的自由而全面的发展及文明繁荣为己任,以科技为人类谋福利为目的,思考、预测、评估自己的科技行为可能带来的社会后果,尽可能客观、公正、负责任地向公众披露科技的潜在风险及防范建议,引导科学技术的正确运用。

另一方面要加强社会舆论的导向及各种利益机制的约束,以他律性的外在手段和制约力量引导技术主体遵循和践行技术道德规范。

一是加强舆论宣传,倡导正确的技术价值观,利用社会舆论评价对技术活动主体进行鞭策、感化和劝诫,达到自我觉醒和自我约束。

二是建立经济利益的奖惩机制,通过经济利益的赏罚,肯定和鼓励技

---

① 王建华:《论科技行为的伦理约束》,《福建师范大学学报》(哲学社会科学版) 2003 年第 2 期。

术主体的道德行为，否定和抑制违背技术伦理道德要求的、唯利是图的行为，强化社会道德规范的作用。

三是建立伦理价值的科技评价机制，在对技术成果评价中，不仅要考虑其经济效益，还要对其生态效益和社会效益等进行综合评价。此外，还要运用政策和制度的手段鼓励和引导有利于社会利益的技术行为。对那些可能对人类生存造成危害的技术，在时间、空间、力度上给予适度的限定和控制。

科技伦理的贯彻必须使"自律"与"他律"两种途径相互配合，不可偏废任何一方。面对当前经济利益主体的多元化导致价值观念的多元化和道德舆论的社会影响力弱化和分散化的情况，在技术道德价值导向上，应当加大外部他律的控制力度，但也决不能忽视道德自律的作用，因为发挥技术主体的自省自律是解决问题的根本。

目前我国科技总体水平还相对落后，仍然需要大力发展科学技术，以提高综合国力和国际竞争力。但是我们在发展科学技术的过程中，决不能对技术异化置若罔闻或不加顾虑。对科学技术进行伦理规范不是要控制技术的发展，而是要最大限度地减少技术负效应，规避技术异化风险，使科技既快速健康发展而又不危及人类的生存。只有加强对技术主体的伦理规范和道德约束，才能有效防止技术成果被误用、滥用甚至恶用，克服技术发展与技术异化之间不断放大的矛盾，实现人类的和谐发展。

结　　语

　　科学发展离不开伦理道德的支撑和规约，传统发展观导致的发展异化让我们付出的惨重代价给予我们深刻的教训，促使我们重视发展过程的伦理考量，然而构建对发展目标、发展理念、发展制度、发展模式、发展战略、发展道路、发展手段等进行伦理审视的科学发展伦理体制是一项艰巨而复杂的系统工程，现在还处在起步阶段，要完成这项艰巨的任务，任重而道远，吾辈仍需努力。

参考文献

一 主要参考书目

[1] [美] 德尼·古莱：《发展伦理学》，高铦、李继红译，社会科学文献出版社 2003 年版。

[2] [美] 丹尼斯·米都斯等：《增长的极限——罗马俱乐部关于人类困境的报告》，李宝恒译，吉林人民出版社 1997 年版。

[3] [美] 詹姆斯·M. 布坎南：《自由、市场和国家》，吴良健译，北京经济学院出版社 1988 年版。

[4] [美] 阿瑟·奥肯：《平等与效率——重大的抉择》，王奔洲译，华夏出版社 1987 年版。

[5] [美] 约翰·罗尔斯：《正义论》，何怀宏等译，中国社会科学出版社 1988 年版。

[6] [美] 约翰·罗尔斯：《作为公平的正义——正义新论》，姚大志译，上海三联书店 2002 年版。

[7] [美] 阿·麦金泰尔：《德性之后》，龚群、戴扬毅等译，中国科学出版社 1995 年版。

[8] [美] 霍尔姆斯·罗尔斯顿：《环境伦理学》，杨通进译，中国社会科学出版社 2000 年版。

[9] [美] 约瑟夫·熊彼特：《财富增长论》，李默译，陕西师范大学出版社 2007 年版。

[10] [美] 赫尔曼·E. 戴利、肯尼思·N. 汤森：《珍惜地球——经济学、生态学、伦理学》，马杰等译，商务印书馆 2001 年版。

[11] [美] 埃利希·弗洛姆：《健全的社会》，欧阳谦译，中国文联出版社 1988 年版。

[12] [美] 塞缪尔·亨廷顿：《文明的冲突与世界秩序的重建》，周琪等译，新华出版社 1998 年版。

［13］［美］塞缪尔·亨廷顿：《现代化：理论与历史经验的再探讨》，罗荣渠主编，上海译文出版社 1993 年版。

［14］［美］塞缪尔·亨廷顿：《变动社会的政治秩序》，张岱云等译，上海译文出版社 1989 年版。

［15］［美］梅多斯：《增长的极限》，于树生译，商务印书馆 1984 年版。

［16］［美］布莱克：《现代化的动力》，张静译，浙江人民出版社 1989 年版。

［17］［美］丹尼尔·贝尔：《资本主义文化矛盾》，赵一凡等译，生活·读书·新知三联书店 1989 年版。

［18］［美］道格劳斯·诺斯：《西方世界的兴起》，厉以平等译，华夏出版社 1988 年版。

［19］［美］艾伯特·奥·赫希曼：《欲望与利益——资本主义走向胜利前的政治争论》，李新华、朱进东译，上海文艺出版社 2003 年版。

［20］［法］弗朗索瓦·佩鲁：《新发展观》，张宁、丰子义译，华夏出版社 1987 年版。

［21］［德］汉斯·昆：《世界伦理新探——为世界政治和世界经济的世界伦理》，张庆熊等译，道风书社 2001 年版。

［22］［德］埃德蒙德·胡塞尔：《伦理学与价值论的基本问题》，艾四林、安仕侗译，中国城市出版社 2002 年版。

［23］［印度］阿马蒂亚·森：《以自由看待发展》，任赜、于真译，中国人民大学出版社 2002 年版。

［24］［德］P. 科斯洛夫斯基：《资本主义的伦理学》，王彤译，中国社会科学出版社 1996 年版。

［25］［德］彼得·科斯洛夫斯基：《伦理经济学原理》，孙瑜译，中国社会科学出版社 1997 年版。

［26］［德］约翰·内维尔·凯恩斯：《政治经济学的范围与方法》，党国英、刘惠译，华夏出版社 2001 年版。

［27］米歇尔·鲍曼：《道德的市场》，肖君、黄承业译，中国社会科学出版社 2003 年版。

［28］［德］马克思：《1844 年经济学哲学手稿》，人民出版社 2000 年版。

[29] 王玲玲、冯皓:《发展伦理探究》,人民出版社 2010 年版。

[30] 庞元正:《发展理论论纲》,中共中央党校出版社 2000 年版。

[31] 李春生:《科学发展观与中国现代化的价值目标选择》,新欢出版社 2009 年版。

[32] 曾建平:《自然之思——西方生态伦理思想探究》,中国社会科学出版社 2004 年版。

[33] 刘福森:《西方文明的危机与发展伦理学》,江西教育出版社 2005 年版。

[34] 万俊人:《道德之维——现代经济伦理导论》,广东人民出版社 2000 年版。

[35] 厉以宁:《经济学的伦理问题》,上海三联书店 1995 年版。

[36] 王海明:《公正、平等、人道——社会治理得到的原则体系》,北京大学出版社 2000 年版。

[37] 卢枫、刘湘溶主编:《现代发展观与环境伦理》,河北大学出版社 2004 年版。

[38] 世界环境与发展委员会:《我们共同的未来》,王之佳等译,吉林人民出版社 1997 年版。

[39] 韩庆祥:《发展与代价》,人民出版社 2002 年版。

[40] 郑也夫:《代价论》,生活·读书·新知三联书店 1995 年版。

[41] 秦溯:《告别 GDP 崇拜——中国发展的一种解读》,浙江人民出版社 2004 年版。

[42] 于文俊:《科学发展观——当代中国发展的新理念》,湖北人民出版社 2005 年版。

[43] 景天魁:《社会公正理论与政策》,社会科学文献出版社 2004 年版。

[44] 傅华:《生态伦理学探究》,华夏出版社 2006 年版。

[45] 卢风、肖巍:《应用伦理学导论》,当代中国出版社 2002 年版。

[46] 唐代兴:《公正伦理与制度道德》,人民出版社 2003 年版。

[47] 丰子义主编:《树立科学发展观专辑》,中国人民大学出版社 2005 年版。

[48] 徐文渊:《可持续发展与世界经济》,学习出版社 2000 年版。

[49] 许先春:《走向未来之路:可持续发展的理论与实践》,中国广

播电视出版社 2002 年版。

［50］卢风：《应用伦理学：现代生活方式的哲学反思》，中央编译出版社 2003 年版。

［51］邱耕田：《低价发展论》，人民出版社 2006 年版。

［52］何清涟：《现代化的陷阱》，今日中国出版社 1998 年版。

［53］张峰：《自然的权利》，山东人民出版社 2006 年版。

［54］徐嵩龄：《环境伦理学进展：评论与阐释》，社会科学文献出版社 1999 年版。

［55］茅于轼：《道德经济制度》，河南人民出版社 2002 年版。

［56］高国希：《走出伦理困境——麦金太尔道德哲学与马克思主义伦理学研究》，上海社会科学院出版社 1996 年版。

［57］程立显：《伦理学与社会公正》，北京大学出版社 2002 年版。

［58］李小云：《普通发展学》，社会科学出版社 2005 年版。

［59］颜晓峰、谈万强主编：《发展观的历史进程》，人民出版社 2007 年版。

［60］蔡普民：《科学发展观的人学审视》，中国社会科学出版社 2007 年版。

［61］王忠武：《科学发展观与中国现代化》，社会科学文献出版社 2008 年版。

［62］陈翠芳：《科技异化与科学发展观》，中国社会科学出版社 2007 年版。

［63］樊浩：《伦理精神的价值生态》，中国社会科学出版社 2001 年版。

［64］《马克思恩格斯选集》第 1、2、3、4 卷，人民出版社 1995 年版。

［65］《马克思恩格斯全集》第 38 卷，人民出版社 1972 年版。

［66］《中国共产党十六大报告》、《中国共产党十七大报告》。

二 外文参考书目

［1］Des Grasper. The Ethics of Development：From Economism to Hunman Development. Edinburgh University Press，2004.

［2］Karen O'Brien, Asuncion Lera St. Clair and Berit Kristoffersen.

Climate Change, Ethics and Human Security. Cambridge University Press, 2011.

[3] Katherine Richardson, Will Steffen and Diana Liverman. Climate Change: Risks, Challenges and Decisions. Cambridge University Press, 2011.

[4] Richard Evanoff. Bioregionalism and Global Ethics. Routledge Press, 2011.

[5] Peter Penz, Jay Drydyk and Pablos. Bose. Displacement by Development: Ethics, Rights and Responsibilities. Cambidge University Press, 2011.

[6] Philippe Aghion and Steven N. Durlauf. Handbook of Economic Growth. Volume1B. Elsevier North-Holland, 2005.

[7] Henri Lefebvre. Critique of Everyday Life. Volume1. London and New York: Verso, 1991.

[8] Henri Lefebvre. Everyday Life in the Modern World. The Penguin Press, 1971.

三 主要参考论文

[1] 张琼:《科学发展观的伦理意蕴》,《云南民族大学学报》（哲学社会科学版）2005 年第 1 期。

[2] 刘福森:《存在"发展伦理"吗?》,《海尔滨师专学报》1999 年第 2 期。

[3] 刘福森:《论发展伦理学——可持续发展的伦理支点》,《江海学刊》2002 年第 6 期。

[4] 胡鞍钢、温军:《以人为本的发展观》,《人大复印资料哲学原理》2001 年第 4 期。

[5] 蒋一兵:《生存、尊重与自由——关于发展的伦理思考》,《学习时报》2006 年 1 月 28 日。

[6] 陈胜云:《社会发展与代价意识》,《上海行政学院学报》2003 年第 3 期。

[7] 刘占峰:《哲学视野中的社会发展代价问题》,《秦安师专学报》2002 年第 1 期。

[8] 韩丹:《当代西方发展伦理学初探》,《哲学动态》2000 年第

10 期。

[9] 林春逸：《发展伦理学的基本问题》，《自然辩证法研究》2007年第 1 期。

[10] 胡锦涛：《在中央人口资源环境工作座谈会上的讲话》。

[11] 刘长明：《对和谐发展观的再阐释》，《烟台大学学报》2005 年第 1 期。

[12] 唐代兴：《发展与协调：平等视域中的生境伦理构建（上）》，《湖南科技学院学报》2009 年第 1 期。

[13] 陈胜云：《社会发展与代价意识》，《上海行政学院学报》2003 年第 3 期。

[14] 曹明德：《论消费方式的变革》，《哲学研究》2002 年第 2 期。

[15] 盛邦和：《"发展"的"异化"与"经济"的"文化"》，《档案与史学》2005 年第 2 期。

[16] 罗开福：《论道德建设为构建和谐社会提供道义支撑》，《天府新论》2008 年第 1 期。

[17] 沈步珍：《技术单向发展的反思与技术人性化的现实吁求》，《科学理性与科学方法》2005 年第 5 期。

[18] 蔡建波：《佩鲁对发展观的反省与探讨》，《山东工业大学学报》（社科版）1997 年第 4 期。

[19] 张兴桥：《人类生存的悖论与发展伦理学》，《理论探讨》2003 年第 1 期。

[20] 陈孝兵：《公平与效率关系的伦理意蕴》，《经济学家》2003 年第 5 期。

[21] 魏博辉：《人与自然：和谐—分裂—和谐》，《北京航空航天大学学报》（社会科学版）2003 年第 9 期。

[22] 孙莉颖：《发展伦理学的哲学基础》，《自然辩证法研究》2005 年第 3 期。

[23] 巩固：《可持续发展的道德性解析》，《中国海洋大学学报》（社会科学版）2007 年第 4 期。

[24] 刘福森：《存在"发展伦理"吗?》，《哈尔滨师专学报》1992 年第 2 期。

[25] 刘福森：《论发展伦理学——可持续发展的伦理支点》，《江海

学刊》2002年第6期。

[26] 韩丹:《当代西方发展伦理学初探》,《哲学动态》2003年第10期。

[27] 林春逸:《发展伦理学的基本问题》,《自然辩证法探究》2007年第1期。

[28] 程立显:《论社会和谐和公平正义》,《江苏大学学报》(社科版) 2007年第3期。

[29] 贾可卿:《"公平"辩证》,《云南社会科学》2006年第6期。

[30] 王小锡:《世纪之交的经济伦理学》,《江苏社会科学》1999年第2期。

[31] 王泽应、郑根成:《关于经济伦理学研究的几个问题》,《经济伦理与经济发展学术研讨会论文》2001年。

[32] 康化椿:《关于发展伦理的思考》,《苏州科技学院学报(社会科学版)》2005年第5期。

[33] 邱耕田:《发展伦理学视域中的社会发展》,《自然辩证法研究》2006年第9期。

[34] 刘永丰:《人类欲望及其社会作用》,《天府新论》2005年第6期。

[35] 王新宇:《中国经济发展与环境保护》,《合作经济与科技》2007年第8期。

[36] 田忠华:《正确处理经济发展与环境保护的关系》,《平顶山工学院学报》2005年第3期。

[37] 杨楹:《论发展与代价的关系》,《广播电视大学学报》2002年第1期。

[38] 卢风:《社会伦理与生态伦理》,《河北学刊》2000年第5期。

[39] 王巧慧:《自然内在价值新论》,《北京青年政治学院学报》2005年第6期。

[40] 李培超:《论环境伦理学的"代价正义"的基本蕴意》,《伦理学研究》2002年第3期。

[41] 唐任伍:《论全球化带来的两极分化及其对策》,《世界政治与经济》2002年第1期。

[42] 叶舒宪:《文明危机化:现代性的人类学反思纲要》,《广东职

业技术师范学院学报》2002年第3期。

［43］温家宝：《提高认识，统一思想，牢固树立和认真落实科学发展观》，《光明日报》2004年3月1日。

［44］蒋一兵：《生存、尊重与自由——关于发展的伦理思考》，《学习时报》2006年1月28日。

［45］黄力之：《对科学发展观的价值观解读》，《光明日报》2004年9月28日。

［46］张小礼：《可持续发展呼唤绿色的科学和技术》，《学习时报》2007年7月17日。

［47］《科学发展观是用来指导发展的》，《人民日报》2004年5月28日。

［48］吕俊杰：《公平效率论》，硕士学位论文，首都师范大学，2005年。

［49］朱宏军：《中国转型期社会公正研究》，硕士学位论文，中共江苏省委党校，2006年。

［50］王天民：《发展观的当代危机与伦理学的内在旨趣》，《自然辩证法研究》2005年第12期。

［51］朱海林、刘佑生：《科学发展观的伦理意蕴》，《湖南科技大学学报（社会科学版）》2005年第5期。

［52］陈玲玲：《对科学发展观的伦理思考》，《党政干部学刊》2005年第4期。

［53］王苏喜、张倩：《论科学发展观中的经济伦理思想》，《商业研究》2007年第3期。

［54］李曙新：《论当代中国科学发展观对西方发展观的扬弃与超越》，《当代世界与社会主义》2010年第1期。

［55］曲红梅，刘福森：《一种反生态的价值观——西方现代发展观的价值危机》，《南京农业大学学报》2008年第3期。

［56］张琼：《科学发展观的伦理意蕴》，《云南民族大学学报》2005年第1期。

［57］曾宪玲：《试论科学发展观视域中的伦理精神》，《经济与社会发展》2007年第2期。

［58］陆昱：《发展与科学发展观的伦理思想》，《经济师》2010年第

1期。

[59] 涂国红、冯涛:《科学发展观:发展伦理的新观点》,《重庆科技学院学报》2008年第6期。

[60] 陈爱华:《试论西方近代科学精神与伦理意蕴》,《东南工业大学学报》2003年第2期。

[61] 向荣:《文化变革与西方资本主义的兴起——读韦伯〈新教伦理与资本主义精神〉》,《书评》2000年第3期。

[62] 陈爱华:《试论西方近代伦理精神的生成与特征》,《苏州铁道师范学院学报》2000年第3期。

[63] 邹铁军:《西方伦理精神的历史寻踪——评田海平《西方伦理精神》,《学海》1999年第5期。

[64] 赖廷谦:《从希腊精神到新教伦理——略考西方市场经济始建中的若干价值观》,《四川轻化工学院学报》1994年第1期。

[65] 杨君武:《西方伦理文化的基本精神》,《湖湘论坛》2001年第2期。

[66] 郑忆石:《科学发展观的"以人为本"与西方传统人道主义》,《华东师范大学学报》2006年第1期。

[67] 邓晓芒:《西方伦理精神探源》,《社会科学论坛》2006年第9期。

[68] 陈秀萍:《契约的伦理内核——西方契约精神的伦理解析》,《南京社会科学》2006年第8期。

[69] 陈爱华:《试论西方资本主义发展过程中的伦理精神》,《现代哲学》2000年第1期。

[70] 叶德跃:《从伦理道德视角看科学发展观》,《毛泽东思想研究》2006年第2期。

[71] 洪远朋、陈波:《改革开放三十年来我国社会利益关系的十大变化》,《马克思主义研究》2008年第9期。

[72] 郭永虎:《毛泽东的节约思想及实践》,《毛泽东思想研究》2006年第2期。

[73] 张世友、冉建红:《毛泽东的厉行节约思想及其时代特色》,《毛泽东思想研究》2007年第6期。

[74] 郑秋艳:《毛泽东、邓小平人民观比较研究》,硕士学位论文,

山东大学，2006年。

［75］李敦送、廖世江：《毛泽东、邓小平、江泽民素质教育思想比较研究》，《当代中国史研究》2002年第4期。

［76］杨明、张伟：《个人主义：西方文化的核心价值观》，《哲学研究》2007年第4期。

［77］孙贵林、张晓亮：《试析西方伦理思想的几个基本要素》，《内蒙古农业大学学报》（社会科学版）2007年第2期。